珍藏本
纪念版

汉译世界学术名著丛书

圣西门学说释义

〔法〕巴札尔 安凡丹 罗德里格 著

王永江 黄鸿森 李昭时 译

商务印书馆
SINCE 1897 The Commercial Press

2017年·北京

ИЗЛОЖЕНИЕ УЧЕНИЯ

СЕН—СИМОНА

Издательство Академии Наук СССР

1960

据苏联科学院出版社 1960 年俄译本译出

圣阿芒·巴札尔

(1791—1832)

巴特勒米·普罗斯佩·安凡丹

(1796—1864)

邦雅门·奥连德·罗德里格

（1794—1851）

汉译世界学术名著丛书
（120年纪念版·珍藏本）
出版说明

2017年2月11日，商务印书馆迎来120岁的生日。120年前，商务印书馆前贤怀揣文化救国的理想，抱持“昌明教育，开启民智”的使命，立足本土，放眼寰宇，以出版为津梁，沟通中西，为中国、为世界提供最富智慧的思想文化成果。无论世事白云苍狗，潮流左右激荡，甚至战火硝烟弥漫，始终践行学术报国之志，无改初心。

迻译世界各国学术名著，即其一端。早在20世纪初年便出版《原富》《天演论》等影响至今的代表性著作，1950年代后更致力于外国哲学和社会科学经典的译介，及至1980年代，辑为“汉译世界学术名著丛书”，汇涓为流，蔚为大观。丛书自1981年开始出版，历时三十余年，迄今已推出七百种，是我国现代出版史上规模最大、最为重要的学术翻译工程。

丛书所选之书，立场观点不囿于一派，学科领域不限于一门，皆为文明开启以来，各时代、各国家、各民族的思想与文化精粹，代表着人类已经到达过的精神境界。丛书系统译介世界学术经典，引领时代思想，为本土原创学术的发展提供丰富的文化滋养，为推动中国现代学术和现代化进程做出了突出的贡献。

为纪念商务印书馆成立120周年，我们整体推出“汉译世界学术名著丛书”120年纪念版的珍藏本，寄望既利于文化积累，又便于研读查考，同时向长期支持丛书出版的译者、编者和读者致以敬意。

两甲子后的今天，商务印书馆又站在了一个新的历史时间节点上。我们不仅要铭记先辈的身影和足迹，更须让我们的步伐充满新的时代精神。这是商务人代代相传的事业，更是与国家和民族的命运始终紧密相连的事业。我们责无旁贷，必须做好我们这代人的传承与创造，让我们的努力和成果不仅凝聚成民族文化的记忆，还能成为后来人可以接续的事业。唯此，才能不负前贤，无愧来者。

商务印书馆编辑部

2017年10月

译 者 序

一

《圣西门学说释义》是圣西门主义者的一部主要著作。所谓圣西门主义者是指圣西门的学生及其学说的拥护者。当圣西门还在世时，他们中的有些人就已经聚集在圣西门的周围，并成立了圣西门学会。但这时他们主要是向自己的导师学习，帮助导师工作，还未形成一个独立的学派。1825 年，圣西门的逝世促进了圣西门主义者的团结和发展，开始了圣西门主义者独立活动的时期。

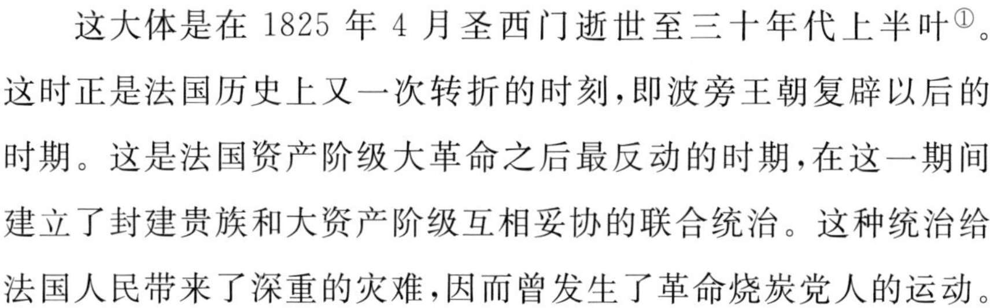

这大体是在 1825 年 4 月圣西门逝世至三十年代上半叶[①]。这时正是法国历史上又一次转折的时刻，即波旁王朝复辟以后的时期。这是法国资产阶级大革命之后最反动的时期，在这一期间建立了封建贵族和大资产阶级互相妥协的联合统治。这种统治给法国人民带来了深重的灾难，因而曾发生了革命烧炭党人的运动。

---

① 圣西门主义者的个人活动有的到四十年代后半叶，如罗德里格 1848 年法国二月革命后还参加政治活动，在巴黎街头墙壁上张贴宣传画，号召重新组织银行；勒鲁 1841—1848 年创办了《独立评论》和《社会评论》杂志，1848—1849 年补选为国民议会委员，他提出反对政府在七月革命中屠杀无产阶级的抗议书，为“战败者”辩护等活动；但作为一个学派到 1832 年安凡丹创办的劳动公社被解散时，已经不复存在了。

当时的法国国王路易十八对烧炭党人进行了残酷的镇压。1824年路易十八死，其弟阿多瓦伯爵继承王位，称查理十世。这时，贵族、保皇党更加猖獗，查理十世下令补偿贵族的财产，加强对出版、言论自由的限制，激起了资产阶级和广大劳动群众的不满。1827年11月，巴黎爆发了反政府的示威游行，抗议查理的反动政策。然而，查理一意孤行：解散议会、剥夺一般工商业者的选举权、修改出版法来限制出版自由，造成了七月革命的爆发，一举推翻了查理十世的统治。政权旋由地主贵族手里转到资产阶级手里，从而摧毁了封建反动势力在法国重建专制统治的企图。但七月革命只是资产阶级的胜利，广大工人和劳动群众并未得到任何好处。新政权仍然保留了镇压工人运动的法令。因而，工人在七月革命以后就开始走上了独立斗争的道路。1831年11月和1834年4月，在巴黎和里昂举行了工人起义。无产阶级和资产阶级之间的对立开始成为社会的主要矛盾。

圣西门主义者的主要代表人物奥连德·罗德里格、巴特勒米·普罗斯佩·安凡丹、圣阿芒·巴札尔、比埃尔·勒鲁等，就是在这种历史条件下开始活动的。由于反动势力的强大，他们开始就把全部精力放在研究和宣传圣西门的学说上。

罗德里格是圣西门指定的主要继承人。圣西门逝世后，他和其他圣西门主义者（主要是安凡丹和巴札尔）一起努力去完成导师尚未完成的事业，把圣西门的学说系统化。为此，罗德里格和安凡丹、巴札尔以及孔德于1825年6月创办了第一家圣西门主义者的杂志《生产者》，向信徒和广大读者介绍圣西门的思想。《生产者》推动了圣西门学说的研究，对圣西门的某些论点作了补充，或者从圣西门的论点中得出一些新的结论。但《生产者》很快就遭到了反对者的激烈攻击和责难。1826 年 4 月 1 日,《生产者》编辑部进行了改组,同年 10 月就被迫停刊。有的编辑人员(如孔德)离开了圣西门主义者的队伍。不过,大多数人仍然坚持圣西门的学说。罗德里格、巴札尔和安凡丹则对圣西门的学说作了更进一步的研究,尤其是巴札尔在杂志停刊后(1827 年),曾独自一人继续研究圣西门的著作。他们根据历史发展的情况,补充、修正和发展了导师的学说,形成了圣西门主义者自己的思想体系。《圣西门学说释义》就是这样的一种成果。

二

《释义》是在《生产者》杂志发表的一些文章的基础上形成的。1825—1829 年由巴札尔执笔,经罗德里格、安凡丹等集体讨论,然后向听众讲授,最后再经校订编辑而成。它反映了圣西门主义者主要人物的共同观点,但应当指出,它主要是巴札尔的创作。后来圣西门学派的解体就说明了这一点。巴札尔始终坚持《释义》的各项原则,安凡丹后来则主要在宗教问题上大做文章,造成了学派的分裂和瓦解。

《释义》共有十七讲和一篇序言。内容大体分为五个部分:圣西门学说的必要性;历史发展的规律性(历史观);关于所有制、分配和银行的理论;教育和法律在未来社会中的作用;宗教问题。

《释义》的价值,主要不在于它阐述了圣西门的学说,而在于它发展了社会主义的理论,把社会主义思想推进到了一个新的阶段,提出了一些圣西门所没有提到或者发挥了在圣西门那里只是萌芽状态的思想，对后来的社会主义理论发生了一定的影响。

圣西门主义者对圣西门的自然哲学不感兴趣，《释义》中几乎全部避而不谈。他们所注意的是社会历史的发展，经济制度的改革以及新的宗教的建立。

为了说明圣西门学说的必要性，他们把“对现有制度的批判”作为自己学说的“最重要的组成部分”[①]。在这个问题上他们比自己的导师大大前进了一步。如果说圣西门重点是批判游手好闲者，圣西门主义者则着重揭露了资本主义社会的利己主义。他们指出在欧洲社会中到处都是抱怨和恐惧，撞骗和狡诈[②]，人与人之间没有休戚相关的同情，只有纯粹个人的利益，一切都从盈利的角度来衡量。他们说：“我们生活在一个完全渗透了利己主义的社会里”，一切都打上了利己主义的烙印。因此，他们认为资本主义社会最根本的问题就是无政府状态，在工业中进行着残酷的竞争，教堂也是为欺骗而建立的，就连艺术也不能给人以美的享受。鉴于这种情况，他们认为人类必须走向新的生活，建立一个互相友爱、互相学习和协同工作的新的联合时期，使大家团结起来。

这个新的时期是历史发展的必然结果。因为历史是不断进步的，进步的规律无论何时也不会改变，而且由于战事的停息，由于建立起一个能够清除暴力危机的制度，今后不会再有哪怕是局部性的倒退。对于人类来说，进步将是持续而迅速的，因为各个民族

① 《马克思恩格斯全集》第 3 卷，第 577 页。

② 参看《圣西门学说释义》俄文版（下同），第 107 页。

将会互相学习,互相支持。[1]

与导师不同的地方在于,圣西门认为社会的进步是政治革命和科学革命互相交替的结果,圣西门主义者则将整个人类社会分成有机时代和批判时代,社会的发展是由这两个时代互相交替进行的。有机时代表现出各协作团体成员之间愈来愈团结一致,把力量联合起来,达到共同的目标;批判时代则表现出一片混乱,破坏旧的社会关系,最后导致普遍的利己主义。不过,批判时代也是有益的、必要的,因为在这个时期陈旧的形式容易被认识[2]。批判时代又可分为两个时期:第一个时期,集体活动占优势,活动的目的是破坏现存制度;第二个时期,是破坏旧制度建立新制度的中间阶段,这时无政府状态已丧失它的疯狂性,但变得更为深刻了。不过总的来说,在整个批判时代任何共同性、任何联合行动、任何协调都停顿下来,社会只是个人的相互斗争、相互孤立的聚集。

值得注意的是,圣西门主义者强调历史发展的规律性,但他们反对宿命论。因为他们认为宿命论只能使人愚昧顺从,而不能给人以任何启示。人一旦发现历史发展的规律,知道社会将会有一个美好的未来,那就应该积极为实现它而努力奋斗,使自己成为自己命运的创造者,依靠自己的劳动去加以实现。

那么,人类所向往的未来是个什么样子呢?圣西门主义者说,那就是人类的全部力量都将为和平的力量联合起来,不断向全世界的协作接近。因此,人类从现在开始就应当直接为实现全世界

① 《圣西门学说释义》,第175页。

② 同上书,第169页。

的协作而努力。换句话说，人类应当对教育、立法、所有制结构以及一切社会关系加以改造，以便较快地实现人类未来的生存条件。但人类的这种进步，有时要通过进步的努力和反动阻力之间的斗争[①]。而这种斗争的基础则是剥削与反剥削的对立。这样，整个人类的历史就不是像他们的导师所说的是劳动者和游手好闲者之间的对立，而是剥削者和被剥削者之间斗争的过程。用他们的话说："人一直剥削人。主人剥削奴隶；贵族剥削平民；领主剥削农奴；土地占有者剥削佃农；游手好闲者剥削劳动者；这便是在此以前人类进步的历史。"

这里所说的劳动者已不是圣西门所说的实业家阶级，而主要是工人。他们看到工人在物质上、精神上和道德上遭受剥削的悲惨处境，一如过去的奴隶。不同之处只是工人不再完全是主人的财产。但工人是在饥饿和死亡的威胁下订立契约出卖劳动力的。而且他们认识到工业的领导者也参与了剥削，"把剥削的全部重担压在工人阶级，即广大劳动者的身上。在这种情况下，工人就是奴隶和农奴的直接后裔"。[②] 在这里，圣西门主义者把资本主义社会的基本矛盾揭示出来了，比他们的导师大大前进了。这显然是一个重要的贡献。

但令人遗憾的是，圣西门主义者和他们的导师一样并未由此得出革命的结论，相反地却坚决反对革命。他们认为历史的不断进步，应该是逐渐减弱人对人的剥削和增强协作精神的过程。因

① 《圣西门学说释义》，第 484 页。

② 同上书，第 253 页。

此要把破坏与协作的目的和变革联系在一起是与圣西门的学说相距十万八千里的。“圣西门学说除了规劝和说服的力量外，没有也不承认有什么别的力量能够指导人们。它的目的是创造而不是破坏。……它所希望的都是秩序、协调和创造，……圣西门学说不希望变革、革命，它的出现是为了预言和实现改造、进化。它将给世界带来新的教养和复兴。”[①]这样，圣西门主义者比自己导师就更走上了脱离政治的道路。他们虽经历了七月革命，却置身于革命之外，这就是一个很明显的例子。

三

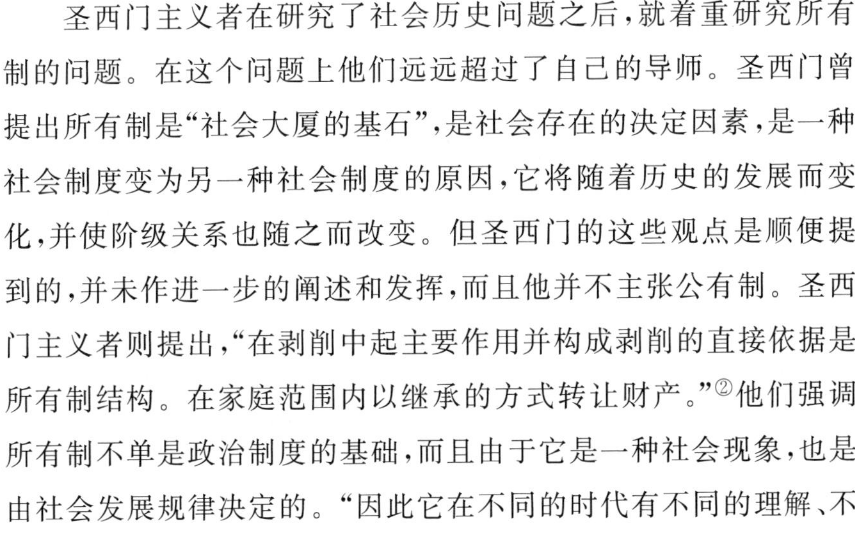

圣西门主义者在研究了社会历史问题之后，就着重研究所有制的问题。在这个问题上他们远远超过了自己的导师。圣西门曾提出所有制是“社会大厦的基石”，是社会存在的决定因素，是一种社会制度变为另一种社会制度的原因，它将随着历史的发展而变化，并使阶级关系也随之而改变。但圣西门的这些观点是顺便提到的，并未作进一步的阐述和发挥，而且他并不主张公有制。圣西门主义者则提出，“在剥削中起主要作用并构成剥削的直接依据是所有制结构。在家庭范围内以继承的方式转让财产。”[②]他们强调所有制不单是政治制度的基础，而且由于它是一种社会现象，也是由社会发展规律决定的。“因此它在不同的时代有不同的理解、不

① 《圣西门学说释义》，第 301 页。

② 同上书，第 257 页。

同的规定和不同的调整。"[①]也就是说,所有制的结构应当是不断变化的。比如,奴隶制是希腊罗马社会的基础;中世纪的农奴制是诸侯对农奴拥有一切权利,农奴则要对自己的领主尽一切义务;当代的所有制又已不是奴隶制和农奴制。[②] 所以,所有制总是和社会制度联系在一起。最初它涉及人和物,奴隶像家畜和物质工具一样属于主人;后来才规定了使用和滥用特权的界限,这种界限愈来愈缩小,以致最后不再成为自己主人的财产。大约到了十五世纪中叶,可以看到有三种所有制形态:最初,所有者有权按自己的意愿决定其死后财产归谁所有;而后,财产只能传给长子;最后,财产平均分配给全体子女。将来假如"所有的人不分出身都能得到最好的教育,使他们的天才获得全面发展,使他们适合于从事某种事业;假如他们的地位由社会按照他们的贡献来确定,并且他们将按照他们所做的工作得到报酬"[③],也就是说,剥削彻底消除之后,现存的所有制结构也应消除。"当今限于家庭范围的继承权必然转让给为劳动者协作社的国家。"[④]因而,圣西门主义者就提出取消出身的特权,而把支配生产工具的权利交给那些能使用它们的人。

所以,圣西门主义者责难西斯蒙第没有对财产转让的法律思想给以猛烈的抨击,批评马尔萨斯和李嘉图使一部分人靠另一部

① 《圣西门学说释义》,第 258 页。
② 同上书,第 310 页。
③ 同上书,第 261 页。
④ 同上书,第 314 页。

分人生活的政治组织合法化。[①] 而且他们认为，孟德斯鸠和卢梭虽提出了一些具有启发性的思想，但也不彻底。如孟德斯鸠并未把所有制看成是社会制度的普遍原则，他只是寻找社会所需要的改造原则，使后继者感到彻底革命的必要性[②]；卢梭虽看到“法律总是有利于享有财富的人，而有害于一无所有的人”，因而唯有当人人都有一些财富而又无人有过多财富的时候，社会状态才会对人类有利[③]，但他却未能很好地去利用这一思想，没有探索用什么样的政治组织去完善这种条件。他只是仇恨所有制及其为游手好闲者提供利益，却不知道使土地属于所有者的分配方法[④]。十八世纪的法国《百科全书》派虽批判了过去所有制组织的一些原则，但实际上他们反对财产公有。资产阶级经济学家如萨伊只把所有制看作是一种事实，但并不去研究这一事实产生和发展的过程，甚至也不去研究这一事实的社会利益。这显然也是完全错误的。所以，在圣西门主义者看来，在以往和现有的理论中还从未有人能正确地解决所有制的问题。

根据对所有制历史的考察，圣西门主义者指出所有制是一个历史范畴，它将随着时代的变化而改变，它是一切社会的物质基础。“人们的意识总是与各种不同的所有制形态相适应”[⑤]，而所有制又是以暴力和暴力的代表机关为唯一的基础。但在未来的社

① 《圣西门学说释义》，第 325 页。
② 同上。
③ 同上。
④ 同上书，第 327 页。
⑤ 同上书，第 267 页。

会里，由于取消了继承权，生产资料就归国家所有。这里除了提出财产公有，还特别值得注意的是，他们对于具体所有者的含义作了明确的规定，指出“赋予所有者称号的唯一权利就是财产的管理权、使用权和经营权”[①]（着重号为引者所加）。而被赋予这种权利的人则必须是能胜任这种工作的人。圣西门主义者的这种思想无疑是一种猜测，但这种猜测是天才的、合理的、重要的。它体现了人尽其才，物尽其用，充分调动人的主观能动性的原则。他们的这种设想很类似我们今天对公有制的理解。这在他们那个时代就能想到这一层是难能可贵的。马克思和恩格斯曾明确指出：“在社会主义运动的初期（即在圣西门主义者那个时候——引者），这一术语（指所有制——引者）在一定程度上还是合理的。”[②]圣西门主义者的这一思想是很值得我们重视和研究的。

但圣西门主义者对所有制产生的最后根源，有时却作了唯心主义的解释。他们一方面认为劳动是所有制的唯一基础；另一方面又认为使所有者享受财产的原因是法律，法律是产生人剥削人，富人剥削穷人，游手好闲者剥削生产者的根源。所谓所有制的益处，就只能是强权者的全权证书。这就颠倒了因果关系，把上层建筑当成了经济基础。他们不知道生产方式才是决定所有制的唯一原因。而且把废除继承权看作是消灭私有制的前提，这显然也是错误的。“继承权的消亡将是废除生产资料私有制的社会改造的自然结果，但是废除继承权绝不可能成为这种社会改造的起点”，

① 《圣西门学说释义》，第 267 页。

② 《马克思恩格斯全集》第 3 卷，第 553 页。

“承认继承权是社会革命的起点”，“这在理论上是错误的，在实践上是反动的”。[①]

四

和所有制问题相联系的是分配问题。分配问题在《释义》中占有极为重要的地位。圣西门主义者不单作了认真的研究，而且作出了极有价值的猜测。

在社会主义思想史上大体说来有三种主张：一种是按需分配，一种是平均分配，一种是按劳分配。十八世纪以前虽然也有按需分配的主张（如莫尔），但根本无法实现，如实行也只能是禁欲的、斯巴达式的平均主义，因而多数人（特别是十八世纪的马布利和摩莱里）主张平均分配的理论。十九世纪经过工业革命生产有了较大的发展，为按需分配的原则提供了一定的物质基础，但实际上也是不可能实行的。三大空想社会主义者中只有欧文主张按需分配，圣西门和傅立叶则主张按才能或贡献进行分配。圣西门强调每个人的社会地位不取决于他的出身门第，而取决于他的才能。圣西门主义者进一步阐述和发挥了这一思想。

圣西门主义者都是一些科学技术人才（知识分子），他们从废除和代替征服权和出身门第特权出发，认为所有权的转让只有以知识转让的方式才是值得尊重的。人们将用和平劳动而不是用战争和欺骗，以个人贡献而不是以出身门第来取得。因此，他们提出

① 《马克思恩格斯选集》第2卷，第285页。

“按才能计报酬，按功效定才能”[1]的分配原则。“每个人的地位将取决于他们的才能，每个人的报酬将取决于他们所做的事情。”[2]也就是说，必须“根据才能和功效分等和付酬”[3]。他们引证卡萨列斯的“谁不播种，谁就没有收获的权力”（这句实际上是不劳动者不得食的原则）名言，来证明他们的分配原则是公正的、明智的。

特别值得注意的是，他们根据上述原则明确提出的对共产制和平均主义的批评。他们认为，虽然财产平等的方案是从反对私有财产得出的结论，但这种看法是同圣西门的学说格格不入的。在未来的社会中每个人应该根据自己的才能占据相应的岗位，并按照自己所做的工作领取报酬；相反，在共有制度中就会所有的部分都相等，取消竞赛的原则，游手好闲的人和爱劳动的人都同样分享益处。这样一来，劳动者就发现全部社会重担都落到了自己身上。圣西门主义者认为，这种分配是与平等的原则相矛盾的，而且会使平衡每时都遭到破坏，不平等将会不断地增长起来，并且会不断地引起新的分裂。

圣西门主义者对共产制分配原则的批评，显然有不当之处，他们混淆了平均分配和按需分配的界限。当时（如欧文）所说的分配已不是平均分配，而是按需分配。按需分配是共产主义社会的分配原则，是人类的最高理想。圣西门主义者显然不懂得这一点。但就当时的实际情况说，圣西门主义者则是正确的。分配的原则必须与生产力的水平相适应，并且以充分调动全体劳动者的积极

---

① 《圣西门学说释义》，第111页。

② 同上书，第270页。

③ 同上书，第264页。

性为依据。当时的生产力水平，不论是平均分配还是按需分配，实际上都是行不通的。而且在生产力不发达的情况下，即使提出按需分配，做起来也必然是平均分配[①]。（用现在的话说就是“吃大锅饭”。）而平均分配也就必然取消竞赛（竞争），扼杀人们的积极主动精神，使懒汉得益，影响或破坏生产力的发展。正如恩格斯所指出的，平均主义就其内容来说不免是反动的。“按劳分配”则是适合历史发展状况的。后来，马克思把共产主义社会分为低级和高级两个阶段，并把按劳分配作为低级阶段的标志，显然也是受了圣西门主义者按劳分配的影响。实践证明，“按劳分配”、“不劳动者不得食”的口号，就是在一百年后的今天也仍然是建设社会主义社会的原则。如果违反这个原则，就会出现圣西门主义者所指出的那种后果。历史的经验已经证明了这一点。这是千真万确的真理。

不过，应当指出，按劳分配的原则在圣西门主义者那里也是不可能实现的，因为在资本主义条件下按劳分配是不可能的。再者，圣西门主义者把“按劳分配”和“按需分配”对立起来，也是错误的。因为“按劳分配”也并非是真正的平等，它只是社会主义社会的分配原则，真正的平等是“按需分配”，那只不过是到了共产主义社会以后的事。

---

① 欧文提出的是“按需分配”，但在他的移民区中所实行的则是“按劳分配”的原则，比如他搞的“国民产品的交换市场”、“劳动交换银行”，实行“公平交换”就具有“按劳分配”的性质。不过在欧文这里只是一种临时性的措施，他的最终目标是“按需分配”。欧文的信徒布雷则把“按劳分配”明确化，他在《对劳动的迫害及其救治方案》中直接提出了“按劳取酬”的概念，并作了论证。主张在未来的社会中实行“按劳取酬”的原则，经过一段时间以后，最后才能实行“按需分配”的原则。

五

那么通过什么办法才能实现上述的所有制和分配原则，从而使社会走上全世界联合起来的目的呢？圣西门主义者回答说：通过银行的组织作用。罗德里格出身于金融家的家庭，做过银行经理，安凡丹也出身于破产银行家的家庭，并在罗德里格开办的银行里工作过，他们都很熟习银行的情况。他们认为银行是在无政府混乱状态中出现的一种新的物质劳动组织。它起着需要生产工具的劳动者和生产工具的占有者之间的中介人的作用，它可以完成资本家和土地占有者不能很好地完成的分配职能。“资本经过银行家之手就能为自己找到更有利和更合理的使用。”[①]并且降低生产工具的租金，使之向有利于劳动者的方向发展。但在资本主义条件下却不能使它的这种作用得到充分的发挥，因为任何一个银行家或银行机构都不能把所有的工业业务集中或汇集起来。到了未来的社会里，银行组织就将会得到进一步的完善。那时它将会根据全社会的利益管理整个工业部门。圣西门主义者把这种制度称之为一般的银行体系。

所谓银行体系，圣西门主义者说，就是首先建立中心银行，负责管理所有财产、生产基金和生产工具；在中心银行之下设立二级银行，借助于二级银行中心银行同主要地区保持联系，以了解这些地区所需要的生产能力；在二级银行之下，还有专业银行，掌握更

① 《圣西门学说释义》，第288页。

小的一些地区和工业分支。圣西门主义者设想通过银行的这种作用,使每个人都能按其职能得到报酬,企业主不再是作坊、工人的占有者,从而达到消灭剥削的目的。

圣西门主义者的这种观点,无疑是发挥了圣西门关于银行作用的思想,并力图在未来的社会中使“政治将为经济所包容”,“对人的政治统治应当变成对物的管理和对生产过程的领导这种思想”,即“废除国家”[①]的思想的具体化,使银行家“担负起通过调节信用来调节整个社会生产的使命”[②]。圣西门主义者的这种思想是“适用于大工业以及资产阶级和无产阶级的对立在法国还只是刚刚产生的那个时代的”[③]。然而这实际上是不可能实现的,特别是在无产阶级和资产阶级的对立已经公开化以后就更加不可能实现。正如马克思所说的,“这个学派在产生和衰落的时期都沉湎于一种幻想,以为随着幸福生活的到来,一切阶级矛盾就必定会消失,而这种幸福生活是可以靠某种新发明的社会信贷计划获得的。”[④]

圣西门主义者关于银行的思想在社会主义社会建立之后有其一定的合理因素。他们看到银行在组织生产方面会起到一定作用,但他们夸大了它的作用,特别是在当时的历史条件下无疑是一种幻想。因为银行虽然在组织生产方面能起到一定作用,但它无法消除阶级矛盾和一切剥削而达到全世界联合的目的。

---

① 《马克思恩格斯选集》第 3 卷,第 411 页。
② 同上书,第 410 页。
③ 同上。
④ 《马克思恩格斯选集》第 12 卷,第 37 页。

六

除了银行之外，圣西门主义者认为搞好教育是实现全世界联合的最重要的手段，是一切方法中“最强有力的一种方法”[1]。他们大大发挥了导师的教育思想。他们说，教育是使新的一代适应于上升的社会制度的一切努力的总和，是达到正义和有益社会秩序的手段[2]。他们在《释义》中作了专门的论述。

按照圣西门主义者的设想，由于未来的社会是由美术家、学者和工业家三部分人组成的，因此教育将分成三种或三个部门，即感情（美术）的教育、理性能力的教育、物质活动的教育。每个人从童年起就要受这三种训练。此外，在进入三个部门之后，还要继续受德智体的教育。教育的任务：一是使每个人了解社会生活的各种关系，喜爱各种事物，统一意志，达到一个共同的社会目的；二是教给每个人以专门知识的能力。前者是一般的或道德的教育；后者是专业的或职业的教育[3]。圣西门主义者说：资本主义社会所实行的只是专业、职业教育，道德教育则完全被忽视了。然而道德教育的缺陷比职业教育的缺陷所造成的后果要严重得多。因为“只要道德教育一停止，社会联系就会消弱下去，并很快就会完全中断”[4]。而道德教育的目的正在于使每个人的感情、打算和行为同

① 《圣西门学说释义》，第450页。
② 同上书，第348页。
③ 同上书，第450页。
④ 同上书，第360页。

社会的要求协调起来。所以，道德教育是特殊的政治职能的对象，它不限于童年时代、青年时代，而应该伴随人的整个一生。

法律是教育的另一个方面。法律最崇高的任务是区分好坏行为的界限。它既带有惩罚性质，又带有奖励性质[①]。圣西门主义者说，在批判时代法律是一种纯物质的、粗暴的镇压手段，在未来社会中则是对教育的一种补充。当道德教育有缺陷和不足时法律的干涉是必要的，当然也只有在这时才是必要的。所以，法律作为一种强制力量，它随着道德教育力量的完善，将会按比例地失掉自己的意义和自己的强制性质[②]。这种说法与圣西门有所不同。圣西门认为在未来的社会里只有对物的管理，不需要对人采取强制的手段。圣西门主义者则认识到，在未来的社会里完全取消强制是不行的。这种观点从历史的条件看更接近于真理，虽然社会的发展最后国家要消亡，强制要取消，但要有一个逐渐消失的过程。

圣西门主义者认为真正能够作为道德教育重要手段的则是宗教。因为道德教育是凭借感觉而不是凭借理性，感觉是人的行为的唯一动力。而宗教就是以感觉或情感为基础的。所以，要回答道德教育的仪式、内容和情感问题，就要考虑是否有一个宗教的未来或未来的宗教问题。他们说回答是肯定的，并认为基督教的“忏悔”是一种特殊的疑问解答，是一种具有高度价值的道德力量和教育手段[③]。因此，宗教是道德教育的最好形式，是未来社会不可缺少的。

① 《圣西门学说释义》，第 117 页。

② 同上书，第 362—363 页。

③ 同上书，第 379 页。

圣西门主义者的宗教思想无疑是从《新基督教》的思想出发的，但他们离开了自己导师的本意。圣西门强调基督教的目的是“最迅速地改进穷人的精神和物质生活”[①]，“人人都应当兄弟相待”，基督教的仪式和教理只起辅助性的作用，作为吸引基督徒注意“道德的一种手段”[②]，引导人们关心全体社会成员和整个人类共同利益的活动[③]。圣西门主义者却把新基督教完全神秘化了。在《释义》中用五讲的篇幅大讲宗教问题，强调科学与宗教没有矛盾，说未来的宗教是一切宗教的综合，它优越于一切政治制度，包容整个世界。因此，他们和自己的导师完全相反，在自然观上竭力鼓吹有神论，说科学并未推翻宗教的两块基石：“上帝和天命观”，[④]甚至宣扬已为圣西门批驳过的灵魂不死的胡说。[⑤] 为了证明上帝的存在，他们最后竟去求助于奥古斯丁，对他大加称赞，奉为圣人。这就真正陷入了宗教的泥坑。

所以，按照圣西门主义者的设想，最高主教——“天父”是未来社会的领袖，是整个社会：道德、科学和实业的领导者；学者分管知识和宗教；实业家负责地球的开发工作。这样，未来就将是由天父、学者和实业家组成的等级森严的教阶制的社会。这种思想为后来圣西门学派的分裂和安凡丹把圣西门学派完全变成一个宗教团体，以致不久(1832 年)就从地平线上消失埋下了伏笔。

---

① 《圣西门选集》下卷，第 233 页。
② 同上书，第 236 页。
③ 同上书，第 353 页。
④ 《圣西门学说释义》，第 456 页。
⑤ 同上书，第 566 页。

*　　*　　*

《释义》的主要内容就是如此。如果我们剥去其神秘主义的宗教外衣，就不难看出它确实把社会主义的理论大大向前推进了一步。例如，关于所有制（管理权、使用权、经营权），分配（按才能计报酬，按功效定才能）、银行体系的论述以及教育和法律在未来社会中的作用，都包含有合理的成分。

近些年来，西方一些学者又大谈圣西门和他的学说，把他说成是未来学的鼻祖，说“圣西门的名字犹如电子的一个信号，成了后工业社会（信息社会）的象征”，是“未来实业制度的天才预言家”；“圣西门的著作早已抓住了我们今天仍然感到极为复杂的新的工业化社会的实质”，工业化是取代旧文明的激进手段；“现代西方工业化社会的理论家都是圣西门的学生，圣西门学说体现了‘技术’知识内行的专家才是解决当代社会问题的必要的和足够的保障”；“唯才是举、技术至上的观点是圣西门学说的核心”，等等。西方学者的这些说法与其说是圣西门的，不如说是圣西门主义者的。《释义》基本上就是这样评价圣西门及其学说的。

马克思和恩格斯都曾仔细地研究过《释义》这部著作，说它和圣西门的著作一样“闪耀出天才的光芒”[①]。今天看来这部书仍有其现实意义，值得研究。我们把它翻译出版，希望能为建立具有中国特色的社会主义事业提供一点有益的参考材料。

---

① 恩格斯：《大陆上社会改革运动的进展》，《马克思恩格斯全集》第1卷，第577页。

本书由王永江(序言、第一、六、七、八、九、十三讲)、黄鸿森(第三、四、五、十、十一、十二讲)和李昭时(第二、十四、十五、十六、十七讲、附录)同志分别译出。郭一民同志担任责任编辑,为本书的出版做了很大的努力,特致以谢意。

由于译者水平所限,译文错误不当之处在所难免,敬希读者批评指正!

王 永 江

一九八五年三月

于北京大学

目　　录

序言……………………………………………………………… 1
第一讲　关于新社会学说的必要性 ………………………… 29
第二讲　人类发展规律。以历史事实对这一规律所进行的检验 ………………………………………… 55
第三讲　概念。方法。历史分期 …………………………… 70
第四讲　对抗。世界协作。对抗的缓和,协作的一系列成就 ………………………………………… 89
第五讲　涉及人类普遍发展的插话…………………………… 103
第六讲　对人剥削人的现象和所有制进行不断的改造……… 113
第七讲　所有制结构和银行组织……………………………… 123
第八讲　现代所有制理论……………………………………… 147
第九讲　普通教育或道德教育,专业教育或职业教育 ……… 178
第十讲　普通教育或道德教育(续)…………………………… 189
第十一讲　专业教育或职业教育……………………………… 202
第十二讲　立法………………………………………………… 216
第十三讲　略论宗教问题……………………………………… 246
第十四讲　由实证科学的非宗教化要求而产生的驳难……… 262

第十五讲　关于圣西门的学生奥古斯特·孔德的题为《实业家问答第三册》的著作的插话…………………… 281
第十六讲　关于目前妨碍人们接受新宗教的困难的一封信………………………………………………… 294
第十七讲　人类的宗教发展:拜物教、多神教、犹太教的和基督教的一神教……………………………… 315
附录:
巴札尔简历…………………………………………… 330
安凡丹简历…………………………………………… 333
罗德里格简历………………………………………… 335
《圣西门学说释义》的版本及俄译本…………………… 338
圣西门主义研究书目…………………………………… 340

圣西门学说释义

（1828—1829年）

序　　言

1825年，《生产者》（*Le Producteur*）[①]杂志创刊时，圣西门已不在人世了。我们被我们的老师为之遭受了不少波折、蔑视和侮辱的崇高学说所鼓舞，决心献身于传播他的学说这一事业。当时我们已经意识到这一伟大使命的极其重要的意义，预见到需要我们去克服的重重障碍。我们确信，最初人们会把我们看成幻想家，连最开明的人士也会高高在上地向我们投射某种同情的甚至可能是愤怒的目光。我们决定违拗这样一些人的看法：他们虽然看到现代社会已经划分成两个阵营，然而并不了解我们的意图，并且将把我们看作是背叛者。我们知道，由于我们拒绝接受自由主义者和极端派[②]的头衔，所以我们的政治见解起初可能不会被人

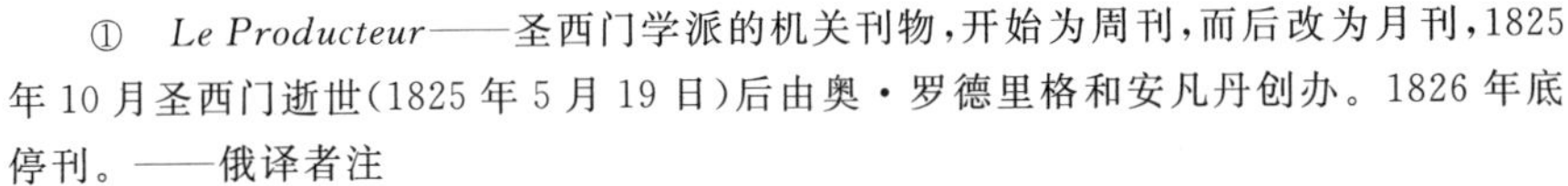

① *Le Producteur*——圣西门学派的机关刊物，开始为周刊，而后改为月刊，1825年10月圣西门逝世（1825年5月19日）后由奥·罗德里格和安凡丹创办。1826年底停刊。——俄译者注

② 复辟时期极端反动分子的通称。圣西门主义者在《序言》中首先同自由主义派和保守派严格地区别开来。他们像自己的老师一样提出了这样或那样的原则，这些原则同样离开了应该以社会组织必然改造为基础的那些原则。——俄译者注

所理解。然而我们的希望却是要把感情、科学、工业从阻碍它们进步的桎梏下解放出来。与此同时我们也须指出：需要一些新的组结，以便有条不紊地把众人的努力集中起来，以便把全部社会活动引向一个目标。正是这些地方会使得一些人惊慌失措，因为他们把解放一词只理解为叛乱，就像那些一听到关于实行社会管理这类舆论就会吓得发抖的人一样：落后见解的代表人物必定会骂我们是激进派、革命者；而我们从捍卫所谓新见解的人（这些见解对我们来说已成过去）那里所能得到的是：他们会骂我们是埃及人，极端的蒙它奴斯教徒，耶稣会教徒！

如果我们没有过去的经验，如果我们不知道照耀着伟大世纪（即出现新人物的世纪）的光明，总是刺痛那些长久以来习惯于黑暗的人的眼睛，那么我们要想克服面前的种种困难，则似乎是不可能的。在基督教中，忠心耿耿的迫害者超过殉教者：所以基督教徒面临着解放奴隶、消灭人对人的直接剥削的任务；这就是他们那个时代的极端派要像对待革命者那样对待他们* 的原因。基督教公社准备了全人类的协会，基督教公社在使它分崩离析的宗教分立派中找到自由主义者①。我们认为人剥削人的制度依然存在（尽管不是直接的）；我们断言罗马教皇的统一之所以产生了新教反对派，仅仅是因为天主教不能包括人们活动的全部形式，而且它也不

* Judaocs assidue rebellamtes, incitante Christo, ab urbe expulit (Suetonius). “他把那些经常被耶稣教唆暴动的犹太人赶出罗马”（斯维特尼斯）。——原作者注

① 圣西门主义把基督教会范围的分裂同他们那个时代的自由主义加以对比。而且在他们看来有个人主义、批判和破坏精神的某种表现。罗马教会的统一对他们来说比新教的反对立场更接近。——俄译者注

是直接为了进步的目的而创立的——既然如此，我们又怎能避免碰到上述的那些障碍呢？

由于圣西门只留下了少数的学生，并且其中只有极少数人[①]研究过他的学说，所以我们的处境就觉得更加困难。因此，我们的第一部著作的主要目的应当是：给那些在一定时期会同我们接近并能够组成一个学派的思想家们指出这个新哲学的最卓越的特点。当时我们着手准备出版定期文集《生产者》，打算在文集中通过科学的形式简单地阐述这个学说的基本原理。我们选择了这条道路之后，尤其要冒着这样一个危险，这就是那些把我们的文章作为萨尔朋的某些教科书或报纸来阅读的人不会理解我们；这也意味着不仅在我们的杂志出版方面，而且也在它的资金安排上增添莫大困难。

至于提到资金方面的问题，那么我们并不避讳地承认单凭我们自己的努力是不可能争取到很多的订户的；我们知道，至少在若干年内，刊物的收入甚至连支付印刷费也还不够。我们曾向从前在圣西门不断的吁请下支助过他的早期著作的一些银行家们呼吁；也向其他一些人呼吁，这些人认为作为我们的友人是负有促使我们对之表示过极深的热爱和忠诚的思想获得成功的义务的。

于是，建立了一个合资股份公司。为了使《生产者》适合读者的习惯，我们认为必须采用周刊的形式，同时要划出一定篇幅刊登有关技术和工业统计的文章。但是，不久我们就确信这个计划有

① 圣西门学派的最高领导者是圣西门最亲近的学生奥·罗德里格和安凡丹。学派最初的核心除他们之外，还有Л.加列维、巴伊、居维利叶。孔德参加了《生产者》杂志的工作。巴札尔参加学派已在圣西门逝世之后。——俄译者注

许多不完备之处：一方面，我们采用的版面助长了读者随随便便地阅读最严肃的材料的倾向；另一方面，那些对我们的学说几乎毫无研究的作者所写的关于技术方面的文章只会把严肃的读者引入迷途，同时又不会引起知识肤浅的读者的兴趣，而且我们认为没有必要为这些读者得到消遣而做出任何一点牺牲。

我们差不多是被迫开始这样做的，因为首先必须在自己周围聚集足够数量的同事，以便有机会在这些人中间，找到在将来有助于我们去从事更为准确阐述我们老师的学说的同事。这个念头提醒我们也要给在杂志里工作的同事们以报酬，因为我们知道，首先只有理解学说的思想，特别是对它发生热爱，然后才能毫不怜惜地拿出自己的时间。但很快我们就感到，我们自己有足够的力量而不必去求助于这样的手段，只靠六个人的辛勤劳动就可应付杂志的出版了。[①] 这里顺便指出，这个任务是十分艰巨的；我们中间任何一个人都没有可以不工作也能生活的优越的经济条件，相反，一些与我们完全无关的烦琐事务常常打断我们的哲学思索。当时《生产者》每月以 12 个印张的笔记本的形式出版一次，全部篇幅都用于较详细和较系统地阐述圣西门哲学的一些重要论点。我们特别着重地援引人类工业和科学发展上的重大现象来阐明我们学派对于未来的总的观点，这些现象宣告了未来，并且以必然性规定了未来。

我们的努力很快就取得了我们预料之中的成绩，许多人以宽

① 《生产者》吸引了相当广泛的人为之撰稿。但其中大多数人只在短期内加入了学派。经常撰稿人有毕舍和罗兰。担任编辑的有五个人：罗德里格、安凡丹、巴札尔、罗兰和卢安。——俄译者注

容的态度对待我们这些幻想家；另一些人则想给我们戴上妄想支配世界的不知天高地厚的乳臭未干小儿的光荣头衔。所有其他的观点，不管它们用何种名称来装饰自己，都令人感到不安，特别是18世纪的遗老们则认为我们理应忍受他们的打击。可是在这场特殊的战斗中发生了奇特的现象，我们的主张渐渐地渗入到我们敌人的营垒里去了。

十八世纪的哲学家达兰贝尔曾经说：起初人们送给首创者以空想家这样含有诬蔑性的名称，最后则给他们加上抄袭者的罪名。其实，他可以再补充一句：在采取了这一切措施之后，人们一方面掌握了他们的思想，一方面仍对这些思想的来源继续进行攻击。所有这一切我们都遭遇到了，但我们感到高兴，因为正是在这个过程中我们看到广泛传播这一学说（我们是它的宣传者）所必由的道路。

我们取得了能够指望的最重要的成果：圣西门学派建立起来了；连那些攻击过我们思想的人也以这样的名字来称呼我们；而我们也很看重这个称呼——因为它现在包含着相反的内容。我们的哲学教养同我们的政治热情教会我们从近数百年来的老师身上看出其暴君和专制者的真相；教会我们要在科学领域里建立独立自主的并意味着所有良知间斗争的体系：每个人都奢望通过二重启示、通过良心与理性的相互影响和现代本体论的神秘的神灵，在自己身上发现老师和学生。我们的一些稚气年轻的哲学家们甚至找到了传达这个理智混乱的极妙的词句：当您问他们属于哪个学派的时候，他们会回答您说：“我们属于折中学派。这等于说：我们不属于任何学派。”他们的回答是完全正确的，因为他们创立的任何一个旧哲学体系都不符合文明的现状。只有当一个人建立了能够综合所有观察到的事实，从而能给新的观察指出方向的新体系的时候，他才算是奠定了学派的基础，才能把自己的名字赋予它。这个原则既适用于科学专业部门，也适用于哲学，它使我们能够做出这样的称呼：牛顿学派和苏格拉底学派；它同样可应用于政治体系上去：只有能够找出人类种族的过去和将来之间的联系，从而把回顾与前瞻协调起来的人，换句话说——只有能够把传统和预见联结起来，并且能够一律平等地满足一切人的希求和愿望的人，才有建立协会的权利。例如，格里高里七世之所以建立了中世纪的社会秩序，穆罕默德之所以创立了伊斯兰教，这都是由于他们曾经亲身感受到自己所领导的群众的共同需要。

让我们回过头来谈谈《生产者》吧。我们采用的新的出版方式使我们有可能十分节俭，以致刊物的出版从来没有发生一点浪费现象。尽管如此，我们仍然逐渐感觉到资金的枯竭。我们确信有必要继续发展那些已吸引读者注意的思想，这些读者虽然为数不多，但都是些习惯于严肃认真进行研究的人。我们尽力争取两个人的资助，他们两人一直到现在总是全力帮助圣西门的著作和我们的著作的出版。首先我们向他们证明，杂志每年最大的消耗和其他必要的花销，如果把订户数目不会增加也计算在内，用去的开支数目是不大的：仅只五千法郎*。其次，我们极力设法使他们懂

* 我们认为列举得如此详细是必要的，这可以给人们一个概念，即任何学说要在迈出第一步时都必然伴随着各式各样的困难。《生产者》不管给人们的印象多么微弱，在它的读者中间，甚至在那些并不接受它所阐述的原理的人们中间，现在也找不到一个人认为杂志没有提出重大思想问题来讨论了。杂志因此才值得严肃的良知的注目，值得关心人类进步的人们的支持。——原作者注

得，如果我们得不到这笔资助（对百万家产的人说来是极其微小的数目，然而对完全依靠自己劳动度日的人说来则是极大的难题），那么，由于杂志的收入不足以抵付支出，我们只得无偿地编辑出版杂志，我们承担的这一牺牲会在人们心中唤起一种自我牺牲的印象（这是我们的学说易于做到的）。然而由于我们的斡旋毫无结果，《生产者》终于停止出版了。

为阐述一个全新的思想体系并使我们的读者免遭我们自己在掌握这个体系时的许多困难，我们必须承担起极艰苦的劳动，而这一点却妨碍我们发现这样一个事实，即：过分信赖自己的力量，以为我们也能够像在日常工作时那样把这一工作继续下去而忘记我们必须休息；那就会与我们的意愿相反，最终要使我们的活动停止下来的各种疾病将警告我们必须休息一下。

可是，停刊给我们带来的失望很快又在某种程度上使我们得到了报答。因为，既然杂志不再能成为我们同读者来往的手段，那么，对我们的思想发生了兴趣的人们就希望尽快地与我们个人接触。这样一来，在我们和新的信徒之间一种通信联系建立起来了；他们向圣西门精神呼吁，吁求圣西门精神用新的学说（这个学说动摇了他们的所有成见，并在他们心中唤起了完全的再生）在他们感情和思想上引起混乱时给他们指出一个方向。在我们每个人周围很快就聚集了一些人，现在这些人都是大家所熟悉的。沙龙里宣传的那些在理智和道德上都十分空虚的政治和哲学学说，把他们折磨得疲惫不堪。他们对过去反感，同时对现在觉得厌腻，他们向毫无所知的未来呼吁，并且要求它给人类各个种族解决在一往直前行进中所提出的重大问题。[①]

这样，我们通过《生产者》同读者有过一段接触之后，已能够亲身去影响读者中那些接受我们学派一般观点并热望献身于它的人。我们召开了多次会议，在会上由我们中间的一个人继续阐发我们的学说[②]。各地也建立起宣传中心，分发了经过挑选的圣西门的著作，以及《生产者》和我们的著作，对这些附加以必要的解释（这些解释要求通过恳切的交谈来进行）——简而言之，口头交谈对我们来说比印在纸上的阐述更为有利，忠诚信仰新学说同志的数目很快增长起来。目前，我们每个人都欣慰地看到：我们学派吸引了比圣西门临死时向他告别的追随者更多的人。

然而，这些优越性并未使我们忘掉：通过刊物来传播我们的学说有多么重要，特别是当我们学派的基础扩大和巩固起来的时候。《生产者》停刊时，我们有的人出版了自己的著作，在那里阐发了重要的、大多是圣西门哲学的个别部分。但这些个别著作不能完成我们给自己提出的任务，需要从整体上阐发这一学说。这一工作一般已由我们最初出版的刊物开始了。

与此同时，口头阐述已难以满足研究我们思想的众多人数的要求；通信用去了不少宝贵时间，而且也太广泛；通信总是要求我们对不同人反复阐述同一思想，因为从不同地点的来信要我们答

① 圣西门主义者的宣传在综合技术学校学生中间取得很大成绩。在这个时期，A. 特兰孙、列舍瓦里叶、M. 舍瓦里叶、A. 傅利涅尔、И. 卡利诺等参加了学派。——俄译者注

② 会议开始在 Caisse hypothecaire 的地方举行，会议的主持者是罗德里格，后来搬到塔朗大街上一所专用房屋。1828 年 12 月 17 日讲了第一讲。讲演会继续到 1830 年初（参看每讲开头的注）。——俄译者注

复的问题是同样的。最后，我们确信，学派的继续存在和它的显著成绩必然引起我们老对头的惊讶(从前他们极少了解我们介绍给他们的思想，所以一听说《生产者》停刊了，他们也乐得把它埋葬)，他们有些人甚至有这种想法：当年青一代拒绝这一引诱，我们也对圣西门灌输给我们的幻想感到失望，在久久思索之后，我们会返回到更为明智的思想上来；然而他们每天都带着惊异的神情听着他们同伙中某些人转到我们方面来的消息。他们不得不承认《生产者》中阐述的学说，事实上包含着某些好的思想。他们只好(咳，多可恶!)承认圣西门这个狂人竟培养出十分有力的学生。另一些人则发现一些十分奇特的现象：假如我们的学说仅仅是幻想的混合物(甚至是一些机智的幻想)，那么这一学派是用一种什么方式吸引同自己志同道合的人，而这些人大多是极少倾向幻想的，而是把自己一生贡献给实证科学研究的人。相反地，那些空谈善辩者，亦即所谓演说家却明显地没有在我们的队伍里出现。最后，有一些人则承认我们某些原则的优点：例如，我们提出的研究历史时对人的行为进行划分的方法是十分有用的；借助于方法和根据我们所提出的证明，他们甚至接受了我们对人类的过去和将来的某些最重要的观点。所有这些体会使我们确信，我们正逐渐地接近威胁革新者的第二个危机，就是说很快我们就会成为下面这一事实的见证人：在由于我们的学说重新公开出现而引起的争论中间，那种用于对圣西门进行人身攻击的手段将会销声匿迹；曾过分浪费在我们身上的毫无益处的玩笑也将销声匿迹；最后，人们对这些思想的轻率态度也将消失(在他们没有接触、熟习并研究这些著作和思想之前，在没有研究思想本来面貌而只热衷于其形式的时候，他们就表现了一种轻率的态度)。

所以我们决定重新通过刊物来同公众接触。学派的状况也有了改变:我们感到自己比圣西门逝世时更为强大有力,比《生产者》停刊时更为强大有力。今后在窘境面前,我们再不必向那些同我们学说无缘而顾虑重重的人们请求援助了。已有的广泛联系几乎叫我们确信不疑——我们现有读者的数量使我们不必再为支出困难而不安。而且还不限于此,我们导师学说的成功所吸引的读者的数量,足够保证我们去从事任何一项困难事业,我们的工作都可以不间断地进行;学派已有了团结有力的协会组织的外貌,协会全体成员由一个雄辩崇高的思想联结在一起。这个团结的集体使我们回忆起我们曾经遭受到的困难和不幸,这些困难出现在圣西门学派刚刚诞生的时候,那时为了不受冷遇曾付出毫无成效的努力。现在,正相反,我们为同一种情绪所鼓舞;我们满怀着同一种心愿,同一种希望;我们的目光集中在一个目的上——使未来一代人的道德、理智和工业达到更高水平这一人类理想得到实现。

所有这一切细节主要是要给人们一个概念:直到目前圣西门学说经常碰到了一些什么障碍,并如何战胜了这些物质经济条件上的障碍。这些细节同时也表明学派的成员的组织情况,在这点上我们特别希望我们的读者与我们分享一种热烈的情绪;为了建立协会这个组织,我们在克服巨大困难和与以旧习惯、旧教育来对抗新思想的迷信敌对势力的抗争中,就体验到了这种热烈的情绪。毫无疑问,鼓舞我们热忱奋发和勇于自我牺牲,这将使我们具有一个奇异的外貌:因为我们生活在这样一个社会里,在这里你感觉不到人们对任何具有普遍意义的新创议表示休戚相关的同情,这个社会表现出来的只是纯粹的私人利益，它甚至对完全出自最温柔情感的行为也从赢利的角度来加以衡量——总而言之，我们生活在一个完全为利己主义渗透了的社会里。学派并不想在资本上得到成功，同时我们也并不预期看到轻蔑和敌对转变成感激和爱情，至少在较长的时间甚至在我们的一生中我们不抱这种期望。

我们了解那些用以往的武器反对现实的人们的命运是什么样的，他们那种为崇高事业而忠贞不渝的精神唤起了我们的同情。我们也懂得那些给自己的世纪第一次指出通向遥远未来道路的人们庄重誓言的分量，我们只把好感与爱献给这些人。

说到这里，我们的任务还没有完成，我们还应说明一下学派工作的进程。

我们已经提到：《生产者》前四卷几乎是专用于展示工业和科学成果的历史阶段的，由此产生出关于学者们的政治组织的意见，产生出关于有利于工业得到巨大加强的联合企业的意见。我们远没有把观察的丰富渊源包括无余：我们还很少论述有关科学工作秩序和科学的百科全书式联系的思想；很少讲到能够把科学和工业联系在一起并使它们二者服务于社会情感发展的政治机构问题；我们只能勉强地指出（其原因我们下面会讲到）教育这一重大问题和科学不断完善这个广泛的问题。

在探讨有关贷款和银行问题、在探讨必须确定工业劳动领导者同工业劳动承担者之间的关系问题时，发生了同上面讲到的情形相同的情况，我们必须首先扫清我们的立脚点；为此目的我们努力证明人对人的剥削这一战争式的影响逐渐减弱的事实，同时努力证明和平劳动者的成就不断增大的事实，即在于证明以工业为武器开拓地球所获巨大成就的事实。这些必要的第一位的工作剥夺了我们从整体上探讨社会物质组织，换句话说，即所有制结构这巨大问题的可能性。最后，在工作的第二部分里，我们又碰到了已提到的那些障碍，它们影响我们去探讨科学上最普遍的问题。

阐明了把我们思想局限在一定范围里的原因，我们就能够给人们以关于新途径的概念（这条是学派从《生产者》存在时起所必经的），以便在最一般特点上结束对学说的表述，而这个学说包括着为情感制约的人们活动的多种现象，也包括着体现了科学和工业向前发展进程的多种现象。

借助于我们研究社会的科学和工业进步所运用的方法，也能够科学地考察优美艺术的发展，要把这个术语理解为我们赋予它的，即把它运用于一切表述人的同情和厌恶，以及人类激情的那种意义。应该按照这一名称分类的历史事实，也应该容许以新的形式建立起合乎规律的社会的未来。在旧版《生产者》中，我们已经指出了圣西门学说这部分的极端重要性，但我们是以我们的老师为榜样；我们认为应该开始建立他的学说的科学原理，并首先使大量的事实与这些科学原理联系起来——这些事实显然保持着最大的影响，因为它们同当前如此强大的物质利益有关，这就是工业的事实。

所以，在学派面前有着几乎是完全新的研究领域：在我们看来那是许多证明人类道德完善的大纪念碑的废墟。由诗激起和由言语、歌唱、音乐、绘画、雕塑、建筑所表现的情感，构成宗教仪式的富丽堂皇，这些情感在历史上留下了显而易见的痕迹。在文明社会的每一个时期，法律都带有它们的痕迹，它们在语言的完善、民族的风格、娱乐及其国王的爱好中都有所表现。

由于在旧版《生产者》里我们刚刚接触到有关工作上这种新秩序的问题，所以我们尚无可能对我们研究的许多事实作一定程度的综合，这种一定程度的综合对于使人们体会这许多事实在人类发展过程中的重要性是极其必要的。但这样做却使我们得以避开因两个原则影响的并存而引起的混乱。（尽管这两个原则同共同指向一个目的而不矛盾，可是总还是十分不同的，因为它们通过两条不同道路而引向同一目的，即判断和感应，换句话说即科学和诗。）例如，这一点对我们说来是极为明显的：那些主张消灭殖民奴隶制、反对买卖黑人的人们力图证明，从物质生产利益着眼，奴隶制是不合算的；而住在欧洲的另一些人则通过另一途径得出同一结论：这里奴隶制的废除要靠另一种手段，或者，这另一种手段最低限度有助于我们从奴隶制下摆脱出来。简而言之，计算和判断，把科学运用于获取物质利益并非是推动人们行为的唯一动机；我们同时也在优美艺术的激动和影响下活动着。我们是有理性的，但同时也不乏热情；我们为自身利益制约，但也为崇高的自我牺牲精神感召。

因此，学派必须指出由热情引起的行为哪些是有助于或妨碍社会前进运动的，学派应当研究文明的不同时代人类同情的表现的不同形式。我们应当进行发掘的新源泉有这样一些：家庭情感，把公民同祖国联系在一起的情感（目前这一情感应把人同全人类联结在一起），最后是那种富有生命力并把它渗入周围事物的情感。

然后我们应回到《生产者》杂志上在研究工业和科学方面的事

实所取得的结果上去。科学和工业对我们很重要，是应作为一种手段出现，在它的帮助下，人们才有可能在最有利于发展他对弱者同情、对强者顺从、对社会秩序爱护、对世界和谐尊崇的条件下生活。诗人，主要是那些预言式赞颂未来的诗人和那些失掉新灵感而赞美过往的诗人，将成为我们的领导者。我们必须研究他们因热忱而产生的情感，或者他们力图使之复活的那些情感。我们必须揭露由于女人的经常影响而产生我们性情的温和化这一事实，以及我们的性情从卑贱的奴隶地位上升到崇高的道德水平。我们尤其要使人们感觉到这样一点，即那些从因粗俗热情而使之野蛮的羁绊下彻底解放的人们，未来将给他们准备什么样的角色，他们将被认为是使人们在祭坛前恐惧、打碎奴隶制锁链的那种力量的代表，而最后，这种力量呼喊出一个伟大的词——博爱。

这一简略的叙述，无疑地，足以说明展现在我们面前的是多么广阔的天地。人类社会高度总结的一切现象都包含在我们学说所涉及的这一类问题之内，也正是根据这一点，我们一开始就希望为我们的学说得到一个在我们今天受到这样慷慨颂扬的美好的哲学名称。*

我们已经习惯于听到，有些人往往把编纂旧的编年史中毫无意义的事实的人称为著名的历史学家；同样地也习惯于听到，人们

* 它注定还要有别的更为伟大的名称，它陆续地被采用，然后又陆续地被给人们指引道路的一切学说所抛弃，而这就是宗教的名称。所以，希腊和意大利的哲学家们，经过长期徘徊，最后，终于感到他们无休止争论的无聊，于是全部同意基督的主张，基督教就是通过这种途径形成的。在最近三个世纪放弃了自己的同一信仰的基督教徒们，从教会中分离出来，以便建立一些哲学学派，这些学派本身像雅典和罗马的学派一样，逐渐消灭，并且不知不觉地转为一种新的教会。——原作者注

把那些预言某个内阁的衰落和代替它的那个内阁的产生以及它自身将在明天灭亡的人称之为具有远见的政论家。然而我们的哲学家们却受到更为宽容的待遇，对他们的要求是最低的。实际上，为了听法学和医学课，为了在物理数学或语言学上达到最一般的大学程度，都必须先通过哲学考试，所以，要成为哲学家既不需要知道法律和自然科学的原则，也不需要思考诗学的社会影响。不仅如此，如果你们要同我们的哲学家们谈论信贷、公债、人口和关税，如果你们要想知道他们对工业制度的某些更为重要的问题所持的看法，例如，劳动组织、所有制的结构、行会等等，那么，那些最为自命不凡的哲学家们就会以任何一种过时的科学的泛泛之谈来回答你们，而另一些哲学家们则会天真地对你说：我们不研究政治经济学。

对于我们来说，历史、社会科学和哲学都具有另外的意义。社会科学和哲学的目的不是用讲某个历史笑话来为苦闷的公众解闷；不是使他们对转瞬即逝的政治事件发生兴趣；或者，说得好一些，也不是以关于智力的活动的方式和结构的无益的、不完善的、过时的争论来娱乐公众。社会科学和哲学应该满怀信心地在人类面前展示人类的未来，并以人类的过去证实未来，向公众指出已经取得哪些成就，还有哪些成就需要他们继续争取，最后，使公众对他的著作的这种高尚的目的，对为它而努力的这种伟大的贡献以及对为它而长期受苦所取得的这种美满的报酬发生强烈的兴趣。

当然，我们知道，当赋予我们的工作以这种崇高的性质的时候，我们的热情会引起我们今天的怀疑主义者的讥笑；他们将由于在自己的周围看到他们所不能理解的那种同样强烈的热情而感到惊讶,因为他们不知道本来能够激起他们心中的激情的东西。虽然他们会像伽利略一样,宁愿屈膝而放弃自己的信仰,但是他们却都会钦佩为了自己的信仰而死的苏格拉底。让人们想一想我们的老师——圣西门,想一想这个充满牺牲乃至屈辱的生命,想一想他在临终前和我们谈论人类未来的那种从容镇静的态度。也许,那时他们就会感觉到,新的苏格拉底会出现,人类能够再次成为如此伟大的情景的见证人,最后,新哲学的突然发现一定会重新照耀着世界。

我们所研究的那种人们的思想趋向,至今也不允许我们对于学说采取教条式的讲授;我们必须一步一步地前进,以他们自己的观点对待我们时代的思想家们(正像圣西门对待我们那样),以便然后把他们引导到我们这方面来。我们必须在对待他们的时候,使用他们所竭力利用的那种武器,而这就是批评;必须劝导他们厌恶他们的无政府主义的信仰,使他们感到在像我们的时代一样的无秩序的时代,群众承受着道德的、精神的和肉体的痛苦,痛苦愈多愈厉害,人也就愈加具有高尚的灵魂、崇高的理智和强大的力量。特别是我们应该对他们说明,我们有权不久就要向他们谈论关于爱情、诗和宗教的根据,而为此,就必须使它成为以科学和工业为基础的坚固支柱*,同我们时代的学者和经济学家们的偏见进行斗争,对腐败堕落的政治家的教条进行攻击,这种攻击对破坏不道德的社会秩序曾在长时期内是必要的,但是在社会下层那里

* 莱布尼茨说:“假如我赋予科学以某种意义——那是因为,当我谈论宗教的时候,科学使我有权要求缄默。”——原作者注

甚至于一切都遭受到否定的时候，任何人的纯粹的否定力量都不能激起人的热情和自我牺牲的感情。

我们现在出版这本书的目的就是如此，它包括去年（1829）所作的公开讲演的简明概要。[①] 为了使读者能够掌握它们的线索，从而能够容易阅读它们，我们在这里先把它们作一最简要的介绍。

第一讲

这一讲系评述现在欧洲社会所处的这种令人悲痛的状况：一切依恋关系都撕断了，到处是抱怨或恐惧，见不到喜悦和希望；怀疑和仇恨，撞骗和狡诈笼罩着一切，甚至也出现在私人生活中。我们要在为了政权和自由而把我们分离的政治中说明这种混乱现象；在科学中，也像在人们当中一样，缺乏相互联系，它们被分离开来加以研究；在工业方面，有着残酷竞争的牺牲品，在那儿，壮丽的教堂为欺骗和不善而建立；最后，在优美的艺术方面，艺术毫无声色的苟且偷安，不能给人以开朗、优雅的感受，它只有在诋毁、辱骂这个使它们受辱和恐惧的世界时才能找到一种新的力量。鉴于这种可怕的危机，我们号召人类走向新的生活。我们要问这些彼此隔绝、互相孤立、钩心斗角的人们，难道开创一个互相友爱、互相学习和协同工作的新的联合时期还没有到来？这种联合必将使他们团结起来，使他们和睦相处，有秩序，关心共同的命运，并赋予社会、地球、整个宇宙以团结、智慧和美丽，从而也能使现在有才之士

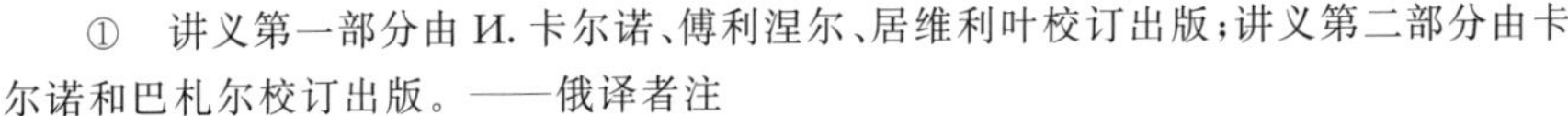

① 讲义第一部分由И.卡尔诺、傅利涅尔、居维利叶校订出版；讲义第二部分由卡尔诺和巴札尔校订出版。——俄译者注

发出的那种绝望的呼喊为幸福的颂歌所代替。

第二讲

这样的未来是否可能？当打开这部关于传说的伟大著作的时候，我们就会看到，人类社会实际上是不断地向未来前进的，这个未来现在已由圣西门向人类宣布了。我们会看到社会是通过有秩序的和混乱的时期在前进着，每一次建筑和破坏都会使建筑物愈加完善，在这里锻炼和培养着社会的和平命运。那时，我们将极其平静地注视我们早已指出的当代的危机；我们看到，过去，随着这种危机，随着混乱，无政府状态、利己主义和无神论的时期的出现而出现的等级制度、自我牺牲和信仰——一句话，亦即新的制度。例如，众所周知，奥林匹斯山上的诸神、他们的祭司和古罗马的贵族都在哲学家和得到释放的奴隶的打击之下毁灭了。同样我们的天主教、它的仆人和我们的封建贵族，从我们的学者、我们的立法者和资产者、我们的第三等级那里得到了毁灭性的打击。须知，连基督的信徒都不怀疑人类的未来，为什么圣西门的信徒就不应该相信未来呢？

第三讲

那么，研究历史，也可以说，迫使过去告诉我们人类未来的这种新的方法是怎样的呢？为证实我们关于未来的理想，我们所提出的那种证明具有怎样的价值呢？圣西门所选定的新科学，也就是实证科学，它同应该得到这种名称的一切科学一样，这是一种关于人类的科学。它的方法也就是在天文学和物理学中所采用的方法:在那里,事实按着共性和个性被分成彼此联系着的同类成分的系列,这样就能够显示出它们的倾向,即指出它们所从属的那种增减规律。

第 四 讲

首先运用这个科学证明全人类倾向于全世界的联合,换句话说,倾向于对抗的不断减弱。这种对抗的减弱完全可以用下列的名词表示:家庭、帮会、城市、民族、人类。由此可以得出结论,最初由于战争形成的社会都具有融合为一个和平的全世界联合的倾向。

第 五 讲

人类发展所包括的犹太的一神教、希腊罗马的多神教和直到我们今天的基督教的总的图画,十分清楚地显示出这个进步规律。耶路撒冷、君主专制的罗马和基督教世界的罗马(就是这三个伟大的城市)是人类的创始者。摩西、奴玛、耶稣缔造了现在已经死亡或正在死亡的民族。谁将成为人们未来种族的创始者?在怜惜和赎罪的城市的废墟上所建立的光荣的进步的城市,它在哪儿?新的耶路撒冷,它在哪儿?

第 六 讲

人一直剥削人。主人剥削奴隶;贵族剥削平民;领主剥削农奴;土地占有者剥削佃农;游手好闲者剥削劳动者——这便是到目前为止人类进步的历史。全世界的协作制就是我们的未来。按才能计报酬，按功效定才能就是代替征服权和出身门第特权的新权利；人不再剥削人；他们将彼此通力协作地开发归他们所统辖的世界。

第 七 讲

这种新的权利，即将代替更强有力的出身门第特权的那种才能的权利，是否同自然规律、神的意志、普遍利益相一致呢？自然，上帝和普遍利益曾经有个时候允许人占有奴隶，但紧接着它们就禁止人有这种权利了；它们容许人占有农奴，然而农奴的锁链被粉碎了；它们允许人过游手好闲的生活，但随之而来的是劳动者，是儿童和老年人的眼泪。而圣西门的出现，就是为了告诉世人："你的游手好闲是违反自然的，游手好闲对大家和你自己都是渎犯神明的和有害的。你应当劳动。"

人们！请你们组成一支和平大军，不要说：这是不可能的；你们曾经是战场上的勇士，不久前你们还都能在统帅的职务之下，得到官职，被尊为领导者，操练队伍，遵守秩序，厉行节约，特别充满着热情。你们为什么要这样尽力呢？结果和平遭到破坏，到处带来眼泪、流血和死亡！请随我来吧，建立一支队伍，承认新的领袖，重新振作起勇气，因为一件伟大而崇高的事业摆在你们面前；请随我来吧，我要为你们带来新生。

第 八 讲

可是现在我们的律师、政论家、经济学家们告诉我们些什么呢？他们的学说是否会向我们证明，富裕和贫穷永远是相传的，无所事事的人可以不劳而获，富裕是游手好闲者的不可被剥夺的财产？他们的学说是否还会向我们证明穷人的子弟也像富人的子弟一样自由？当你没有面包的时候，还有自由吗？他们二者是平等的吗？当一个人不劳动也有生存的权利，而另一个人如果他不劳动就只有死亡的权利的时候，这还算是平等的吗？……

他们不断地向我们重复说，所有权是社会制度的基础。我们也会宣布这样的永恒真理。但是谁应该成为所有者呢？是游手好闲的人，是死者的不学无术的放荡的子弟，还是能够很好地履行社会职责的有才能的人？他们断言，一切门第特权现在都被消灭了。那么在家庭范围内这种继承权是什么呢？除了血统关系以外没有任何其他根据的那种从父母到子女的财产的转移（这并非是一切特权中最不道德的），社会上的不劳而获或少劳多得的特权，这究竟是怎么回事？

这种学说是多么令人愤恨，它竟然支持农奴制，它竟然禁止基督宣传人们之间的兄弟团结，因为害怕他的话会被奴隶听到；这种学说是多么令人愤恨，它竟称赞远古时代残暴行为的正确。

的确，我们所有的政治理论家，甚至于那些或者尤其是那些自认为是未来的配受尊敬的人，他们所注意的是过去。因此当我们劝他们参加劳动的世界的时候，当我们说，游手好闲的世界完结了的时候，他们蔑视我们，说我们是幻想家，他们向我们宣称，儿子永远继承自己父亲的遗产，正像偶像的崇拜者所说的，自由人永远占有奴隶。但是人类却用基督的口宣布：再也不要奴隶制！他用圣西门的口高呼：按才能计报酬，按功效定才能，继承权结束了！

第九、十、十一讲

不过,工业的工具和产品的分配不是未来社会政府的唯一任务,它还存在其他的分配,这种分配需要得到人类领导者们的慈父般的关怀。需要诱导所有的人,需要在我们中间发展、培养使他们不愧为充满爱情,不愧为有秩序和强有力社会的成员的那种感情、知识和习惯;需要把其中每一个人培养成为名副其实的人,以便使他把自己的爱、智慧和力量贡献给社会。总之,必须是这样一种教育,它涉及人的一切生活、人的一般使命和专门职业,使人对社会的依恋也像对家庭的依恋一样,然而在我们今天,它只是一种没有一定目的、盲目的、不重视个人爱好和共同需要的教育。教育是社会制度最重要的部分,并且未来要求我们为它打下教育的基础。

我们应该指出,首先,我们的社会在这方面空虚得令人痛心。其次,当对过去的有机时期稍加考察之后,我们曾指出,在社会意识到自己背后的一定使命的那个人类发展的时代,由它所支配的那些具有高度秩序的人们感到重要性,他们能够通过新生一代来传递和在现在一代中加强对共同命运的热爱,通过日常文化增强群众的道德、智力和肉体的力量,以便使他们不断地接近自己希望的目标。实际上,把我们目前所获得的教育同为战争目的而设、以战争为基础、通过战争而繁荣发展起来的古代民族的教育相比较,我们就能够断言,我们的社会不是以和平为基础,它没有任何基础,它不知道自己背后的任何目的,对未来缺乏预见、缺乏希望,对过去只是怨恨。它进行反对旧的教育制度的斗争,这种教育制度无疑对它的未来是很不合适的,所以它力图破坏它,但是无力克服它，因为它不知道它长期存在的深刻基础，不能认识到由于这种基督教的教育所达到的巨大进步，这种教育是社会本身所培养的，并且只有当社会达到更大进步的时候才会抛弃它。社会落在耶稣教徒的身上，这是极好的事，它意味着巴斯噶和伏尔泰的话不是无的放矢的。但是没有想到耶稣教徒们会比那种预想和已经实现的传播具有更高性质的共同信仰的制度，比把宗教教条宣传得更为广泛的那种天主教的宗教观念，比宗教仪式实现得更为完善的那种天主教的教条，比天主教的宗教仪式，消失得还要晚。

把所有的人提高到作为人即作为社会或宗教的人的最高水平*，使其中每一个人都能适当地发挥作用，就是这样。我们把教育的两个不同的方面再重复一下：它应该或者是普通的教育或者是专业的教育，人们是社会组织的全体成员，但他们都可以是艺术家、学者或工业家，换句话说，他们都欣赏、议论或行动，所以人类存在的这三个方面给普通教育和专业教育提供了根据。应该为未来服务的基本教育的观点就是这样，我们这里简要地指出了这种观点发展的主要特点。

第十二讲

叙述完我们的教育观点之后，我们自然开始考察政治制度的另一方面，这个方面的重要意义是一目了然的。既然教育，据我们的意见，达到它应该为自己提出的那个目的，既然它使所有的人愿

* 对于我们来说，这两个名词只是同义词，因为，正像你们下面将要看到的，我们将扩大这两个词的意义。——原作者注

意促进社会的进步（每个人都具有适度的自爱、自己的智慧和力量），那么，法律*就成为无目的的东西了。但实际上并非如此。按着我们老师的说法，寻找区别好坏行为的界限是法律职能的最崇高的一个方面；采用这种道德准则是人们所支配的主要行动之一。因此，法律和行使司法权是负责法律和行使司法权的那个组织的教育的一种必要的补充。其实，惩罚和奖励只是教育的一个方面。

法律也像所有人的行为一样，它随着社会的文明状况是经常变化、发展的；这就是说，它从属于我们在全部过去的历史中所提到的那种有机时期和批判时期的相互更替。在有机时期，政治领袖同时也就是立法者和法官，他制定秩序规则和决定它的改变；他是活的法律，是社会称赞和指责的机关，正是他给人以光荣或鄙弃。相反，在批判时期，法律是一个丧失了道德力量的没有生命的词；司法权和正义，在人们看来，是两个不同的东西；立法者和法官作出判决不是因为他们领导人民，不是因为他们预见和满足人民的需要，不是因为他们处在爱情、尊重和服从的环境中，古代罗马的贵族、中世纪的领主和主教让位给资产阶级国家的官员和议员，这些官员和议员获得自己的力量只是由于他们帮助人民推翻了自己的旧的首领，打断了令人难以容忍的服从的枷锁，使以前的社会

* 法律丧失了预防的性质，在我们看来，明显地证明了屈从于它的那个民族的野蛮和无知；给法律提出压制和预防罪恶、惩治恶习或给恶习以阻碍的任务，这对我们来说是不够的；使法律命令和诱导行善，使它鼓励和培养善行，这是必要的。这里，也像将要在下一步介绍的那样，我们所说的只是关于现在意义的，即镇压、惩罚、强制意义上的法律。——原作者注

制度瓦解。法律和司法权的行使或是成为反对主教压迫的武器或是成为压迫人民的工具，换句话说，在它们当中经常表现为统治者和管理者之间存在的对抗矛盾，在我们眼中表现为批判时期或联合解体时期的斗争。

对于我们来说，法律是制定秩序规则，因此立法者是热爱社会秩序和最了解社会秩序从而也了解联合的目的的人，这种人最能够使社会实现它的命运。而且因为按圣西门的看法，人的活动需要有三个目的，因为问题就在于道德、智力和体力的进步，所以制定秩序规则应该抓住社会发展的这三个方面。同样，司法团体也应该由以调整道德、科学和工业运动为目的的三个单独的部分组成。

因此，无论注意到哪种工作，无论它们的重要性的程度如何，永远是受长官赞扬和斥责、夸奖和批评、鼓励和压制的；也正是他给予惩罚和审判的。

我们知道，这类宗教教条是能刺痛人们的，这些人在浮光掠影地看我们写的东西的时候，会忘记：对我们来说，除了道德、理性和个人才能的权利以外，并不存在享有征收权或门第特权的长官；会忘记：在社会中，像我们所提到的，每一个责备自己部下的人，也都有责备他的长官，这些长官尤其是以长官对待部下的态度来责备他。因此，为了了解我们，必须事先把思想和希望转到与现存的和以往的社会完全不同的新的社会上去；必须预先看到未来社会。能够向未来迈出这最初一步的人们，为了实现它，很快就会追随我们。的确，在统治者和被统治者之间，民族和民族之间，个人和社会之间不再处于战争状态的时候（但我们也并不要求为此给予更大的同情和花费更多的精力),为了了解我们,我们必须立刻指出,人类是高级的社会动物,并且也同时指出,如果战争过去是人类发展不可缺少的条件之一的话,那么,战争也总会有一天不再会成为人类继续进步所必需的东西。

第十三、十四、十五、十六、十七讲

上述各讲的目的主要是培养在研究人类发展的时候,运用那些合理习惯和方法的才能,这些习惯和方法的运用,按照所有从事重要研究工作的人的意见,在科学领域中,由于社会的信任而得到无可争辩的权利。在把属于在不同的方面反映人类运动规律的最近似同类的成分归类之后,我们曾把这些方法较广泛地运用于最重要的历史事件上。例如,在过去互相联系的事实之间存在的完全合理的基础上,我们削弱了战争的气氛和习惯,发展了世界联合的思想和要求,在性质极不相同的各个时代里:一类是当不完善的社会制度被建立的时候;另一类是当这种制度为了让位于较为完善的制度而被瓦解的时候,我们建立了更为完整和更为宏伟的社会。当充分地了解到我们时代人们的偏见时,我们懂得了,至少在最初时期,单纯地恳求他们同情,是无益的和危险的。他们希求智慧和科学,他们需要所谓明白的解释和证明,因此我们不得不向他们做出如此的介绍,虽然在这种情况下我们甚至于冒着使他们把我们称为理论家和思想家的危险,我们不得不冒着以自己的公式使他们厌倦,并且对于那些认为不费力就能读懂我们的东西的人所不能理解的危险。我们拒绝宣称:当你们不再愿意一部分人的家庭以另一部分人的家庭的劳动所得而过游手好闲的生活的时

候，当你们不再愿意这部分特权家庭的子弟享有优惠的教育从而发展自己的才能的时候，当你们不再愿意大部分善良的心灵，以及高度的机智和强有力的、有才能的人堕落、衰退——一些人游手好闲，另一些人被迫地和违反自然地劳动的时候；当你们不再愿意在自己眼前有这种类似的情景的时候——这种情景就将消失。在上述情况下，我们的话无疑更能为人所了解。然而，在我们今天它却很少被人相信。我们必须尽可能从对被我们推崇为崇高未来的同情中摆脱出来，必须把未来作为必然的结果、作为不可避免的事情和过去已经注定的结局提出来。

如果这些提防迫使我们对我们所充满热情的一切（而我们怎么能不激动呢？是我们，发现了给人类准备的幸福的未来）抱有我们时代的偏见，如果再重复一遍，当我们向他谈到法律、教育、所有制的结构，当我们抨击它的哲学和政治教条的时候，我们必须注意到我们这个好说教时代的自负，那么，当我们最后准备虔诚于宗敏信仰的时候，将要求我们怎样的小心啊！

我们讲演的最后五讲完全是阐述所提出的下面问题：人们是否有宗教的未来？为此我们首先需要指出，通常把参加这个重大问题的讨论、以对过去全部宗教采取仇恨的态度（这个仇恨现在仍然起控制作用）作为拒绝的基础是没有根据的。如果说不在最年轻的一代中（我们指的是青年），那么，至少在伏尔泰和百科全书派的迂腐的学生中间，在现代我们分析精神与分解物质的形而上学者和生理学家中间，是不关心把它们结合起来的联系，或者更确切地说，是不关心精神和物质只是作为它的表现的生命。

因此，我们应该为宗教感情和按着宗教的劝告所假想的主要的制度恢复名誉，基于这个目的，我们应该指出在一个相当长时期，它们始终表现出人类向全世界联合的进步运动的那种影响。然而，这种恢复名誉的措施同时应该是一切反动企图的结束，即，在记取以往宗教有益的东西的时候，我们也指出它们所有目前已经失败无用的东西。因为无论任何一种宗教都没有完全理解上帝的性质，所以也就不能给予人类和社会以完善的最终的规律。

我们向读者介绍这本书，为的是读者能够评价我们的反对我们时代毫无根据的不信宗教的各种形式论战，如果不信宗教就是简单地否定一切过去的信仰，那么，这就是令人痛心的和荒谬的亵渎行为，如果不信宗教妄想统治未来，那么未来将会由于处于这种情况之下，就不会有热情、诗意和爱情——一句话，将没有人与人、人与社会、人与一切周围世界的联系。

确信，我们在这里回答了我们一时所想象到的一切困难，当我们老师的话把我们从至今还统治着人们的智慧和我们自己曾长期研究与信奉过的那种学说的支配下摆脱出来的时候，我们认为自己现在有权要求在评论我们之前先研究我们。要求我们简括地阐述我们全部学说的著作，就是这本书。①

① 该版也像过去的俄文版一样，作为法文版讲义前言的《致卡多里克的信》，不包括在《释义》中。——俄译者注

第一讲[*] 关于新社会学说的必要性

诸位先生，我们所研究的整个社会，目前有两个阵营：一个为少数的中世纪的宗教和政治组织的维护者所盘踞；另一个为在“新思想的信奉者”这个不甚适宜的名义下集结起来的人们所组成，他们或是积极促使推翻旧的社会体系，或是拥护推翻旧的社会体系。于是，我们带着和平的言辞来到这两部分人中间，并且郑重地宣告那种鼓吹不只比流血而且比战争还要残酷的学说，不论以什么名义都不能掩饰这种战争的残酷性。世俗权力和精神权力之间的对抗，为自由而反对和为获得最多财富而竞争，我们不相信所有这些战争手段的完全必要性；我们也不承认为了文明的人类注定要把自己的肚子划分成几个部分的那种自然权力。

我们毫不怀疑，我们的学说将比古代宗教对它的时代的统治和天主教对中世纪的统治能更全面地统治未来的时代；它将比它以前的学说更强有力，它将对世界上的一切观点给以好的影响。它的出现无疑会遭到冷遇，它的传播诚然也会遇到许多障碍；我们准备消除前者，并确信迟早会克服后者，因为当同人类齐步前进的时候，任何人都不能胜利而有保障地把人类从根本规律的统辖之

* 1828年12月17日讲。——原作者注

下解放出来。

一旦度过充满混乱和纷争的时代之后，我们就会看到，那个吞噬了不再是法定的旧宗教和旧政权的地狱关闭了，因为它已不再符合新社会的需要。所以，看来疲倦多于舒适的心情应当乐于采用那种总有一天会把他们联合起来的法律。但是，对于不久前的生死斗争的回忆和仍然记忆犹新的革命精神，推迟了统一的日期。我们的倔强性格，我们对仇恨的完全怀疑，不断地在我们面前唤起一种专制主义的怪影。如果将所有人的一般信仰和行动加以总结，我们的骄傲所能看到就只是新的束缚，这种束缚正是不久前才刚刚以无数的眼泪、流血和牺牲的代价所推翻的。那些想凭自己的清楚规定来恢复秩序和统一的人，在我们这忧郁怀疑的眼睛看来，他们显然是企图使运动倒退。

这种无休止的人类斗争的无政府状态，这种社会联系的普遍削弱，似乎使一些思想家感到害怕，然而同时他们当中的大多数人由于受不完善的科学观念的影响却又认为，对于共同的建设，对于所有的学说来说还没有建立起足够数量的事实，也还没有得到充分的考察。对于我们来说问题已经解决了。当我们把思想离开当前的狭小范围而窥视过去时，我们就会看到这样的事实，他们确实是想以自己的多数来围攻和战胜我们。今后，对我们来说毫无疑问的是应当通晓和阐释在许多年中积累起来的专门著作的那种新观念的时代已经到来了。我们现在是以深信无疑的信念提出这种观念的。如果它是不正确的，如果它仅仅是增加现已存在的无益体系的数目，那么它就不会引起任何同情，并且继续使人民处于利己主义的泥坑中。但是，如果它是正确的，如果它是富裕的源泉，从而我们的后代将获得为我们所放弃的那种幸福，那么它在心中所唤起的那种同情的激情就是它的合理性的卓越证明。

但是，由于我们的观点最初可能给予最有才能的人以影响，对于它的价值做了不正确的估计，因为在他们现今的心情下，有一个障碍妨碍它的流行；这就是对在专门研究时建立起来的有限的实际经验所引起的各种共同观念的轻蔑的怀疑。通常认为哲学学说是软弱无力的，把它们看作是智力体操的简单练习，并竭力列举大量据说是所有以往出现的哲学来证明它们的无用。在往下讲述之前，我们说，在这些话中是包含着彼此分离的真理部分和谬误部分的。

的确，它们是无力的，因为这些在一切批判时代所出现的唯灵主义和唯物主义的妄想实质上都是一样的，尽管形式上有所不同。的确，它们是无用的，因为这些道德家的箴言从来都不曾唤起任何一个自我牺牲的行动，也不曾给予社会任何一个可敬的人。而且何况，名言、格言和个别道德体系研究的文集，某些关于智力作用的体系，它们的本质和它们活动的结果，所有这些都不是哲学的观点。这个名称只能用在包括一切人类活动方式和解决一切社会和个人问题的那种观念上。无须多说，配称这个名称的哲学体系和数目，不曾多于人类所经过的社会制度的数目：而且标准的社会制度的显现只有在我们所属的那种文明的谢利叶[①]中遇到两次，文

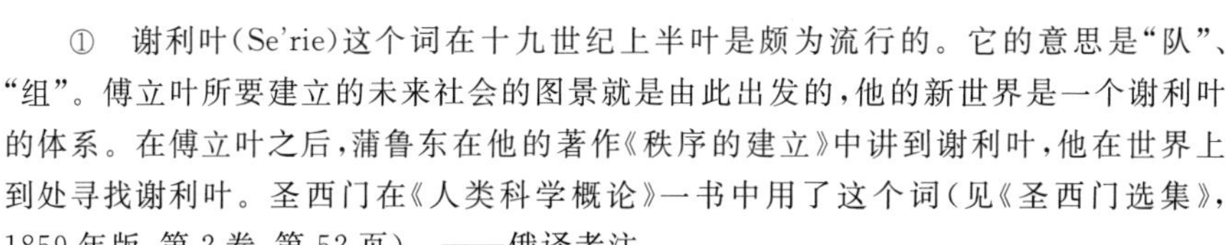

① 谢利叶(Se'rie)这个词在十九世纪上半叶是颇为流行的。它的意思是“队”、“组”。傅立叶所要建立的未来社会的图景就是由此出发的，他的新世界是一个谢利叶的体系。在傅立叶之后，蒲鲁东在他的著作《秩序的建立》中讲到谢利叶，他在世界上到处寻找谢利叶。圣西门在《人类科学概论》一书中用了这个词(见《圣西门选集》，1859 年版，第 2 卷，第 52 页)。——俄译者注

明的谢利叶的事件是(古代、中世纪)至今一直遵循的连续不断的链条*。我们所宣告的未来新的社会制度将成为这个链条上的第三个环节:它不同于以前的,但在制度和传统方面同以前又是惊人地相似。它将替代我们在三个时代期间所经历的各种批判时期;最后,它将作为人类发展规律的结果出现在我们面前。

这个由天才的圣西门所发现并由他用一系列的历史现象加以检验的规律向我们证明,社会具有两种不同的互相交替的状态:一种我们称之为有组织的状态,这时人类活动的一切事实都以共同的理论加以分类、规定和调整,社会活动的目的是明确规定的,另一种我们则称之为批判的状态,这时任何思想的共同性、任何联合行动、任何协调都停顿了,社会只是个人互相斗争的、孤立的集合体。

这两种状态中的每一种状态都占有两个历史时期。有机状态发生在希腊人的时代之前,即我们称之为哲学的时代,或更准确地称之为批判的时期之前的时代。后来出现了一种新的学说,这种新学说经过制定和完善的不同阶段,最后对整个西方建立起自己的政治统治。从教会的建立开始了到十五世纪结束的一个新的有机时代,在这个时代宗教改革的活动家们提供了至今仍然继续着的危机的第一个信号。

批判时代具有两个彼此不同的时期。在第一个时期集体活动占优势,这种活动最初局限于较同情它的人们的范围之内,但很快

* 下面我将指出,我们研究了这样的历史时期,并将说明我们轻视较早的事实。——原作者注

就扩展到群众中间去了，集体活动的目的（一些人是自觉的，另一些人是本能的）是破坏现存制度——然而这是激起普遍憎恶的制度。积聚起来的仇恨，最后爆发出来了，从旧制度那里只剩下了一些废墟，证明这里从来都不曾是一个和谐的社会。第二个时期包括使破坏旧制度和建立新制度分开的中间时期。在这个阶段，无政府状态失去了它的疯狂性，但变得更加深刻了；那时将会看到情感、议论以及行动之间的严重分歧。

我们所经历的怀疑状态就是如此，自由的使徒们既不会使怀疑减弱也不会使怀疑减轻。他们喜欢把那种建立在粗枝大叶基础上的模棱两可的保障体系看作是最后的体系，以便满足上个世纪批判和革命的需要。他们把由他们所制定的所有的这些人权、公民权和宪法权利的宣言描绘成社会完善的极限。他们断言，正是为了这个伟大的成就（Ridiculus）[①]，世界才在一些世纪里遭受了分娩的痛苦。如果向他们指出这种普遍令人痛心的状况，那么他们就会担保说，那是由于暂时的和偶然的原因造成的。他们认为各民族和它们统治者的斗争是人类存在的条件。最后，他们断定在目前当怀疑具有普遍性的时候，社会毫无希望。为了证明新的讨论，他们会引证科学迅速发展的事实和工业所取得的巨大意义，而如果他们对于一种能使人心激动的人类生活，谦虚地保持沉默，如果他们对于优美的艺术毫不做声，那是因为他们把它们仅仅看作是休息，看作是一系列愉快的或对那些认为有益的任务就在对

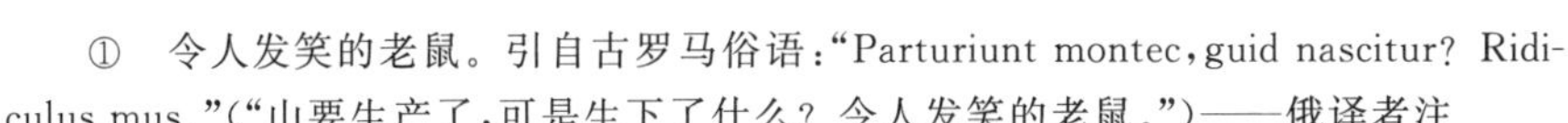
① 令人发笑的老鼠。引自古罗马俗语："Parturiunt montec，guid nascitur? Ridiculus mus."（"山要生产了，可是生下了什么？令人发笑的老鼠。"）——俄译者注

醉心于奢华和令人痛心的游手好闲的形式，留下强烈的印象。

因此，我们对科学、工业和美术要稍加注意，考察一下这三个伟大的被看作集合体的社会机构是怎样以轻松而特别和谐的方式完成自己的职能的，这些职能将保持社会组织的健康和力量，促进社会机构应有的发展。到那时，我们就能更好地确定现代智慧状况是怎样影响个人关系和社会关系的。

科　　学

我们的时代充满着对于在其视野中所达到的科学成就的崇敬赞扬；它满足于援引数量繁多的学说，假如，对过去作某些回忆，那只是为了把黑暗与光明，梦与醒加以对比，从而更加有力地为自己服务。我们尽可能简短地考察一下，这种要求是否有如此的根据，这可以一见而知。

科学活动分为两部分：理论的完善和补充。我们首先普遍发现，大部分学者差不多都为了第二部分而完全轻视第一部分。至于谈到那些直接推动科学发展的极少数学者，他们则都是沿着十六世纪末由培根所开辟的道路前进的。他们累积经验，把整个自然界划分成两部分，用新的细目丰富科学，对以前发现的材料多少补充一些令人感兴趣的新材料；他们几乎要检验一切*，几乎一切都用显微镜武装起来，以便使最微小的现象都不被他们的研究所忽略。然而，把这些杂乱累积起来的财富加以分类、整理的学者，

* 下面我们还有机会指出我们用事实进行检验的那种重要意义，但同时我们也要指出检验仅仅是科学工作的一部分。——原作者注

他们究竟是谁？整理这丰收果实的人，他们在哪儿？到处都可以看到这样那样的稿子，但它们是分散在科学的广阔田野上的，而且已经有一个多世纪没有出现任何一个重大的理论观点了*。如果问，在星球引力和分子引力之间存在着什么样的联系，对于现象的秩序是以什么样的共同观点指导学者们进行研究的，他们是否给自己提出的目的就是研究无机体或有机体(根据通常的分类)，那么，他们就不仅不回答你们这类问题，而且，还要寻找一种看起来不会引起任何不安的回答。科学工作就是划分和化整为零——这无疑是很有智慧的，但同时也要发掘使它们联结起来并使它们具有共同倾向的那种联系；每门科学自它为自己的解放而高兴的时候起，它就走着自己的特殊道路了。从此旧的观念就不再适合现代的发明了，应当得出结论，必须根据观察进行特殊的研究，并开始建立一批零散的建筑物的柱子，而不是正确地去建设建筑物。

然而，他们反驳我们说：要知道人们所说的那种科学院是存在着的，人们是以自己的发明证明自己具有高度的才能，应当认为，科学的田野是被他们在最广阔的范围并以适当的方式加以垦植的。是的，毫无疑问，科学院是存在着的，而且它的所有成员都是具有广博知识的人；每一个人都掌握着某一科学部门，而且有些人甚至掌握着若干科学部门。但这里不是研究问题的地方，有时候选人的选举也不是以浸透到这些团体的派别主义精神为条件的。我们在这里将考察一种现代的不幸，对于这种不幸我们将不作特

* 牛顿死于1727年。柏采留斯(Berzelias)、戴维(Davy)大概只应用于无机界。——原作者注

别详细的研究。但是，我们关于这些学术团体要说的，是科学本身：任何一种重大理论都不能使他们的劳动和谐一致。虽然他们的成员都集聚在同一个大厅里，但是，他们没有任何共同思想，他们不从事任何共同的劳动；他们全都穿着同样的服装，但只不过是一个具有同一特征的假面具，能够使他们彼此引起的那种内心的同情在他们之间则是没有的。每个人都单独地从事研究，毫无疑问，是非常有益而有趣的，但却不关心他的研究能否阐明某种相近的科学。* 有些物理学家为了维护惠更斯的解释而否认牛顿的解释①，然而物理科学这个部门是取得参与了这种变化的一门科学。至于道德学也像政治学一样，它们在我们的科学院②中甚至没有被提到。

由于学术团体的这种有缺陷的制度和缺乏理性的教阶制度，最应受尊重的科学院没有把做出怎样的科学成果和还要做出怎样的科学成果作为自己的经常任务；没有提出迫切需要解决的问题，没有估计到他们需要得到的那种结果和力量的价值，一句话，没有

---

* 在这类科学中，最恰当的例子之一是化学：人和动物的许多器官是在没有任何生物学理论参与的情况下进行分析的，显然，这些长期的、艰难而有时令人不愉快的工作，在这种特殊情况下能够得到的只能是不完善的结果。我们举这个例子只是作为许多其他同类的情况之一罢了。——原作者注

① 1815年，弗雷涅尔对一些新的光的衍射干涉现象进行了最早的观察。因为这些现象不能用牛顿的理论进行解释，因而弗雷涅尔恢复了惠更斯(Huykens)的理论，这种理论把光的现象描述为电流的振动。弗雷涅尔于1815年在科学院提交了自己有关这个题目的著作。1819年，他因研究衍射的普遍现象被授予科学院奖金。从1824年起，费雷涅尔是科学院院士。他死于1827年，终年不到40岁。——俄译者注

② 巴扎尔在《生产者》(卷3，第541页)上发表的文章中也曾指出这一点，当1795年法国国民议会创建"法兰西研究院"(又叫法兰西科学院)时，其中曾设有"道德和政治"科学，分为六个部。但在1803年这些部被拿破仑从研究院取消。从那时起，所有学派的自由主义者都要求把它们恢复，基佐于1833年担任教育部部长时，重新把这两门科学列入研究院的体制。——俄译者注

把迅速而有计划的领导工作作为改进的目的。科学院为了使某个问题得到解决，也许能提供一点少得可怜的奖金，但是如果公众对它的号召像对别的一样没有反应，那么问题的解决就得延迟期限，而且无疑是必不可免的步骤，因为这表明纲领仍是不完善的*。

我们科学院的无用所造成的各种原因就是如此。十分明显，它们的基础是同有意给人们提供报酬和休息的地方紧密联系的，是和重视过去的科学园地，多于重视建立工作协会、号召组织和集中科学力量紧密联系的。因此，我们看到它已丧失了发生作用的基础，没有区分著作和评论它的成果的权威了，即使由具有高度天才的人们作为其成员的时候，也只能得出一些不重要的结果。那么，当科学院几乎都是由献身于部门科学，特别是实验科学工作的学者们组成的时候，又能从这些学院期望什么呢？

在我们眼前所发生的，就是上面所指出的这种混乱情况。由于缺乏规定发明的正式登记，有些学者每天都冒着从事重复别人已经做过的实验的风险，然而要熟悉这方面的情况，使他们摆脱实验，却常常是令人厌烦和徒劳无益的，并且使他们减缓了前进的运动。再补充一句，他们也没有充满信心的感觉和竞争者追击他们的观念；预先警告他们别人也许会从他们所说的那片田野上得到收获；应当藏起来，匆忙地和分散地去做需要慢慢促进联合的工作。总而言之，根据所有这些观点，我们认为以个别人的经验代表

---

* 科学院最后必然导致成为一个有缺陷的组织，因为科学的发明早已在它之外进行了，它丧失了继续指导学者、把他们引向应当掌握新的成就的道路；它实际上是从不怕揭露自己的弱点方面后退了，当它为优秀的科学著作提供奖金时，没有向应征者指出明确的范围和需要解决的明确问题。——原作者注

科学理论完善的组织是不合适的。科学院不去指挥科学理论的进步，只满足于把这种进步登记下来。

我们已经谈到，大多数学者献身于实验，但是他们存在并不能保证离开纯理论工作能够理解的那种社会预见性，因为，要从事于这种事业，就必须家庭出身给人以财富和高度的才能——这实际上是很难具备的两个条件。不能说，政府从不奖励学者，但是它很不内行。它努力把他们用在学校、专科学校、军工厂等地方，但总是实际事物耗费了他们的时间，而这些时间对理论研究来说是极其珍贵的。所以，高尚和伟大的源泉依然是崇高而清闲的职位；然而，是谁以这样的代价购买安静工作的特权呢？当他意识到背后的真正权利是有价值的时候，要有多么高的智慧才会同意担任他所不能完成的职务呢？在一切都应该以正义一词来表示的地方，宽恕岂不是一个侮辱性的名词吗？此外，别的权力则要求那些作为乞求者而被蔑视的学者们对于科学用完全政治和道德的奴役代替宽恕；他必须在自己对科学，即对人类理性的进步的爱和对自己本身的爱之间进行选择。

他们向我们说，大概社会将会得到已指出的那种不便的充分补偿：那些为生存而被迫献身于实用科学的学者们无疑会在这方面做出奇迹来。这样的思想自然要想到，但是如果我们把它加以实际的检查，那么我们就会发现这一任务一般说来没有很好地完成，而且无论在什么地方都看不到奇迹。人对不喜欢的工作，就会感到厌恶和枯燥；人的生命就会在叹息中流逝，人的高度才能就会在田野上消耗和熄灭，带给社会的只是他们能够给予的那种帮助的一小部分。请设想一下，假如委托一位有才能的工程师在大路上测量、计算和抛散石堆，那他就很可能比任何一个二等工人对这项工作完成得还要差些；而假如让工人去完成一项更重要的任务，同样也是不能完成的。既然我们现在谈的是实用科学，那么，是否就忘记了科学的首要的和最重要的附加条件应该是进行教授呢？然而，在科学团体和教学团体之间存在着极大的分歧。因为没有采取任何办法，以便使科学的进步根据它的成就直接转入到教育领域；最后，也没有从理论的高度降到实践的那种宽广而可靠的阶梯上。

所以，绝不是想轻视那些用自己的辛勤劳动对社会有过很大功劳的人的意义，尽管他们离笛卡儿、巴斯噶、牛顿和莱布尼茨还很远；没有辱骂他们那种常常必须以杰出的才干为前提的劳动的企图——但是，我们不能不承认，没有任何一个卓越的哲学思想不对现代的科学观念起支配作用和不使它们协调一致。在所有这些方面，除了收集了丰富的部分事实外，我们未能发现任何东西；这就是还有待将它们进行分类的美丽纪念章的陈列馆。智慧中的混乱笼罩了整个科学，也可以说，科学是充满无政府状态的令人痛心的场所。最后，我们说，正是在缺乏统一的社会观点时应该找出罪恶的根源，并从发现统一的观点中去寻找反对这种罪恶的方法。

工　业

被颂扬的工业奇迹，也许比科学的奇迹还多；我们要对这方面所做的努力给以评价。

像在科学方面一样，我们在这里不会否认任何一个所取得的成就。很明显，最近时期应用方面的科学照亮了工艺学的某些部门；同样明显的是，在利用我们前辈的全部著作时，我们应该超过他们。所以，问题不在于工业是否有成绩，我们欢迎成绩不比任何人差。对我们来说重要的是另一个问题：研究一下，能不能使工业的发展在改良的道路上比它在现实中进行得更快。因此，我们必须考察工业的三个主要方面：1）工艺学部分；2）劳动组织，即以消费的需要为生产目的的劳动力的分配；3）雇工（travaillecirs）和生产工具所有者之间的关系。

在现代科学和工业高度发展的情况下，后者应该是从前者在工艺学方面得出的结果，是把科学材料直接应用于物质生产，而不是墨守成规方法的简单综合，或多或少地是以实验为根据的。然而，实际上为了使工业离开它仍在走着的那条狭窄的道路，把工业的实践提高到科学理论的高度没有采取任何措施。在这方面还都是一些不可靠的偶然的个别人的知识。好像工业家们为了评价他们的生产方式所使用的唯一方法，往往是长命的，其中每个人经常不得不重新开始做赔本的实验，因为由于竞争每个人所关心的是自己的发明要保密，并通过这种办法保持自己对它们的垄断。如果在理论和实践之间有所接近，那也是偶然地、孤立地并常常是以不完善的方式实现的。

尽管有这些障碍，改良无疑给自己开辟了道路；然而谁能弄清楚，他们为什么要回避？有多少无益的劳动，就会有多少浪费的资本，并且达到了可悲的程度，最好的工业企业的创立者却很少获得成果！在工业中也像在科学中一样，我们看到的只是一些分散的力量；统治一切的唯一感情，就是个人主义工业家很少关心社会利益。他的家庭、他的生产工具和他努力弄到的个人财产——就是他的人类、他的宇宙和他的上帝。在同他一起活动的人中，他看见的只是敌人；他等待他们，他搜寻他们的踪迹，他要在使他们破产中看到自己的全部幸福和自豪。最后，工业的大多数工厂和工具在谁的手里呢？难道他们会交给那些能从其中得到社会利益的最大利益的人们吗？当然，不能。通常是不会管理的人们支配着他们，而且至今还觉察不出是个人利益促使这些管理人学会他们应该知道的东西。

在劳动组织中暴露出许多严重不妥之处。正像我们所指出的，工业支配理论，而且可能认为它向我们表明生产和消费在每一个时刻以怎样的方式才能够而且应该达到协调。实际上这种理论本身就是混乱的主要根源。经济学家们看来对自己提出了以下的问题：

“统治者比管理人更愚昧无知；此外，根据推测，这些统治者不仅不促进工业高涨，而且相反地竭力为它制造障碍，他们的代表是生产者的天然敌人。那么请问，什么样的工业组织对社会来说才是最适合的呢？”

lassezfaire，lassezpasser！① ——这就是必要的解决，这是他们宣布的唯一的共同原则。十分明显，这个原则曾是在某人影响之下提出的，它带有自己时代的痕迹。因此，经济学家们认为，他

① “宽容就是犯罪。”重农学派把这个公式的最初使用归于德·古尔诺(Gtournay)和另一位侯爵德·阿尔让松。见 V. Onken. Die Maxime：*Laissezfaire*，*laissezpasser*，1886。另见沙利·吉德和沙利·里斯特：《经济学说史》，巴黎版，第 120 页。(Charles Jide et Charles Rist，*Histoire des doctrines e'conomigues*，Paris，p. 12)——俄译者注

们能够一下子解决与生产和财富分配相联系的一切问题；他们把这个伟大原则的存在寄托于个人利益，而不从为是每一个个别的个人，他无论怎样聪慧，都不能停留在自己的圈子里，所谓要由深处州断那种只有从最高处才能发现的一般形式。我们是这个原则已引起的那种贫困的见证人，如果需要列举突出的例子，那么，他们绝大多数人都能证明应该使工业富有成效的理论是无益的。如果现在要制定某种优先权和某种专利权，那么，其中大多数也只存在于书面的法令中，实际上则有很大的自由，而且经济学家们的公式在法国和英国到处都在被重用着。可是，我们看到的是一幅怎样的图景呢？每一个个别的工业家要了解消费品的需求，除了个人的观察，不能得到任何其他方面的指导，而这往往是不够的，根本不能扩大它的联系范围。只要风传某某生产部门是有利可图的，就把一切力量、一切资本都冲向它；每个人都盲目地扑过去，而不认真考虑应当遵守适当的方法和必要的限制。经济学家们鼓励这种人数众多的竞赛，因为根据竞争参加者的人数多，他们就可以得出结论，竞争的原则将会被广泛地采用。唉！由于这种殊死斗争将会得到什么结果呢？少数幸运儿会得到胜利……但无数的牺牲者则要遭到彻底破产。

生产和消费之间平衡的不断破坏是在一定方向生产过剩和彼此无联系的努力的必然结果。由此产生了无数的大灾难。商业危机使投机商人陷入灾祸，使最好的产品停止生产。我们看到，正是诚实和爱劳动的人们遭到破产，而且正是这种事情深深地败坏了道德感情，因为他们以为，为了繁荣似乎就需要有某种东西比诚实和劳动更重要。人们变得狡猾、机警、诡诈了，而且甚至还以此来夸耀:一旦到了这种地步,人就要毁灭了。

再补充一句,通过基本原则 laissez faire,laissezpasser 去实现个人利益和公共利益之间的永久和谐,这个假设已为无数事实所驳倒。我们可以举出千百个例子当中的一个:如果社会注意推行蒸汽机的好处,那么靠自己双手劳动为生的工人就不能同意这种社会意见,是否不清楚呢?对于这个问题的回答显然是否定的:例如,在印刷业方面,可以肯定现在从事它的人与其发明以前的打字员相比要多些。由此可以得出结论:这样,一切东西最终都会有所进步。这是绝妙的结论!但是,在这个进步过程彻底完成以前,我们将对成千上万忍饥挨饿的人们做些什么呢?我们的论断是否会使他们得到安慰呢?他们是否仅仅因为萧条的景象就证明经过几年将会有面包吃,而耐心地忍受自己的贫穷地位呢?

自然,问题不在于采用机器,机器应该表现出它的才能。但是社会的预见性应该指出:工业的成果不同于战争的成果;挽歌不应该更多地掺到欢歌中去。

第三种观点,可以从雇工和生产工具或资本的所有者之间的关系的角度来研究工业。不过,这个问题是同所有制的本质联系着的,它将是我们深入研究的对象,因为它是一种新学说带来的社会改革的普遍看法;因此,在没有向前奔跑时,我们就不能从这个方面去看现代社会的性质。我们只是指出,土地、工厂、资本等等仅仅在一种条件下使用,才能对生产带来最大的益处:假如把它们交给那些最有能力从它们那里得利益的人们的手里,换句话说,交给那些具有工业才能的人们的手里。而实际上,在我们的时代,要取得信用只有一些才能还是不够的,为此还必须是所有者。门第出身的偶然性盲目地分配着一切劳动工具，而如果继承人、游手好闲的所有者把它们交到有才能的工作者的手里，那么很明显，好的产品、基本利润都将为那些没有才能或无作为的所有者所享用*。能否从所有上述的情况得出结论：如果对地球的开发加以调整，就是说，如果以某种共同的观念对它加以指导，那么我们的赞扬所引起的结果就一定是很好的，而不会带来我们每天都是其见证人的那种贫困呢？

可见，在这里，我们是不够统一、不够协调的。处于社会领导地位的人们呼喊道：谁能救自己，就自己救自己吧！——这个伟大整体的全体成员都分散到各个地方，并说：人人为自己，上帝不为任何人！

美　术

我们已经指出，在科学和工业方面缺乏共同的目的；因此，我们只好再看一看美术，以便掌握人类活动的一切形式。

当你回想伯里克利、奥古斯都、里夫十世、路易十四的时代时，然后再看一下十九世纪，那就不能不发笑，谁也不会想到会在它们之间进行对比；对于这一点的看法，至少大家都是一致的。的确，报纸对我们这种悲惨的情况来说，使我们得到安慰，确信我们是非常积极的，然而，这种解释对于了解这种滥用有魔力的形容词的真实意义的人们来说，只能是一种无力的安慰。

* 在研究所有制问题时，我们将指出，游手好闲的所有者剥削做管理工作的人，而且首先剥削工人。——原作者注

我们从自己方面也承认美术的衰落和苟安，但是我们认为这是由于它的根本性质的缘故，对这种原因尤其值得注意。下面我们将指出，美术的真正作用是什么，以及我们应该怎样更广泛地了解这个术语*。

美术是感情即人类生存的三种形式之一的表现，没有它们感情就失去了语言；没有它们也是个人生活和社会生活中的缺陷。正是它们唤起人去进行社会活动；由于它们的引诱，人才开始像关心自己的利益一样去关心公共利益；它们是自我牺牲精神、热心和温存依恋的泉源。然而，当今天以某种自满的态度认为它们不完善的时候，我们认为这是对社会感情乃至个人感情冷淡的一种可悲的供认。当认为表现它们是无益的事情的时候，当把它们降低到单纯消遣的地步的时候，将会把它们贬低到怎样的地位呢？

美术有两个方面：诗意或热情和形式或技巧。第一个方面，毫无疑问，决定着第二个方面；同时我们可以看到，诗意消失了，而技巧的完善还会较久地感受到它。现在几乎只研究形式；对于它应该是感情解释者的本性，则刚刚注意。我们评价艺术作品不是根据它对我们发生情感的影响，换句话说，我们对它的研究不是片面的。这就是为什么我们以冷淡的态度对待美术，以及为什么美术以冷淡态度遗弃我们的原因。我们顺便补充一句，现在真正的艺术家、有生活灵感的人，所反映的只是反社会的感情，因为还可以找到热情的唯一诗的形式，就是讽刺和哀歌。的确，哀歌现在是天

---

* 参看书名为：《就美术的过去和将来的问题致艺术家的信》（《圣西门学说》），1830 年巴黎《地球》杂志办公室出版，蒙塞尼大街 6 号。——原作者注

性所选择的一种温存灵魂的语言。但是，不管是讽刺还是哀歌，同样都是指向反对社会的感情：无论悲观失望的表情还是轻蔑的表情，都力图以自己的恶笑亵渎一切纯洁和神圣的东西。不过，它没有停留在这一情节上，它为批评现实开辟了十分广阔的天地，深刻地探究了社会关系、公共的和个人的关系；我们在其中发现了美术衰落的原因，同时确信这里的现实生活是混乱的，对于这种混乱根据我们所描绘的科学和工业活动的图景已经能够推测出来了。

上面我们已经说明，应该怎样理解有机时代和批判时代；我们曾说，苏格拉底以前的异教和路德以前的基督教是两种有机状态。我们将简略地叙述一下其中的某些特点。

古代世界社会的基础是奴隶制。战争是这些民族获得奴隶的唯一手段，同时也是能够满足物质生活需要的对象。在他们那里，最有力量的人，同时也就是最富有的人；他们的艺术就是学会掠夺。灾难落在那些戴着与自己的力量不相称的笨重盔甲的弱者身上！

这些民族中占统治地位的思想，就是战争是他们的经常目的。他们的全部热情、他们的全部感情就是响应去参加战争的号召，他们最强烈的精神主旨就是热爱祖国，仇恨外国人。当儿子打仗凯旋的时候，母亲就会赞美上帝。如果你们走遍整个希腊，走遍整个意大利，那么你们就到处只能听到武器的叮当作响声，而当雅奴斯神殿被关闭时，罗马也就不再是罗马了。

对于这个时代美术的强大是否还要感到惊奇呢？一种热情鼓舞着所有人的心，一个目的支配着他们，一种思想推动他们去作自我牺牲。而自我牺牲精神和诗的灵感是分不开的。

后来，当由苏格拉底学派所奠定的基督教消灭了奴隶制，当以福音书中无数苦难的代价在天主教名义下实行政策的时候，给社会建立了与其需要相协调的新的组织，信仰成了精神上的父亲，基督的香烟成了大家共同的东西。尽管产生了民族利己主义和互相仇恨，但新的祖国又出现了新的友爱的复兴；到那时世界又会重新看到自我牺牲的伟大行动和灵感的伟大表现。在不甚重要的两个世纪中，八次连续不断的十字军远征[①]，并没有削弱各民族的精力。里夫十世和路易十四的时代完成了天主教和封建主义的伟大事业，它已被注定只能存在很短的时间或者说很快就作垂死挣扎了，因为经过十五个世纪以后，中世纪的组织从一切方面都受到了威胁。

僧侣们已不能继续行使自己的神圣使命，他们背弃了应当加以保护的弱者，而屈从于克萨尔的继承者。另一方面，那些具有骑士头衔的僧侣则献身于保护弱者，在杰出的外国的伟大国王中寻找自己的被监护者。因而俗人渐渐地掌握了科学和财富，他们凭借这种强有力的武器推翻了那些相信人剥削人的现象是永恒的渎神的同盟。

这里不是描写用废除农奴制度为人的彻底解放做了准备的长期斗争；我们大家知道，这种在十五世纪末就已经开始了斗争的结局是什么。我们是在中世纪社会的废墟中间，是在我们周围还对过去表现出某种惋惜的那种废墟中间生活的。我们提到这些事实，除了确定我们时代的特殊性质和证明我们所生活的被我们称之为批判的时代之一的那种状况，并不追求别的目的。

① 十字军远征，是指欧洲封建主在十一世纪末至十三世纪末所进行的长期的军事殖民远征，外表上带有宗教性质，其目的在于夺取巴勒斯坦和“主的坟墓”——耶路撒冷。远征共进行了八次。——中译者注

批判时代就像从战场上逃跑一样，被打上利己主义的烙印。一切信仰都被消灭了，一切社会感情都熄灭了，在神圣的情火中再没有贞洁的姑娘了。诗人不再是站在社会最前列的神的歌手，成为解释者，给人制定法规，抑制人的落后习惯，向人揭示未来的快乐，以及支持和鼓励人的进步；不，诗人所能发现的只是忧郁的歌。有时他忍受讥讽的鞭打，他的诗情在充满痛苦的言语里为自己寻求出路，他猛烈地抨击整个人类，他教唆人不信任，以这种方式憎恶自己；有时他又在悲哀的诗句中以低弱的声音赞颂孤独的美妙，宣扬朦胧的幻想，描绘隐居的幸福；而实际上，如果为这些悲伤调子诱惑的人，躲开这种情况，那么在离他们很远的地方，也只能找到悲观失望。然而，这些话已经不再能吸引人了，因为到批判时代结束的时候就不再使人动心了；必须向他指出，他的财产是危险的。实际上，请你们看一下现今批评家的首领们吧：当他们想要赋予自己的体系以声誉的时候，难道他们向我们的诗人、画家和音乐家呼吁了吗？他们从他们那里得到了什么益处呢？他们能够触及伤害到我们的只是那些放弃个人欲望的缺点。因此他们引起了封建主义的怪影，他们把它向我们描写成从头到脚被武装起来的东西，以便用一只手去重新夺取教会的什一税，而用另一只手去夺取商人的民族财产、他们的土地所有权。* 不久以前，当对出版自

---

* 我们早已断言，现今社会舆论的领导者，注意的那些落后经验，只是他们的一种胆怯、想象的结果，并且毫无益处地把这种障碍和过去的盲目拥护者对立起来。我们要直接证实以下的事实：在批判时代使群众不安的只能是恐怖手段，而不是希望；只能是憎恨，而不是爱；只能是个人的利益，而不是义务；最后，只能是利己主义，而不是自我牺牲精神。——原作者注

由、对我们的自由的保护者（例如，发表言论的讲坛）进行野蛮攻击的时候，那么是不是对它的保护诉诸了普遍、道德的理由呢？很少。谁也不知道，准备维护所谓公共利益的人究竟有多少！因此，要适当地注意某种更为现实的东西和提出申请——即注意出版者、印刷者、造纸商人、装订工、裱糊匠等的利益[①]。

的确，简单地说：当社会丧失了爱的时候，美术就没有更大的发言权了；诗不该是利己主义的解释者。为了使真正的艺术家能被发现，他需要一个重唱它的歌曲和领会倾吐它的心灵的合唱队[②]。

但是，如果社会的依恋没有了，那么，因而个人的依恋也许就发展到了登峰造极的地步吧？虽然现在的一代，当人们责备他们是利己主义时，他们傲慢地加以掩盖，但绝不能说它在这里不应受到这样的责难。为了共同分享生活的苦难和幸福，现在这种温和的关系是怎样用一块板子把自己同别人捆在一起的呢？我们大家都知道这种成功的结合和所谓荒唐的结合是对立的。可怜的姑娘啊！把你们像奴隶一样当作商品出卖；在节日里把你们打扮起来，

① 1826年12月29日在下议院毕罗诺提出了印刷法案，1827年3月12日通过这一法案时遇到了国内主要来自印刷者、出版者等方面的有力反对。在致下议院的申请书上签名的有250个巴黎印刷工人、卖书人和一些因新法律而陷入赤贫的家庭，共计有10万人。根据其他申请书记载与通过新法律有关的失业工人的数量仅巴黎一个地方就有4万人。——俄译者注

② 在圣西门那里，我们只能看到一些对艺术的社会作用的重要解释的萌芽，这里是圣西门主义者所做的解释。可能，这部分讲稿是在安凡丹的参与下写成的，安凡丹对美学问题有特殊兴趣。下面阐述婚姻的一段谈到安凡丹的兴趣。圣西门主义者的个别的、具体的比较当然是过时了。但他们所提出的艺术的社会理论的基本原则则具有独特的力量和卓越性。——俄译者注

为的是在最有利的条件下拿出来给人表演；你们的父亲常常厚颜无耻地把你们美妙的身体放在天平上，以便以较高的价钱把你们卖给那些不相配的丈夫。毫无疑问——关于这一点我们高兴地宣布——有反对这种无耻买卖的人，但是他们的人数不多，并且还遭到人们对他们的嘲笑。

可以想象，所谓同我们与生俱来的父子的依恋关系不是这样的，它被极其严重地歪曲了。实际上，一切同情心都是被共同的链子联系起来的：使一种东西削弱的原因，同时也会是对另一种东西起作用的原因；为了推动自己的充分发展，情感应当得到充分的应用。难道我们没有看到，哲学冷静地对父母与孩子相互间的义务发生了怀疑吗？而且对继承权，难道他们不是一向感到遗憾，一向发愁吗？

我们以沉痛的心情确认所有这些不良的表现和所有这些不幸，但并不悲伤。我们说，它们使社会分化并把社会消灭了。假如，这些是它所固有的。在说到利己主义之后，我们曾触及现代社会深处的痈疽；它也像统治个人一样，统治着民族。在中世纪，由于存在着宗教的束缚，能够不止一次地看到，如欧洲的各民族（虽然各个民族之间互相仇视），为了达到某种共同的目的，却一起发展了。现在的统治者们企图在彼此间恢复集团，然而他们努力的结果只能是以神圣同盟的名义装饰起来的对过去的拙劣可笑的模仿。这个欧洲条约，是以狭隘的利益为基础的，它对使旧同盟不能复治的革命运动极端恐惧，因此它的存在注定是昙花一现的。它再也不能做到在不同时期徒劳无益地企图稳固地保持欧洲的平衡——这在欧洲人民未自觉到要联合成一个共同的目的之前，是难以解决的任务。

在未进入这样的时代以前，即在欧洲大家庭充满着互不信任，大家都为自己而工作，仇视任何权力，不愿意把自己同他们的命运联系起来（他们不知道，但正在寻找这种命运）的时候，不像在基督徒兄弟宗教的时代那样使自己感到需要用某种义务和道德准则联系起来。

我们为意大利和西班牙不久前的不幸感到悲伤。我们看到了这些民族要求解放自己和所采取的政体，这种政体我们似乎是喜欢的。可是，我们究竟为它做了些什么呢？我们表达了一些软弱无力的愿望。那些被成千上万消灭的希腊人曾引起我们的同情；难道我们去参加十字军东征吗？* 不，建立娱乐场和举行音乐会，在我们这里为的是从我们的剩余中取得一点点施舍！

他们也许会说，政府对欧洲各民族是热情的，障碍不会来自他们方面，我们应该帮助我们的兄弟，并且要为他们的失败报仇。但是美国，这个极好的国家，它是不会以政府的需要作为庸俗的借口的，那么它做了些什么？使它惭愧的应该说，它同土耳其人签订了关于供给他们军事给养的条约！南美的一部分民族希望摆脱仍然在它们身上的西班牙枷锁。那么对于自己的宗主国充满痛苦记忆的合众国——不久前还听到要打碎锁链呼声的合众国，它是否能帮助自己的同胞在某些方面得到解放呢？不能，不能。最后，它是否向海地共和国提供了偿还赎金的财政援助？没有，也没有。据

* 例如：要求我们说明在这种情况下我们所表现的那种冷淡的原因，那我们究竟该怎样回答中世纪的野蛮人呢？例如，他们要求我们说明保证誓言的忠实，那我们究竟该怎样回答他们呢？——原作者注

说，这个自由的民族摆脱了一切旧欧洲的偏见，然而，这个在文明道路上走在一切民族前面的民族，却声明反对被释放而自由的民族的存在，反对黑人民族的存在*。

当然，假如我们所描绘的这幅当代的图画是对人类最后状态的描绘，那是很残酷的。可庆幸的是，它的未来是越往后越好，现在，它虽然还有缺陷，但我们的一切希望、我们的一切思想、我们的一切努力，都是朝向这个未来的。

为了破坏那种不可能永远存在的社会制度，宣告了自由，因而无论哪一种思想都不能比在反对公正地失掉**人民尊散的那种教阶制度的斗争中表现得更为强大。但是，当想要利用这种思想时，在欧洲或者在美洲为了建立新的社会制度，那就会导致我们所描述的那种情景。人们似乎以为，为了解决问题，只要在中世纪制度的一切成分前面画一个负号就够了，然而这种荒诞的解决只能导致无政府状态；我们时代的政论家们依然重复着十八世纪的哲学家们，而没有注意到赋予他们的是相反的使命。他们继续像敌人还存在那样热心地行动，他们继续用全力同幻影作斗争。

建立新社会学说的时期是否已经到来？关于这个问题大家都郑重宣告：病入膏肓，某些慈善家的努力完全无效，最有智慧的人发出了惊恐的喊叫。几年来，如基佐，尤其是库金，与长期宣扬人类智慧的进步达到了顶点的十八世纪相比，他们宣布了某种别的东西。

---

* 美洲居民的第七部分是作为奴隶耕种这个自由的国家。——原作者注

** 我们强调这个词，是为了间接地回答这样一些人，他们似乎要把回到过去的愿望妄加到我们身上，只是因为我们对过去给予了应有的赞扬。——原作者注

在下面的引文里，圣西门向其中的第一个人[*]表示了感谢；其次，众所周知，几年前把代议制即十九世纪头二十五年存在的政治状况作为最后的哲学结论。至于我们，既不接受中世纪的政体，也不接受立宪制度，我们将跨过当前的界限和现在的制度及其变种，我们认为它们都是暂时的，因为它所患的那种疾病是它的基础。

但是我们绝不认为自己对这个制度的保卫者是毫无益处的；我们知道，他们把这种有益的障碍与旧的共同利益相对抗，从而反对那种在最需要和平的欧洲居民中能够引起混乱的社会集团。但我们并不期待他们会对人民的组织做出任何有益的努力，因为批判（完全像战争一样）只具有破坏力；而且现在它的使命已经完成了。近来，当人民要抛弃轻率和混乱的自由主义旗帜时，为了高兴地进入和平与幸福的境界，应该放弃不信任，并承认世界上有合理政权存在的可能性。

在对社会关系作了仔细观察之后，我们确信，过去将人们联合起来的一切联系都断绝了，但我们对于这个结果一点也不表示遗憾。我们甚至也不因看到对于祖国之爱的消失而流泪，因为在我们看来它只不过是一种民族利己主义而已，而且还因为这种曾经

---

* 圣西门曾声明："对发现者以及对公众有较大帮助的人是存在的，这是一些从事普及工作的人；无论是发现者还是公众都应该全力鼓励他们。伏尔泰熟习培尔的批判思想；基佐先生把我在《组织者》一书里发表的关于将我们的民族划分为两个部族、关于王权同葛尔人联合以及关于路易十四为了重新同法郎克人联合而抛弃葛尔人时犯了错误的意见通俗化了。"

我请基佐先生接受我的衷心谢意："请他注意读完这封信；这对于公众和对于我来说，都是极大的愿望，以便使他能充分地，即像他领会我的关于法国王权发展的最初的一些思想那样领会它的内容。"（参看圣西门：《论实业制度》，1821 年版，第 153 页）——原作者注引起高尚的自我牺牲精神和慷慨牺牲的行为的纯洁感情，应该让位给更纯洁、更高尚和更有益的感情——对全世界人类大家庭的热爱。我们是否应该抛弃通常由于“权力”一词在不安的心灵中所引起的有关压制和专制主义的思想呢？噢，先生们，请让我们一起来赞扬由于信念在人们心中所产生的满足一切感情的那种压制吧！请赞扬把各国人民引向进步道路，并使所有社会财富的源泉得以富饶来作为自己唯一意志的那种权力吧。我们所宣布的学说应该吸引住人的全部精神，对于人的三种伟大才能提出一个共同的目的，给它们以协调的方向。由于这种方向，科学协调一致地，按照统一的计划循着最迅速发展的道路上前进；受共同利益所调节的工业，不会再是斗争舞台上的一种可怖的景象；重新为现实的同情心所鼓舞起来的美术，向我们打开了被社会生活所激起的那种热忱的感情，这种感情将平静地影响到个人生活的内心的喜悦。

第二讲[*] 人类发展规律。以历史事实对这一规律所进行的检验

诸位先生，我们已经描绘出了一幅令人痛心的图景。在作这种描绘的时候，我们应当考虑的仅仅是保持真实。我们使你们面对被批判主义搞到这般地步的社会，向你们揭示它的溃疡，以便使你们感到新的一般学说的产生是必要的和及时的，这并不是一件轻而易举的事。现代家庭毫无信念与信仰可言，一切只为自己，同社会只发生赋税关系。我们已经使你们摆脱了当你们看到这类家庭的隐秘生活时所产生的那种沉重的感情。我们没有提及那个血腥的时代，在那个时代，叛乱的队伍在造成一个更好的新舵之前就把国家之舟上的旧舵砸坏了。我们本来可以告诉你们，祭坛是怎样被各种宗教仪式的可耻的竞争所亵渎，或者被无神论所推动，千万只手怎样把帝王权杖的残件砸碎抢光，就像士兵们胜利后瓜分他们从战败者那里弄来的财物一样。但是我们认为，一旦对不顾一切地追求的自由的奇迹感到失望，你们的才智也会像我们那样认清这种极其有害的形而上学的一切产物的价值。向你们宣告了有一种能够解决社会大问题的学说之后，我们便连忙向你们阐释

[*] 1828年12月31日讲。——原作者注

它的内容，好让你们的思想返回到令人欣慰的看法，解除你们的忧虑和不安——当社会准备开始过一种新的生活并取得新的形式的时候，人们都会感受到这种忧虑和不安的。

我们一开始就讲，圣西门的观点可以得到历史的验证。不要指望我们去讨论个别的事实，解释那些鲜为人知的编年史中记载的细节。我们要你们注意的只是统辖所有这些事实的一般规律，这些规律简单而又恒常，就像人的机体所服从的规律那样。这些规律以纷乱的事实及其无数的骚动至今对你们隐蔽得越深，你们对那位在临终之际向我们揭示这些规律的人就越是满怀钦佩之情。

圣西门的使命是发现这些规律，他向世界宣示这些规律，作为他最珍贵的遗产。我们，他的学生们的使命就是继承他的启示，发展和传播他的崇高的观点。

诸位先生，我们学派的领袖未能免遭迫害，看来这类迫害是一切革新者的一种可悲的特权。当这位极其热情而高尚的天才，作为人类发展规律的掌握者和预言者，所赢得的仅仅是讪笑的时候，你们可以想见他是多么的痛苦。他向学者们指出了新路，而他们却千方百计地向他表示轻蔑；人们由于他，可以说，才重新得到世界，而他却在被抛弃和极端穷困的情况下去世。学院的蠢材们用恶毒的起哄来作践他。他饮下的是胆汁，受到的是十九世纪最大的折磨——贫穷和嘲骂。这位不被承认的天才被轻蔑的重负压得精疲力竭；他寻求一切可能的形式，想震惊思想界，但总是劳而无功；他向一切有理性的人们呼吁，却往往被交付社会舆论的盲目裁决；——可以想象，他是多么的愤懑。圣西门被自己哺育过、抚养过的人背弃了，于是他把自己最后的目光转向未来，希望在那里看到微笑，得到赞许。

诸位先生，圣西门的一生简单说来就是如此。那个本来有权得到感激的人类奉献给恩人的那种花环，实际上得到的却是殉难者的荆冠的人，他的命运就是如此。而这个热情地爱着人类的人，[①]无视这种充满屈辱和牺牲的生活，高高地超越于背弃他的时代之上，在环绕着他的冷漠的心灵和愚钝的大脑中间为自己开辟新路，开始预言未来，用对过去的崭新观点来肯定自己的预言。

他说，人类是发展中的集体动物：它一代人一代人地成长，就像一个人随着年龄的增加而长大。人类是按照它的生理学规律成长的，这就是进步发展的规律。

社会前进运动中最普遍的事实，自身中包含着一切其他事实的事实，是道德观点的进步，人由于这种道德观点才能感觉到自己的社会使命。政治设施是道德观点的实际体现，是道德观点在确立、维持和发展社会关系方面的运用。

在这种情况下就需要一种对过去事实的基本分类法。那就是我们在上一讲中指出的对于有机时代和批判时代的区分。有机时代显示出越来越扩大的各种协作体的成员之间的团结一致的情景，把各协作体的力量联合起来，争取达到共同的目标；相反，批判时代则是一片混乱，破坏着旧的社会关系，最终导致普遍的利己主义。然而我们要补充说，批判时代总是有益的，必要的，因为陈旧的形式虽然曾长期地促进过人类的发展，可是后来就成为发展的

① 指圣西门的下列一段话："记住，罗德里格，……为了创造伟大的事业，需要有强烈的热情……"(《地球》杂志，1831 年 12 月 30 日)——俄译者注

障碍，批判时代破坏了这种陈旧的形式，就使得更好的形式比较容易被人们所认识，比较容易实现。

然后就是三个大的次等数列，它们同人类的三种活动——感情、智能和物质活动相对应。第一个数列包括人的感应的发展方面的一切事实，这些感应是以那些大受这些感应的鼓舞，又能把它们告知群众的人们为代表的。第二个数列的成分是科学的不断进步的各个阶段，它们标示着人类智慧的发展。最后，与物质活动相应的第三个数列在过去以战争和工业的双重作用为代表，在将来则仅仅以工业为代表，因为人剥削人的现象将被人们协力对自然界的改造所取代。

圣西门向我们表明，起初，家庭对家庭、城市对城市、民族对民族的仇恨处于最高的程度。诚然，所有这些敌意，所有这些暴力，主要都是在那时还很狭窄的协作体的范围之外表现出来的。但是，后来在一个国家、城市、种姓或家庭内部也表现出这种在仇外感情影响下形成的粗野习俗。在家庭中一个人享有对周围的一切人的生杀之权；在庙宇里他用带血的牺牲祈求神的慈悲；他离开自己的住所时必定要全副武装，因为他每走一步都会碰到敌人。然而也渐渐萌发出一些不那么野蛮的感情：人不再杀死俘虏，而是迫使他为自己工作，把他变为奴隶。这条战胜者的严厉的法律后来也逐渐软化了一些。在鼓吹博爱的宗教的有力庇护下，在古代世界的废墟上，农奴制建立起来，这是一个巨大的进步。诸位先生，现在我们如果想知道什么是老爷，如果我们想知道领主同农奴之间的距离，我们就必须去学习历史。现在人害怕血，而过去很长一段时间人看到血就兴奋；野蛮刑讯的机构取消了，甚至当涉及对罪犯的惩罚时也是如此；民族之间的相互仇视日渐减弱，那些愿意建立完全彻底的联盟的民族，向我们显示出一幅人类渴望全世界协作的灿烂的图景。

另一方面，过去被高度尊崇的武装力量，现在却被和平劳动夺去了荣誉。

圣西门告诉我们，希腊人和罗马人怎样把手艺交给受人鄙视的奴隶，而且把我们今天引以为荣的东西当作耻辱。那时奴隶把自己的全部劳动都奉献给主人。但是人是遵从他存在的规律的，他缓慢地，但又始终不渝地贯彻着这一规律。于是奴隶的贡品很快就减少了：在农奴的称号下，他献出的只是他的劳动的产品的一部分，而且这一部分还在不断减少，直到减少为一个不大的份额。在我们的祖先那里，这种份额叫做徭役、租赋、什一税。请看欧洲：对和平劳动的热爱代替了厮杀的火性。你们再也看不到因渴求战争而心焦的民族，现在很难强使一个人丢开犁铧而拿起刀枪，人们不再佩带宝剑以满足其尚武的本能。罗马产生不出拿破仑这位天才，两千年之后他出现在世界上，使不信战神的欧洲大为震惊。这位拿破仑把他的士兵排列成战斗队列，对他们说，他们是为和平与贸易自由而战。①

除了上述情景外，我们还可以看到，起初被粗野的力量所排斥的学识，逐渐取得越来越高的地位，那种到奴隶市场上去找个语法

① 伏尔泰虽然认识到中世纪所创造的一切成果，同时仍不能摆脱自己的偏见，或者可以说是一种狂热的反对中世纪的成见。他写道："到此（1498年）为止君主们是为夺取土地而战，此后他们则是为建立办公厅而打仗。"（《论习俗》，第3卷，第344页）——俄译者注

专家的时代早已过去了。中世纪已经通过天主教僧侣向我们显示出这样一种协作体，在那里唯有个人的功绩才能赢得崇高的声望。科学起初只限于观察最粗浅的现象，现在也扩展起来，分解为不同的学科，另一方面又互相协调，形成系统，接近统一。

我们的意图不是一步一步地描述人的个性的三种表现的发展。诸位先生，你们每个人都应该自己用心回忆，并且围绕着这种概括把自己所掌握的一切具体事实加以分类。我们只要向你们说明，善良的情感怎样代替了仇恨，和平生产的领域怎样靠排挤军事活动而不断扩展，而科学怎样逐渐地驱散了无知的黑暗，就足以使你们自己能够精心观察人类在有机时代的发展。我们指出了正在成长和正在缩减的各个数列的一般成分，这些数列的同时运动证明了圣西门所发现的规律。你们可以向这些一般成分中添加相应的个别事实。在这样地构成从属于先前数列的数列之后，你们就可以下降到被历史所证实的人类活动的细节，并且确定它们的趋向。

人类进步的规律就是如此。[①] 可以检验这一规律的方法就是如此。

① 由于十八世纪一些杰出人物的著作，现在人们普遍相信人类能够无限地进步了。我们确信，当现在有人谈到圣西门时露出的那种最初的轻蔑微笑消失之时，又会有人指责他剽窃。这说明，他还没有被理解，但已经接近于被理解了。

关于人类进步的思想，维科、莱辛、杜尔阁、康德、海德、孔多塞（这里列举的思想家中，杜尔阁和孔多塞应该算是圣西门最晚近的先驱和老师。关于他们同圣西门之间的关系的评述总的说来是确切的。——俄译者注）大体上都是赞同的。但是在他们那里，这种思想始终未见其成果，因为这些哲学家中没有一个人能够说明进步的特性，没有一个人指出进步究竟是什么，它是怎样进行的，它通过哪些制度形成和继续下去；他们中没有一个人能够在占有大量历史事实的情况下把这些制度据实区分为进（接下页）

现在你们应该懂得我们的老师关于人类进步的观点同别人的种种观点的区别所在；你们可以看到，进步这个词是怎样和为什么在他口中首次获得精确的正面的意义；最后，你们可以领悟到，按照他的指示观察历史所提供的每一个数列中的事实的发展，现在怎样就能预见未来。进步规律是那么绝对，它提供了那么重要的人类生活条件，以致每当一个在人类中领先的民族陷入停滞状态，在这个民族中受到压制的进步之芽马上就会转移到另外一个地方，转移到适合它生长的土壤中去。在这类情况下经常可以看到，对抗人类规律的民族仿佛是被“革出教门”的巨石压倒，跌入深渊而灭亡。那些曾经震撼过世界，威慑不信神的心灵，向他们灌输人类受盲目的命运支配的思想的帝国之所以衰落和崩溃，其原因正在于此。不，诸位先生，进步的传统无论何时也不会消失，进步规律无论何时也不会改变；人们可以看到的只能是：文明在迁移，正像候鸟飞往远方去寻找它们在故乡一时得不到的适宜的气候和空气一样。现在的一切都使人们认为，由于战事的停息，由于建立起一个能够消除暴力危机的制度，今后不会再有任何哪怕是局部性的倒退。对全人类而言，进步将是持续而迅速的，因为各个民族将会互相学习，互相支持。

但是也许有人会说，只要进步是存在的，对进步作什么解释还

(接上页)步的和倒退的，把它们置于同类的数列中，这些数列的成分是按照增长或减退的规律而互相联系着的；最后，没有一个人知道，能够引起未来的兴趣，并能为自己开辟道路的因素，在过去只有艺术、科学和工业，而且对人类活动的这三种表现的研究应该成为社会科学的基础，因为这种研究能够检验人类的道德、智能和体力的发展，这种发展也就是人类不断走向感情、学说与活动的统一。——俄译者注

不是一样？解释是极其重要的，因为如果不能抓住过去事实的序列中的联系和联结，那么研究历史就失掉任何价值。正是在这里应该注意到圣西门的历史观点同在他之前的各种历史观点之间的巨大差别。

哲学家早就把人类作为自己的研究对象了。他们研究人类各个时代的历史，思索人类经历的种种转折。然而他们不是把人类看作一个按照不变的规律不断成长的有组织的整体，而只从组成人类的个人来研究它；他们认为，人类在其存在的每个时代都已得到充分的发展。因此他们毫不犹豫地断定，同样的一些事实能够总是在不同时代照样重复。从这个观点出发，他们把历史仅仅看作事实与观察的庞杂的汇集，如果他们去研究人类所经历的转折的原因，那也只是为了从中引出类似情况下的行为准则——他们把这类准则郑重其事地称为历史教训。从循序发展的观点可以明显地看出，这类教训只能是虚妄的[①]：同样的情况在这个集体动物生长的不同阶段是很难重现的，这正像同样的生理状态在一个人不同年纪上，以及乍看相似，但却发生于不同时代的社会现象，都不会具有同等的价值和同等的意义。因此，在人们迄今为止的描绘中，历史不是一种完整的和单一的体系的支柱，而只是一个杂乱无章的武器库，每个人都可以根据自己的口味从这里借取武器去捍卫互相完全对立的观点。历史学家把人变成抽象的理性的存在物，他们看到的只是存在于不同的地方和不同的时代的个体的人。

① 圣西门写道："有人断言，历史是帝王们的案头必备书。从帝王们进行统治的情形来看，他们的案头必备书是一文不值的。"（《回忆1813年的拿破仑》，第16页）——俄译者注

他们在这些不同的情况下观察他，只是为了使图景多样化，并且由此作出比较；这些历史学家向我们讲到人类社会的童年、青年时代，讲到人类社会的壮年，以便最后说，我们已经处在衰老时期，[①]所以他们呼吁年老力衰的欧洲把目光集中到年轻的美洲。[②] 另一些历史学家也讲进步、提高这些词，但是在他们的意识中这种术语并不提供任何循序、联结的思想。

人们多少次告诉我们说，有些民族登上荣誉的顶峰，是为了后来重新下降到野蛮状态！在这方面他们举出了印度和埃及，雅典和罗马，这些例子都具有证明的力量。这些人承认已经取得了一定的成就，已经完成了有益的变革，但是，用我们的这些历史学家的话来说，最重大的事件也都仅仅是由于偶然的原因造成的；[③]引起这种事件的最常见的原因，仿佛是意外地出现了天才人物，偶然地发现了某个科学事实。这些事实不是被看作社会状态的后果，

① 指傅立叶关于文明的四个阶段的理论：第一阶段——童年，第二阶段——青年，第三阶段——壮年，第四阶段——衰老。（傅立叶：《新的工业世界的图景》，1828年）——俄译者注

② 美利坚合众国的政治制度从十八世纪末开始就被旧大陆的许多先进人物视为典范。例如孔多塞在他1786年发表的著作《美国革命的影响》中强调促进"人类进步"的美国革命的优点。"Censeur"（"监督员"）学派的自由主义经济学家（圣西门同他们有过数年的密切合作）把美国的政治制度看作欧洲所追求的理想。然而圣西门和他的学生们并没有无保留地附和对美国的溢美之词。他们指出它的许多弱点，其中之一是美国"缺少学者和演员"，因为"青年人追求财富多于追求知识"。圣西门和他的学生们还认为，"在政治方面美国人还是黄毛小儿。"（《工业家政治手册》，第2分册，附录，注释。《美国》，1832年版，第164页）——俄译者注

③ 在1826年问世的《哲学片断》中，维克多·库辛发表了"历史哲学"教程，其中宣称，如果没有总括的思想，历史就有变成"无足轻重的事件和偶然的行为"的堆积物的危险。——俄译者注

社会状态使这些事实成为必然。这些历史学家没有看到，任何进化都是先前的进化的必然结果，每迈出新的一步，都是过去阶段的可以说是合乎逻辑的产物。他们承认前辈人的著作是有益的，但这只是因为它们为未来的著作提供了资料，或者是为未来的成就增加了机会。现在请你们看看，随着这种混乱而来的是多么出色的解释。

如果说基督教是同君士坦丁皇帝一起登上王位的，那么这是因为这位皇帝希望以此鼓舞他带到罗马去推翻马克森提的士兵们；或者，对于那些不顾一切，甚至可以不顾年代顺序的人来说，这是因为多神教的祭司们不肯宽恕君士坦丁皇帝杀害克利斯普和福丝塔的罪行，而比较宽容的基督教徒却不怕帮他洗掉儿子和妻子的血污。

十二世纪公社被解放，是因为胖子路易想要结束受他的死敌唆使的领主的叛乱。

宗教改革使罗马教会丧失了一千五百年来作为它的财产的东西。引起这个重大事件的只是在撒克逊某个偏僻地方互相争夺免罪符税金的两个僧团的角逐，可能还有路德神父的个人虚荣心，或者某一位君主的任性。[①]

法国革命。……它是宫廷的挥霍无度、使财政陷于紊乱的卡隆大臣的轻率行为酿成的。最深思熟虑的编年史家才能讲到对波兰的分割。

① 伏尔泰说："支配我们这个世界的奇异命运愿意让英国国王亨利八世介入这场争端。"（《论习俗》，第 3 卷，第 219、226 页）我们看到，甚至那些相信人类进步的哲学家，也认为最重大的事件总是盲目的命运使然的。——俄译者注

诸位先生，要尽举历史使十七世纪的评论家们[①]提出的幼稚假设，真得把全部历史都翻遍才行。语言、文字、奴隶制的消灭、福音书的宣讲——所有这些也无疑只是偶然的幸运，因为如果听信历史学家的说法，那就可能认为，人类正在进行一场巨额的抽彩，这场抽彩可以使人类破产或者发财。但愿他们不要指责我们是在讥讽，既然他们在不同程度上把最重大的历史事件归诸偶然，那么他们就正是这样进行论断的。这种惯用的体系使下述广为流传的说法有了理由：重大的后果起于细小的原因。对人类历史现象的这类可怜的解释，同正在逐渐体现自己的存在规律的人类向我们显示的那种真正伟大的、雄浑的图景相距很远，同事件的那种历史交替相距很远，那种交替呈现为长长的一系列彼此联系的必然后果，使人们能够通过对已经发生的事件的正确评价判定将要发生的事件。

按照我们所阐述的这种方法研究的历史，不再是令人开心的经历和戏剧性事件的汇集，它提供的是作为集体存在的人类的循序的生理状态的图景；它会成为一门具有精确科学的那种严密性的科学。

但是，关于从我们的学派所采用的历史数列中汲取的论证方法的严密性，有人提出某些怀疑。他们问，这个数列够不够长，这样做是否要冒轻视东方传说的风险。我们对这种驳难的回答是：以现代欧洲社会为末项的那个文明数列的历史包括大约三千年。

① 在1831年重新修订的第3版中是“十七世纪的评论家们”；而在1830年的版本中则是“十八世纪的评论家们”。后一种说法比较容易理解。——俄译者注

人类在这个如此浩瀚、如此富有成果的时期的发展所具有的优点不仅在于它是一个长长的多项数列，而且还在于任何别的历史时代都没有这样有根据地被了解，它的最后一个阶段恰恰构成了最先进的文明状态。东方学家们远远没有填满亚洲史的空白，因为我们在亚洲史中的每一步上都会遇到连续性的中断，所以不可能认真地研究它的正常发展。这种历史片断的情形颇像岩石残片，地质学家可以提出关于这些残片的机智的假说，却不能担保它们科学上的可靠性，而在这种岩石作为循序而连贯的岩层存在的地方，他是可以作这类担保的。不仅如此，还可以预先断言，假如这个数列的内推法（在东方文明方面）得以实现，那么它的总和只会提供我们已知的一项。[①] 此外我们还要指出，希腊把分散在其他民族中的一切进步因素都移植过来，它是在它之前发展起来的各种文化的某种总结。大家知道，在基督教纪元前六百多年，从埃及归来的泰勒斯预言日食而使希腊人大为惊讶。大家也知道，吕克昂学校的著名哲学家们为了扩充自己的知识到东方最文明的国家作过长途旅行。[②]

诸位先生，当你们听到我们如此执著地强调历史有助于证实圣西门关于人类发展的观点时，你们也许会指责我们对现在不够

---

① 我们甚至敢说，只有欧洲人才能向印度教徒解释清楚他们自己的历史，能够从他们的传说和文献中发现印度教徒自己无法发现和理解的那些思想和事实。——俄译者注

② 看来，圣西门主义者把东方文化看作一个特别的数列，它在一定范围内是同西方史的数列平行的；但同时东方数列的前几项影响着西方数列，从而似乎加入了西方数列。圣西门没有平行数列的思想，他向我们讲述的历史是一个单一的数列。——俄译者注

重视。这种指责是没有根据的。我们如此重视对人类的观察，只不过是为了取得这样一种立足点，当代有识之士有了这个立足点就会认为自己的立场特别可靠——这个立足点就是科学。我们希望向他们表明，在我们接受关于社会未来的新观点，也就是说，接受关于他们不知道的社会现象的预言的同时，我们还要用所有一切科学中使用的方法来证实这些预言。我们希望向他们证明，我们的预言的来源和基础是同各种科学发现相同的。换句话说，圣西门的天才是同刻卜勒、伽利略的天才一样的，不同的只是他向我们揭示的那些规律的广度和重要性而已。

毫无疑问，现在只是空间中的一点，只是时间中的一瞬；它是过去与未来之间的不可捉摸的联系。然而我们知道，它包含着过去的总结和未来的胚芽；我们知道，它是一种环境，我们生活于这种环境中，被推动我们的回忆与吸引我们的期望的双重力量所促进，我们只有在它之中并且通过它才能不断走向美好的未来。

圣西门深切地感受到他周围环境的空虚，它那冷冰冰的寒气，它所浸透的利己主义。然而他对人类没有失去信心，因为他感到自己有足够的生命力、足够的爱，能够使这个世界恢复活力。他没有忘记现在，因为他善于以天才的信念从中看出，他向似乎是排斥他的那块土地上播撒的语句，是必定会发芽的。至于我们，诸位先生，既然我们向你们呼吁，既然我们来告诉你们，现在最重要的是爱，是了解，是实际应用，难道我们是无视现在吗？——我们理解我们老师的学说。

是的，诸位先生，虽然我们坚信这种学说的科学性，虽然我们也努力平息对于以怀疑为特征的时代来说是完全自然的不安，但是，如果你们认为科学、判断、证明、[①]对事实的观察；因而还有传说只具有它们所应有的以及我们所赋予它们的意义，那么我们就会感到幸福了。至于我们这些完全相信未来，相信圣西门的宣示的人，我们自然不会否定纯粹理性的方法，我们能用这种方法向最缺乏信心的人证明，这种未来是过去所取得的进步的必然结果。然而，从崇高心灵的方面来说，我们最乐于看到的毕竟不是这种逻辑上的努力，我们渴望在自己身边感觉到这种心灵，它们同我们的共同愿望是唤醒人类的同情心，使所有的心灵都融合在统一的爱的感情之中。

我们感到必须在结束之前先回答一个可能从感情方面提出来反对我们的思想的驳难。如果事实的联结是如此严格，以致未来的事实是过去的事实的必然结果，那不就是说人类服从于宿命论的规律吗？是的，假如一个人能够完全抛弃自己的意愿和希望，单凭理性冷漠地从过去引出未来，那么这个人应该认为自己是服从宿命论的。但是自然界中并没有这样的人。一切人都或多或少地对世界有所感应，一切人都用利害攸关的眼光看待未来，对他们来说，天意论观点就是从这里开始的。

① 引人注目地要求证明的严格性和对虚构事物的极端厌恶，在这个时代显得有点怪异，因为现在的大多数政治信条都是虚构之物。例如，在最崇高的宪法理论中，国王有权任命大臣，但是议会能够否决预算而罢免他们。当国王做得好的时候，那就是他在动作；反之，当他做得不好的时候，那就不是他在动作。国王有权宣战，但是议会有权拒绝批准他的行动所需的款项。在法律面前人人平等，但是法律只把由出生的偶然性决定的财产状况作为基础，把不平等神圣化（上院、选举人、被选举人、陪审员、国民禁卫军）。所有这些矛盾，所有这些奥秘都得到自认为是极其实事求是的人们的赞许。——俄译者注

在古代所想象的那种粗俗宿命论统治时期，人对待事件是消极的，人无法实现自己的意志，什么也预见不到，什么也不理解，被盲目的、莫名其妙的力量推向一种只能激起他的恐惧和厌恶的命运；他不抱希望地祈求，他用不自信的手播下种子，不敢期望自己的努力有什么成果。难道我们所宣讲的充满着承诺与期望的规律也应该得到那种称呼吗？不，诸位先生，你们不要那样想。人靠感应领悟自己的命运，而当他借助科学检验了自己感情的预见的时候，当他确信自己的愿望合乎规律性的时候，就平静而信任地走向已知的未来。当然，他的预见不会那么详尽，不会把日期都确定下来，但是他感到，能够通过自己的努力使幸福临近。他对自己的使命确信不疑，把自己的意愿、自己自发的激情全都集中到这个使命上来；他在行动之前便知道这个行动的大致后果，于是全力以赴。这样他便成为自己命运的自由的和理智的创造者，对于这个命运，他即便不能改变（实际上他也不想这样做），至少也能靠自己的劳动去加速实现。宿命论除了愚昧的顺从之外不能给人们以任何启示，因为人不了解等待着他的不可避免的命运，他害怕它；反之，天意论观点看到的却是充满着信任和爱的活动，因为人越是意识到自己的命运，他便愈是努力与上帝一心去实现这种命运。

所以，诸位先生，请抛掉任何畏惧，不要抗拒吸引你们同我们一道走向幸福未来的潮流；停止怀疑，这些怀疑会使你们胆怯，使你们无力；热情地拥抱和解的祭坛吧，因为时限已至，按照圣西门对基督的话的变换说法，一切人都成为被选定的，那个时刻很快就要到来了。

第三讲[*]　概念。方法。历史分期

诸位先生，我们接触到的是这样一代人，他们在确定信仰之前，要分析，可以说是用解剖刀剖析自己信仰的基础，或者说得更正确些，要证明自己的原则，因此，我们应该考虑这种思潮；我们需要首先粉碎那种试图阻挠实现我们导师的学说的武器，并且证明这种学说的优越之处，把他的对手放到社会环境中，以便得到把他们争取到自己方面来的权利。我们应该向这个因地位优越而自称是理性的[①]时代指出，我们关于人类未来的信仰，由于热烈的同情，由于对增进人类幸福的殷切的期望，已经展现在我们面前，这种信仰已为对事实进行最严格的考察所证实。我们还应当证明，已经为我们时代所据有的理性的这个名称，与其说是反映一种要求，毋宁说是反映一种实际能力。事实上，我们在社会里目前考察三类思想家：科学家——不同程度上的专门家、政论家、哲学家。我们认为没有必要在这里研究第一类思想家（即专门学者）；他们

---

* 1829 年 1 月 14 日讲。——原作者注

① 在这一讲宣讲的前十天，奥·孔德开始向选民群众宣读他的《实证哲学教程》。巴札尔所说的“理性的”时代，正在针对奥·孔德及其门徒。这一讲实际上开始了圣西门主义者同孔德的论战，圣西门主义者在第十五讲里重新展开这种论战。——俄译者注

对于我们所关心的问题显然并不在行，何况我们很快就要解决这些问题。这些人经常向我们导师提出无端指责，仿佛他要把社会交给化学家、物理学家和天文学家管理，而在另一种情况下又向他提出指责，仿佛他要把社会的命运托付给美术家和音乐家，甚至是机械工、泥瓦工和农夫。我们要向这些人指出这种指责的真正价值。至于说到政论家[①]，他们能做什么呢？他们日复一日，不是展望未来，而是竭尽全力同昙花一现的政权作斗争，这种政权在我们(把受到社会尊重作为自己的主要权利)看来，是政治组织的不同部分之间互相斗争的图画。另一方面，哲学家则在论证这种斗争情势，借助于某些杂乱无章的历史事实或者某些古老的形而上学思想证明这种情势是文明前进过程和人的才能自由发展的必要的最后结果。所有这些思想家对社会发展都没有发生影响；他们的同时代人的实际生活同他们完全无关，而且处于他们自命为其领袖的智力运动以外。最后，尽管他们获得了一切荣誉的称号，可是谁也不愿意承认我们政论家的矛盾理论中的社会科学即政治，以及我们哲学家的抽象概念中的关于人的科学即关于道德的科学。然而，即使赋予名副其实的推论者的称号，我们在当今享有普遍声誉的学者中，又从何处能找到在知识的渊博和逻辑的力量方面可以同莱布尼茨、笛卡儿、马勒伯朗士以及(尽管十八世纪对他们持轻藐态度，我们仍然要提出)[②]同圣奥古斯丁或者圣·托马斯·阿

① 政论家当时主要是对研究公民权利问题的人的称呼。这里指的是写政治题材文章的人。——俄译者注

② 马勒伯朗士(Nicolas Malebranche，1638—1715)，法国唯心主义哲学家，形而上学者。——中译者注

奎那这些人并驾齐驱的人物呢？[①]

我们的时代如果在自己概念的重要性方面及其对实际生活的影响方面向过去的某些时代让步，那么，至少要特别强调指出的是，我们的时代唯独相信事实，它除了遵从事实以外，不允许用别的方法解决各种问题。采取把一切发现、一切发明、一切新思想的因素都结合起来的方法，是所谓实证的方法，这个奇异的形容词，有人对它顶礼膜拜，但并不理解它，有人虽然说了一遍又一遍，也没有理解得更好。我们补充一句，这种方法无论就其整体的严格性来说，还是就认识它的真正本质来说，都是不能采用的。

有人认为，实证的方法包括在列举出所观察到的事实之中，而不取决于愿望或者恐惧的感情。如果这种列举是实事求是的，那么，它就一定会使观察者看到一切事实彼此相接的规律，也就是存在于事实之间并且把它们联系起来的相互关系的表现。

我们首先应当考察在实证方法这个定义中的一切不确切和不完全的东西，然后作出某些初步的评论。[②]

人的智力工作分为两种不同的方法：构想和检验，即发明和方法。人借助于前者进行发现、猜测、创造；借助于后者确定自己的

① 圣西门主义者绕过十八世纪启蒙哲学，把手伸向著名的唯心主义哲学家，以至托马斯·阿奎那和奥古斯丁，这是颇为引人注目的。大体说来，圣西门毕竟是十八世纪的儿子，尽管他倾向于为中世纪恢复名誉，但是他对神学和形而上学的态度则是十分审慎的。——俄译者注

② 下面所述的理论认识性质的评论完全是圣西门的学生作出的。圣西门本人的哲学修养十分不够，凡是受过严格的唯心主义哲学教育的人都会感觉到这一点。《释义》中的哲学体系可能受到早已去世的唯心主义天才哲学家 E. 罗德里格的影响，他是圣西门学派的一员，是它的创建人之一和它的各种集会的积极参加者之一。——俄译者注

预见、自己的灵感、自己的启示。让别人努力去分析、解剖、确定这种构想和发明的过程；我们不准备这样做，因为这将意味着试图决定天才，然而我们以为天才并不服从决定：这是唯一的一种我们不能逾越的现象，这是一切人的意识的基本原则；在精神方面，天才乃是物质领域中运动的表现，乃是一切可爱的人的生命的表现。

为了适当地评价人类思维的这两种方法——构想和检验的实质，必须清楚地了解人所处的环境，因为环境同人采取这些方法中的哪一种方法有关。

事实上，人在他的周围环境中从来不是孤立的，但是他可以努力用抽象的方法达到这样一种状态，几乎完全沉湎于外部世界，或者几乎完全陶醉于自身的个性。在前一种情况下，当他考察这些抽象方法如此深入，如同给予他的任务一样的时候，世界在他看来就成了他的精神的简单创造物；在后一种情况下则相反，人本身在他周围的这种宏伟现象前面完全失去光彩。换句话说，在前一种情况下，人的创造力、他的作用、意志能力被激励起来，于是，人把自己本质的形式加到他所洞察的事实上；在后一种情况下则相反，人作为消极而无结果的普通的观察者，在他身上反映出他身外产生的事实。在前一种情况下，人表示愿望，他发令，他说话；在后一种情况下，人自我陶醉，他服从命令，他听话。在前一种情况下，他发明；在后一种情况下，他检验。他轮番更替地，忽而成为诗人，忽而成为推理者或者科学家。*

* 我们还要提到，哲学的分析，说得确切些是形而上学的分析，我们在这里作过研究，并且借此把人的智力存在的统一体分为两个互有区别的部分。这种分析（接下页）

人只要由积极转到消极，由创造者的角色转到观察者的角色，由想象转到推理，就能使自己的科学力量达到充分的发展。

方法，即对最初思想的认可，就是给天才的创作打上印章，这可以把科学家的作品同诗人的作品十分明显地区别开来。

这是什么方法呢？这就是我们所采取的用以考察人的认识能力的那种哲学原则，这种原则告诉我们，为了证实自己的预见、自己的发现，我们所使用的是什么手段，也就是说要用什么方法，我们再重复一遍，因为这就是它的主要目的。但是在采取这种措施以前，我们先要回到上面的实证方法的定义上去。人们说，这种方法在于列举出许多事实，而不陷入任何愿望或者恐惧的感情之中。但是，这些事实按什么系列进行分类？哪种事实归入前列，哪种事实归入后列？而主要的是，为什么产生把这些事实分门别类的愿望？须知科学家相信，甚至坚信，在这些事实之间存在着某种连续性，因为科学家力图揭示这种连续性。况且，要是对于存在某种连续性不很相信，就必须去寻找，去发现这是一种什么样的连续性。科学家能在提供给他的无数的假设*之中挑选出什么样的假设用

(接上页)除了抽象法一般所能具有的那种价值以外，没有其他价值。我们可以借用牛顿的话说，事物是这样进行的，如同人一样，轮番更替地，积极或者消极，当演员或者当观众，当选举者或者当检验者，虽然在事实上他在自己生存的每一时刻，不管这个时刻有多长，总是同时既积极又消极。可见，我们所作的划分只是反映一种占优势的趋势，这种趋势在一些人那里比在另一些人那里经常得多，但在每个人身上则是轮番更替的。——原作者注

* 我们特意使用无数的一词，因为如果人机体本身不迫使他重视一种假设而轻视另一种假设，也就是如果他在考察事实以前，在采取行动以前，并不愿意去考察某些事实，去采取某些行动，换句话说，如果他没有意志、原则、理由和自己的智力、体力活动的动因，人所陷入的状态实际上就是这样。——原作者注

来检验，也就是用来证实这种假设能否真正概括一切按照他的推测应该可以概括的事实呢？在研究这些假设之中的一项假设以前，他是否要考察一切事实呢？需要考察多少事实，才能有胆量发表意见呢？此外，对事实如果只作简单的考察，他是否应该揭示已经作过考察的事实同他正在进行考察的事实之间的相互关系呢？但是要知道，为了确定两个事实之间存在这种或那种相互关系，一定要假定我们能够深刻了解这些事实之所以发生的一切条件（不过这是超过人的能力的），因为这些条件中的一个条件发生变化，相互关系也随之变化。由此可见，在人类知识中没有什么可靠的东西，甚至可以说没有什么可能的东西，因为人所知道的存在的条件数目，比起人所不知道的，只是一个无穷小的数目。

在这里，人们无疑会指责我们缺乏正义；人们向我们指出现代学者在概率论方面的卓越工作。但是，正是这些工作证明我们所说的东西完全是正义的。在什么样的条件下，概率一词才有某种意义呢？换句话说，为了使拉普拉斯[①]先生的著作不成为一套空话，必须容许的假设是怎样的呢？事先必须有的信仰是怎样的呢？在前一种情况下，我们是这样推论的：如果装入一只瓶中的所有的球是一模一样的，如果这只瓶子做成使所有的球都有同样的机会被取出来，而且，如果这些假设都会成为事实，那么，任何计算都是不可能的，因为任何一个球都不会被取出来。在后一种情况下，我们预见到太阳会重新升起的，如果一切情况会使太阳经过一段长

① 指的是拉普拉斯的著作《概率论的解析理论》（*Théorie analytigues des probabilités*，1812），或者更可能是他的另一部经典著作《概率论中的哲学实验》（*Essai philosophique sur les probabilités*，1814）。——俄译者注

时间以后升起(这个长时间怎么能同无穷大相比?那是微不足道的),也就是使将来仍然像过去的那样。最后,信念是到处盛行,说实话,要是没有信仰,人类任何一个部门的知识都将会成为不可能和无用的,在各种现象的更替中,唯独信仰具有恒定性、经常性和连续性。像我们刚才说过的那样,对任何一种可以预料的现象(例如日出)可以想象出来的假设,其数量是无穷的;人类接受那种通过观察过去得到证实的假设,并且认为正是这种假设最具有可能性,因为人类相信事物的连续性;要知道,如果不具有这种信念,在存在无穷数量的可能发生的现象的情况下,只作一些为数有限的观察是没有任何价值可言的。

让我们回到方法问题上来。一切哲学学派都承认人类推理有两种不同的手段,如果有一系列事实,观察者借助于这两种手段就可以了解它们,或者从个别事实上升到一般,或者从一般事实下降到个别。令人想起培根用来表示这一思想的形象——一架双面的梯子,圣西门曾经多次提到过。在这里,只有一点对于我们是重要的:这两种智力活动的方式实际上组成为逻辑,具有同样的重要性;关于分析和归纳孰优孰劣的争论,正如圣西门所说的,两者在研究问题上是同样的,如同唧筒的活塞或者下降或者上升,都是为了开动机器。

由此可见,当出现这种情况:新概念能够建立起事实之间的联系的时候,就有两种检验这个概念的方式:一种是观察一系列事实,由概念所显示的最一般的事实下降到最个别的事实,并且考察所有的中间事实能不能在这个井然有序的由一般到个别的系列中得到正确的位置;而另一种是,由概念所显示的最个别的事实上升到最一般的事实，把中间事实安排在由个别到一般的系列之中。

我们用来研究方法问题的这两个观点，是基于不同的原则，因而导致不同的结果：科学家借助于前者，如果存在各种现象据以发生的规律的话，就会认为某种现象是会发生的；科学家利用后者，相反地就会断言某种已经发生的现象是从属于设想中的规律的。所以，前一种观点专门适用于预见的情况*，后一种观点则适用于叙述的情况。但是这两者是借助于未来和过去，即借助于将会发生的和已经发生的东西，来证实存在物在人身上激发出来的灵感，换句话说，就是证实人对公共生活的感受的性质，这种生活在人的内部和外部都会表现出来。

这就是全部方法、全部逻辑之所在。但是，逻辑和方法必须以已经存在的概念为前提，而不会带来这些概念，正如同诗学必须以诗的存在为前提，而不会产生诗。我们在此所说的一切，无意对人类智力活动的方式作出新的规定。我们只是要求注意至今还在如此频繁发生的把发明和方法混为一谈的现象，注意那种起源于偏爱的不适宜现象，各种形而上学引起人们偏爱这种或那种推论方式，例如导致发现的方式：一些人偏爱综合，另一些人偏爱分析；按照圣西门的说法，前一种人洞察一般的原则、一般的事实、一般的

* 这里重复一下我们上面所说的关于构想和推理之间，即诗歌和科学之间的划分问题：综合和分析在任何时候彼此都不能截然分开的，至于是前者还是后者较为适用，我们认为要看我们所探讨的科学是具有思辨性，还是具有叙述性。当然，如果存在某种规律，以此为依据同样地可以预言应该发生的和将会发生的事实，但是，我们在这里所用的“预言”一词本身，同它的真正意义相比，是较为通用的、明显的（当涉及过去时）、流行的；因此，这就是说，当人面向过去时，他就能看到它，如同看到某种特别熟悉的东西一样，尽管从共性的观点来看，过去如同未来一样，也是陌生的。——原作者注

利益，后一种人细心研究第二性的原则、个别的事实、局部的利益。

我们要给所说的东西做一个总结。一个人产生了构想，并且进行试验，他就是一位科学家，因为他知道要给自己的创作和自己的假设寻找证明，他知道要用不断的因果链条把自己的预言和自己的回忆连接起来；最后，他还知道所要知道的东西，因为他所爱的是连续性，他在他所相信的过去之中寻找他所期望的未来的保证。

根据一般人的意见，人的智力通过观察许多事实，彼此连续地由一个事实到另一个事实，用这种方法从个别事实直接导出一般事实，导出把个别事实联系起来的规律；换句话说，这个规律的概念，这个规律的发现，仿佛就是最后经过观察的事实的成果和逻辑的结果。在人类发现史上，还不曾有过像这样的研究过程的例子。当然，我们周围事实的存在就是一个会暗示出协调思想的环境（人的外部环境）；但是在这种思想和为之提供理由的偶然事实之间并没有直接的相互关系，它们之间存在着的空白，是用任何方法都不能弥补的，只有天才能够加以克服。毫无疑义，一切连续的概念是彼此联系的，其中最后的概念只是在它以前的一切概念出现之后才能出现，但是，它并不因此成为演绎法；它的创造者不会向自己预言：只要提出某些共同的观点，就能适当地建立起这种新的理论。人类在苏格拉底时代以前取得的一切成就，对于苏格拉底上升到原因一致性的概念——促进了科学性质和整个社会变革的概念——无疑是必要的。至于苏格拉底的概念所开辟的道路，通过荒地使圣西门能够出现，也是同样必要的。但是，当他们的时代到来的时候，这两位奇才是用天赋的灵感，而不是用方法来认识自己

的创造性的思想的。

然而，如果我们不给予方法以应得的地位，这还不应该构成一种理由，证明我们是对它不公平。无可争辩的是，科学过久地同诗学混在一起了；想象也过久地失去了它应能从推理中找到的支持。现代的科学抛弃、否认和摈斥曾经给予它生命而且现在还在哺育它的母体，难道这就是理由吗？我们看到事实的搜集家们，那些冷淡的观察工具，天才的助手为创造大师所设计的大厦搬运建筑材料时表示出满腹狐疑，而又心怀妒忌，便产生发自内心的义愤，但愿人们能表示谅解。没有，我们并没有忽视推理以及调整和完善它的过程的方法的重要意义；历史是一个广阔的观察场所，它为光明所照耀，为圣西门的天才所润泽，只有当它作为连续不断的进步系列——从最狭隘的、最原始的联合体到给予人以想象和希望的、最有情感、最明智、最富裕的社会——展现在最严格的逻辑学家面前的时候，人类的研究才会成为真正的、名副其实的科学，难道我们没有说过这个道理吗？

但是不应该自欺欺人：实证方法目前所受到的欢迎可以称得上深入人心，然而这并不是因为它为科学出了力，最低限度是很少与此有关。它的声名大于高贵的出身；人们认为它是一种优于普通学院式武器的东西；既然人们如此喜欢和赞扬它，那么，多半就会同样地喜欢和赞扬战争机器，以及旨在反对宗教法规、反对二百年来成为欧洲沉重负担的社会制度的破坏手段。

对于一种用鲜明的自发性、生活和爱情来描述世界的，不断地呼唤人的理性进入新世界（只有理性才能理解这种世界）的学说来说，事实上又有什么更加强大的武器能够运用起来反对这种学说！

总而言之，实证的方法用白布尸衣掩盖世界和人类本身，并且用从属于纯粹机械程序的分子的偶然集合（这种集合如同死尸一样已经失去那种至今仍然把它们互相连接起来并推动它们一起向共同的命运前进的神圣之火）来描述它们，还有谁能设想出比这种方法更加强大的武器来对付基督教的信仰呢？这就是当今的科学方法理应享有的那种声名的真正权利，可以补充一下，也是它向人们感恩的权利，因为人类幸福要求，必须完成人类十分强烈地希望采取的破坏的事业。

我们已经说过，对于把诗学和科学、想象和推理区分出来是有益的，这一点，在目前谁也不比我们认识得更明白；对于这两者最初的混合达到何等程度才成为进步的条件，也就是在社会存在的初期，人类的领袖应在何种程度上同时成为诗人、科学家，甚至是军人、先知、立法者和君王，谁也不比我们知道得更清楚。*

但是，正因为我们洞悉这一切，所以我们能够在实际上采取这种区分，并且比那些似乎指望完全掌握它而事实上远没有完全征服它的科学家们更加严格地实行这种区分。

先生们，我们很快就会把我们所建立的原则广泛地应用于人类的历史。

---

* 我们后来才注意到，在中世纪，把权力分为僧侣权力和世俗权力是有利于人类的进步发展的。只是为了探讨目前使我们感兴趣的问题，我们才觉察到，僧侣权力或基督教僧侣早就是我们在上文所说的那种混合体，其中有一些人既研究诗学，又研究科学。但是，僧侣又分为两部分：白僧和黑僧，前者专门负责向信徒布道和做礼拜；后者则幽居在修道院中，离开火热的群众运动，创制教义，撰述神学，还证明人类的欲望，他们并没有使宗教同科学，使诗学同理性彼此对立起来，然而否认其中每一种的固有作用，而且托付不同的人去研究它们。——原作者注

在回顾往事的时候，我们在着手详细考察传统留给我们的事实以前，是否应该给自己提出这样的问题：什么样的指导路线才能帮助我们研究这个巨大的迷宫？在我们以前发生的所有这些事实都已经作过考察、分类和命名；各种互相嬗替的文明的纪念物，或者记载下来，或者至今仍留在各地；载有上述史实的书籍展现在我们眼前时，已经增加了注解和诠释；最后，这里有那些把群众发动起来的伟大人物，那些为群众所服从的法律，以及他们心中充满着的信念，大家还都为了那爱人类、了解人类前途并力图实现这种前途的人而生活着。

如果我们不能看清所有这些事实中轮廓清晰的意志、愿望、目的，以及从来未曾达到的、但人类在不断接近的，而我们应该促其实现的未知之物，那么这些事实对我们还有什么用处呢？如果我们不能用可以概括这些事实并向我们指出每个事实在描述人类发展的序列中的应有地位的那种共同概念把这些事实联系起来，那么我们从这些事实中又能得到什么效益呢？谁才是能够向我们揭示这种概念的强力天才呢？

然而，这样一位人物降临了，他满腔热情献身于人类，热爱秩序而在充满混乱的社会里生活，热烈希望看到自己的亲人团结一致成为兄弟，虽然他周围的人都在互相争斗，彼此辱骂。这是一位富有高度的同情心的人物，诗人的气质多于学者的气质，他给人的科学以新的基础和新的原则。圣西门宣称："秩序、和平、爱情，它们是对于未来而言的；过去总是喜欢、研究、进行战争、仇视和对抗。而整个人类不断地向着自己和平的前途前进，逐步地由不完善的制度向比较完善的制度过渡，由松散的和有限的协作体向较强固的和较广泛的协作体转变。它所完成的每一步，在开始时对于它来说是一种危机，因为它必须否定自己的过去，必须用力地打碎那种在它的孩提时代曾经是救命之物、后来成为它发展的障碍物的枷锁。”[①]由于我们导师的这番话，历史便具有崭新的性质；这位观察家和科学家用新的研究过去的方法来检验这种高度天才的灵感；他研究城市如何取代野蛮人的棚舍，国家如何取代城市，人类又如何取代国家；他对我们以前漫长的世纪进行了考察，在那些时代，人们最初属于家庭，后来属于城市，后来属于同一个国家，似乎同自己的部族、自己的同宗和自己的同胞的命运友爱地联系在一起；相反地在另一种时代，爱的关系破裂了，过去受人爱戴的制度变成压迫的制度，同激动人心的新的希望势不两立的制度。在前一种时代，一切的努力仿佛都向着一个目标；在后一种时代，人们一盘散沙。在前一种时代，社会组织的一切成员彼此靠拢，互相联合，组成一体；在后一种时代，只要爱的萌芽不出现，就不能号召这个因危机严重而劳顿不堪的组织的成员走向生活，使他们比以往任何时候更加紧密地团结起来，那么分化和死亡就会一天比一天迫近。

这样，我们就有了第一个对过去的广泛分类方法。我们可以把过去分为**有机的**时代和**批判的**时代。在有机时代，社会制度得到了发展，这种制度是不完善的，因为它不是普遍性的，而是暂时的，因为它还不是和平的；在批判时代，旧的制度受到批判、非难和破坏，这种时代延续到新制度的原则出现在世界上的时候。

---

① 这几行引文我们在圣西门著作中没有找到。这些话是属于圣西门主义者的。——俄译者注

不妨环视一下那些同我们有直接联系，并且被我们看作是优于其他事物的标志的一系列文明。我们是基督徒的后裔，受过希腊和罗马文化的熏陶，目击天主教的衰落以及宗教改革的低潮，在二十三个世纪中看到两个明显表现出来的批判时代：(1)使多神教从基督教中分离出来的时代，也就是从希腊第一批哲学家的出现到福音书的传播的时代；(2)使天主教教义从未来学说中分离出来的时代，包括三个世纪——从路德到我们时代。与之相适应的有机时代是：(1)希腊和罗马多神教鼎盛的时代，这个时代完成于伯里克利[①]和奥古斯都[②]执政时期；(2)天主教和封建主义显示强大和光辉的时代，这个时代在宗教上是由利奥十世[③]完成的，在政治上是由路易十四[④]完成的。

人对他人的任务是什么？人对宇宙的任务又是什么？这就是人类经常面临的双重任务的一般表述。一切有机时代都是解决这些任务，至少是暂时解决。但是，借助于这些任务的解决，也就是在据此建立起来的社会制度的保护下取得的成就，很快就显示出来原有任务并未完全解决，而且要求重新加以解决。当批判时代到来的时候，纷争、抗议[⑤]、期望、变卦这些因素使过渡时期充满着

① 伯里克利(Perikles，公元前490左右—前429)，古希腊政治家。——中译者注

② 奥古斯都(Augustus，公元前63—公元14)，罗马皇帝，前27—后14年在位。——中译者注

③ 利奥十世(Leo X，1475—1521)，1513年起任罗马教皇。——中译者注

④ 路易十四(Louis XIV，1638—1715)，法国国王，1643—1715年在位。——中译者注

⑤ “抗议”(protester)一词被特别强调；圣西门主义者在这里指的是新教(protestantisme)，他们曾经谴责新教的批判方向。——俄译者注

对这些重大社会问题的怀疑和冷漠态度，充满着这种怀疑和这种冷漠的必然产物——利己主义。每当这些重大社会问题得到解决的时候，有机时代就到来了；每当这些问题留下来未能得到解决的时候，批判时代就依然存在。

在有机时代，社会活动的目的是一清二楚的；我们说过，人们的一切努力都奉献给实现这个目的，人们在其一生之中经常由于教育和立法*朝着这个目的前进。

因为公共关系已经牢固地确立起来，所以按照这种范例建立起来的个人关系便具有同样的性质。社会力图达到的目的为所有的心灵、所有的智慧所知晓；天才很容易地被人所认识，最有才能的人促进这种实现社会目的的努力。这样，政权就会自然地落到真正杰出的人物手中，法制、主权、威望就会名副其实地确立起来，和谐在社会关系中就会占据优势。

在人看来，一切现象的总和是受上苍，即善良的意志支配的；人类社会的原则本身，即这种社会所遵从的规律，在人看来是上述意志的表达，这种共同的信仰表现为崇拜，而崇拜则把强者系在弱者身上，又把弱者系在强者身上。在这个意义上可以说，有机时代就其实质来说是宗教性质的。

社会关系领域中存在的一致反映在事实范畴中，在此，我们特别应该提到这些事实，看到目前所给予它们的重要意义，我们要谈的是科学。构成科学的不同的专门知识在有机时代只是作基础教

* 我们将要在讲演中用圣西门学说的观点探讨这两个主题（教育和立法）；但是我们可以在这里说，这两个词在我们看来，不是指别的，而是指我们的法典和我们的学校教育。——原作者注

条一般解释的一系列组成部分。当时确实存在着科学百科全书[①]，它保留着百科全书一词的真正意义，即人类知识相互关系的意义[*]。

批判时代的情况正好相反。在这种时代开始时，我们确实觉察到由于普遍的破坏需要所造成的协同行动。

但是过不了多久，分歧就暴露出来了，而且渐渐变得到处都是；无政府状态在各方面出现，每个人都在忙着做这样的事：当一座正在倾塌和解体的大厦还没有化为乌有的时候，便把它的某些装饰物攫为己有。当社会活动的目的完全被忽视的时候，公共关系中的不稳定因素就会转入私人关系的领域；真正的才能不再受到重视，也不能受到重视；权力的合法性在拥有权力的人物中间发生争论，统治者和管理者彼此处于战争状态。类似的战争也在私人利益之间发生，私人利益一天比一天对公共利益占有明显的优势；最后，自我牺牲精神为利己主义所取代，敬奉神明为无法无天所取代。

人不再去了解自己同他人的关系，自己的命运同公共的命运之间的关系；人由信仰转入怀疑，由怀疑转入无信仰，或者更确切些说，转入否定旧的信仰，因为这种否定本身就是一种新的信仰；人相信天命，如同从前相信预见一样；人爱好和颂扬无秩序状态，如同先前倾心和赞美和谐一样。

---

① 圣西门从他开始著作活动的时候起，就宣传科学百科全书思想。关于教条的概念只是到圣西门晚年才开始具有宗教色彩。——俄译者注

* 但是，我们后来了解到，某些科学，例如物理学，并没有直接进入天主教百科全书，即没有进入基督教的教义。——原作者注

在这种时代可以看到，出现了许多制度，它们或多或少地受到某些社会集团的赞同，并给社会带来越来越多的纷争，虽然旧的学说及其具有的设施仍然继续按有关的原则为社会服务(几乎不管它是否同意)，或者至少是阻止发生过分混乱现象。

各种的人类知识体系再也不会组成一体了；人所拥有的知识再也不会形成教条；科学的整体再也不会获得百科全书的名称，因为不管它有多大的规模，它也只不过是一种彼此没有联系的混合物。

在这种一切社会联系都已经切断的时代里，群众只是轻微地感觉到在道德活动方面暴露出来的巨大的缺陷；对于他们，这种缺陷由于精神或物质活动的增长而得到弥补，尽管这些活动不讨人喜欢，也不引起人的爱慕。但是，第一流思想家则怀着恐惧的心情观察显示出来的深渊，而道德上的空虚到了他们的嘴里或者成了辛辣的一针见血的讽刺作品，或者成了悲歌和挽歌。在这种时代里，我们看到尤维纳利斯[①]、柏西阿斯[②]、歌德和拜伦的出现。

我们得出的结论是：有机时代的特点是在人类活动的一切领域里的一致与和谐，而批判时代的特点则是在一切方面的无政府状态，杂乱无章，缺乏秩序。在有机时代，一般思想的总和至今还有宗教的名称；在批判时代，这些思想是在哲学的名称下出现的，所使用的词句在这种情况下只具有破坏旧信仰的含义。但是，我们应该指出，预定为后来的改革事业服务的思想也是在本身萌发

① 尤维纳利斯(Juvenalis，生于一世纪六十年代，死于127年以后)，罗马著名讽刺诗人。——中译者注

② 柏西阿斯(Persius，34—62)，罗马讽刺诗人。——中译者注

过程中采取哲学的名称。最后，在有机时代，感情的最崇高表现称为崇拜——就此词的本义而言；在批判时代，感情的这种表现称为美术，它包含有用来批判崇拜思想的那种思想，即**哲学**一词所包含的对待宗教的思想。我们确定有机时代和批判时代的共同特点是：在同一性质的一切时代，无论是有机时代还是批判时代，人们不分地点和时间，始终在工作，在有机时代里从事建设，在批判时代里从事破坏。在两个有机时代之间或者两个批判时代之间可以看到差别，这种差别只涉及对象的性质，或者要求建设，或者要求破坏。信仰的努力程度和协作的广泛程度，给每一个时代增加了特有的色彩，但是对于区别同一性质的不同时代的具体细节进行评价，并没有很大重要性，而且对每个时代都可以很容易作出的，这样一下子就可以抓住所有批判时代和有机时代的共同特点。

我们在历史领域中所作的划分，将会在本书以后的叙述过程中多次提到，并会由于重新评价我们从人类传说中得到的事实而使内容更加丰富。这个大概念将会成为我们回顾过去的可靠指针，它只是在另一种形式下才会帮助我们面向未来。

我们之所以说在另一种形式下，是因为人类目前正走向最终的境地，在那里，将可以避免过去那种持续很久的痛苦的更迭；在那里，进步将能时时刻刻不间断地、无危机地、经常而有秩序地得到实现。我们正在走向的世界是这样的世界，在那里，宗教和哲学、崇拜和美术、教义和科学，将不再彼此分离；在那里，义务和权益、理论和实践不仅不再处于彼此交战状态，而且会导向同一目标——使人具有高尚的道德；在那里，科学和实业终将使我们有可能一天比一天更好地了解和培育这个世界。那时，理性和力量便会兄弟般地联合起来，使共同的感恩之歌升华成为它们可以汲取生命的源泉，升华成为爱情，并且从中得到灵感，以及创造性的风气，没有这种风气，它们就毫无价值了。

先生们，三百年前开始的批判时代，已经全部完成了自己的任务；在必须建立新秩序的启示还不曾出现的时候，旧秩序的破坏已经达到能够达到的那种彻底的程度。十六世纪产生的学说和它们与之战斗的对立面，几乎处在势均力敌的状态；前者所确立的东西已足以设置不可逾越的障碍以阻止倒退运动。由此可见，那些愿意人类获得幸福的人们，那些怀着十分热烈的愿望要求筹建人类的最后组织，即实现人类的和平前景的人们，能够妥善安排属于过去的社会上两种彼此都已经衰朽的东西，即两种利益。他们退出那个把力量消耗在毫无结果的争论之中的舞台后，能够把自己储备的全部的爱、智慧和力量奉献给圣西门给我们揭示出来的未来。

第四讲[*] 对抗。世界协作。对抗的缓和，协作的一系列成就

诸位先生，在上一次集会上，我们曾经向你们说过，在过去的有机时代和批判时代的共同特点是什么。你们不会不看到，这种秩序时代和混乱时代的更迭就是社会进步的条件。我们只好告诉你们，这种经常发生的兴衰隆替通常称作人类命运的波折，实际上无非是人类为达到某种终极目的所作的正常的一系列的努力而已。

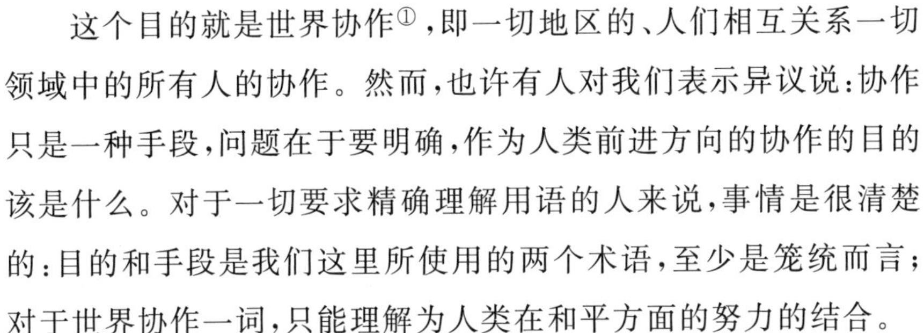

这个目的就是世界协作①，即一切地区的、人们相互关系一切领域中的所有人的协作。然而，也许有人对我们表示异议说：协作只是一种手段，问题在于要明确，作为人类前进方向的协作的目的该是什么。对于一切要求精确理解用语的人来说，事情是很清楚的：目的和手段是我们这里所使用的两个术语，至少是笼统而言；对于世界协作一词，只能理解为人类在和平方面的努力的结合。

但是，因为协作一词目前仅应用于只包括一种利害关系的狭隘的结合，所以，为了适当估价这个词在我们所使用的思想领域中

---

* 1829年1月28日讲。——原作者注

① “协作”一词，见于圣西门著作。——俄译者注

的含义范围及其附加修饰，我们必须把两种历史现象区别开来：一种是把人类置于协作状况之外的现象，另一种是把它们的发展具有恒定的趋势而使人类逐渐接近协作状况的现象。

当你转到站在足够高度的观点上可以同时观察人类的过去和未来（这两个词是不可分的，因为在我们看来，两者有同样程度的可靠性，没有一个概念，就无法评论另一个概念）的时候，那么，处在这种观点上就应当承认，社会在其存在的整个过程中经历着两种互不相同的一般状态：一种是暂时的、属于过去的状态，另一种是根本的、预定属于未来的状态，即对抗状态和协作状态。在前一种状态下，同时存在的不同的私人集团，互相把其他集团看作自己前进道路上的障碍物，一味互不信任，互相仇视；每个集团都一味力图消灭自己的对手，或者使之服从自己的统治。恰恰相反，在协作的状态下，人类家庭的分类只是表现为一种劳动分工，表现为一种为达到共同目的的努力的分工；一切私人集团在那时都把所有其他集团的繁荣和成长看作是自己的繁荣和成长。

当然，我们不愿意因此就说，人类的前进运动服从于两个一般的规律——对抗[①]和协作所起的作用，因为人类的持续发展只承认一条规律，而这条规律就是协作的不断进步。然而，正是根据在协作关系中显示出进步这一情况，得出明显的结论：在这种进步过程中一定会发生那种或多或少处在协作之外的事实。情况确是这样，我们把它称为对抗，这种情况严格地说只是表示否定，然而如

① “对抗”一词在圣西门著作中未曾出现，最初见于《生产者》（第 3 卷，第 367—368 页）。——俄译者注

果要明确地指出社会发展前一阶段和后一阶段之间存在的区别，那就要单独进行研究。

我们追溯过去的时间愈远，协作的范围在我们看来就愈狭窄，在这个范围内的协作本身也就愈不完备。最狭小的范围按照盛行的说法应该最先出现，这就是家庭。历史向我们指出了一些没有其他联系的社会；在地球上目前还存在一些小部落*，在那里，协作没有得到推广，看来没有越出家庭这个范围。此外，在欧洲本身，我们的周围，我们还可以在某些民族**的社会关系中观察到这些原始状态的深刻痕迹，这些民族由于环境特殊，在相当程度上处于孤立状态，脱离文明运动。

协作发展所取得的第一个成就，是若干家庭联合成为一个城市；第二个成就是若干城市联合成为一个民族有机体；第三个成就是若干民族联合成为邦联，共同的信仰把它的成员联合在一起。人类，就像我们已经说过的那样，就停留在天主教协作所完成的这最后一个成就上面，如果把它所造成的社会状况同它以前的各种社会状况相比较，这种成就尽管是巨大的，然而应该承认，到这个阶段为止的协作，无论在深度和广度方面，同它所应该达到的界限相比，差距还是很远。实际上，基督教的原则和扩张力量早已消耗殆尽，它用自己的爱所能控制的，用自己教规所能净化的，只是人的生存的一种形式，它在忙于加强自己的现在日益削弱的、只对一部分人类的统治。

* 新荷兰。——原作者注

** 苏格兰的克兰人，科西嘉人。——原作者注

我们把目光投向历史，就能很容易地对协作进展的各个不同的阶段进行考察。确实，我们没有亲眼看到若干家庭联合成为城市。但是，我们后来看到城市联合成为民族有机体，我们观察到了希腊、意大利、西班牙、高卢、德意志发生的这种合流的现象。在离我们近得多的时代里，在清楚得多的形态中，我们看到，若干民族在一个信仰的统治之下联合起来，并且达到一定的程度，形成一个天主教大联盟，由于后来三代人批判工作，这个联盟已经解体了。

上文所述的一整个系列的社会状态——家庭、城市、民族、教会，在观察者的心目中，是一幅连绵不断的斗争图画。这种斗争十分紧张，连续不停，起初在家庭和家庭之间进行，后来在城市和城市、民族和民族、教会和教会之间进行。但是斗争不只是在不同的协作组织（我们刚才已经介绍过）之间出现；我们还找到每种协作组织内部的斗争，虽然被认为是个别现象。我们看到了组成天主教协作的各民族相互之间进行的战争，虽然这些民族本身一再宣称是何等强大的纽带把它们联合起来的，特别是在它们力图用共同力量制止伊斯兰教的迅速发展和遏止其征服行动的时候。历史告诉我们，还同样存在着这种城市之间的或者加入同一国家的地区之间的敌对状态，以及在一个城市范围内居民的不同阶级之间的敌对状态*。最后，在家庭内部，我们也看到男女之间、不同年龄之间、兄弟姊妹之间、长幼之间的斗争。每种协作所固有的纠纷

---

* 在后一种情况下，对于所有参加斗争的方面来说，斗争的观点当然并不相同，奴隶和平民方面的斗争，性质是进步的，因为斗争的目的是解放和平劳动；相反地，贵族和老爷方面的斗争，则包含着停滞和倒退的趋势，因为斗争的目的是维护征服的利益，延长暴力的统治。——原作者注

的萌芽，在协作组织合并成更广泛的协作组织以后，依然继续存在，只是纠纷的紧张程度随着协作范围的扩大而趋于和缓。

中世纪的政治制度还告诉我们两大互相划分社会统治权的势力——世俗权力和僧侣权力在相互关系中的惊心动魄的对抗现象。这两种权力并存，绝不是有不同才能的人协调分工的结果，而是两股相互敌视并时刻力图侵夺对手权力而又处于旗鼓相当状态的势力彼此达成默契的产物*。

还有，为了弄清楚对抗的各个方面，我们要彻底研究天主教僧侣集团本身内部的对抗情况，也就是迄今为止曾经有过的一切团体中最庄严的、最纯粹的、最合理的（如果是指人类终极目的的话）团体的内部对抗情况；各个全国性的僧侣集团和中央僧侣集团常常互相采取反对立场；白僧集团和黑僧集团之间发生纷争，我们在不同的僧团之间也看到这种纷争。这种在和平社会内部也出现的争端，无疑是由于存在各种因素引起的，僧侣集团也同这些因素相关联；这个问题我们以后还要详加研究，目前只需确认事实本身就可以了。

我们在指出人类协作的不同阶段的对抗是什么以后，要赶快补充的是，在这种或那种社会组织的开始时期，对抗总不是那么激烈，不会干扰这种组织在人类向更先进的组织过渡所必需的范围

* 在这里只是适当地重述我们刚才说过的话。就双方来说，斗争的性质并不相同。在世俗权力方面，斗争一般说来是渎神的，即具有落后性质，因为它力求保证武力的胜利；而在僧侣权力方面，斗争可以认为是神圣的，即进步的，一般说来，它的目的是使战争的权力听命于和平的权力，使征服和繁衍的权力服从才能的权力。——原作者注

内的存在和扩张。但是政治组织从来也不曾具有足够的能力可以阻止它内部对抗因素的发展，可以阻止这种因素积蓄充分的力量，有朝一日——人们在新需求的影响下开始争取更好的组织的时候，用来推翻和摧毁旧的组织。但是可以这样说，对抗准备了通向更广泛协作的道路，加快了世界协作的到来，因而慢慢地自相吞噬，并且显露出彻底消失的趋势。

从上述的一切我们可以得出结论，真正的协作组织在过去实际上只是同敌对的其他协作组织处于角逐状态下存在，所以，可以把整个过去看作是与未来相对的一个广泛而经常的战争状态。

我们这样说，当然同提出起诉书控告我们先辈的愿望相去甚远，因为我们先辈所经历过的情况是人类进化必要的阶段，我们应该把说明这些情况的一般事实看作是人应该加以利用的手段，以完成自己使命。然而十分清楚的是，协作的原则始终拥有强大的力量，同对抗的原则相比，它越来越处于上风，它的推动力本身完全为了充分保证协作原则的胜利。例如，战争是对抗的最鲜明表现，它既导致原先孤立的部落的联合，然后又使它们的协作成为可能。

我们看到，协作的范围是随着人类发展的过程而不断扩大的，同时，秩序、和谐和统一的内在原则也在协作中扎下越来越深的根子；这就是说，每种协作内部所包含的斗争因素是随着若干协作组织联成一体而逐渐弱化的[①]。

① 这一思想最早是《生产者》(第3卷，第66页及以后)刊登的安凡丹的文章加以阐述的。——俄译者注

这一重要事实只要经过一些解释就可以变得清清楚楚。我们现在开始在原则上研究对抗的状况及其一般结果。

体力统治和人对人的剥削，是两个同时存在而又互相适应的事实；后者是前者的结果。体力统治和人对人的剥削，是对抗状态的原因和结果。

作为体力统治的结果和人对人剥削的原因的对抗，是整个过去时代最突出的事实。与此同时，这一事实最强有力地激起我们对人类发展的关切，因为从这种观点出发，人类的发展也许可以用爱、和谐、和平的统治不断成长来表示。

我们越是深入到过去时代，发现力的统治就越具有绝对性，这样一个论断会引起异议，其根据是古代存在祭司阶级，因为迄今为止一直认为，祭司阶级是实行智力统治的。我们的回答是：如果注意到以祭司阶级为首的社会组织的本身实质，注意到它们当作自身任务用智力的权威来维护并使之神化的那种社会关系，注意到这种智力所凭借的和使用自己的主要活动手段所选取的那种力量的性质，那么，异议就站不住脚了。实际上，我们已经看到，古代各族人民在祭司统治下，如同在贵族统治下一样，始终被神化了的正是体力统治；在印度和埃及，如同在希腊和罗马一样，阶级之间或者在种姓之间所形成的差别，恰恰是表示不同程度的人剥削人的政治用语。

这些不同的社会状况，无疑是用有重要意义的细微差异而把它们彼此区别开来的；但是它们所具有的最一般的事实则是彼此相同的。

还会产生下述问题：为什么我们把有时集中在祭司阶级手中，

有时集中在军人阶级手中的同样的人类一般状况都看作是社会权力？体力统治的建立同什么事实有直接联系？体力统治是征服的产物，还是每种社会内部的直接产物，抑或是人的组织本身、人的本性的直接产物？

所有这些问题，尽管都非常有趣，但在目前都不属于我们讲述的范围。

在我们看来，只要确定下面一点就够了：人受到他人剥削，乃是过去最富有特性的现象，且不论这种剥削当时起源如何。我们现在要看看这种剥削在开初是怎样的，后来的发展又是怎样逐步减轻的。

详细叙述那些凶险的时代，例如只是在破坏中出现体力统治的时代，野蛮人杀死和甚至常常吞噬自己的敌人的时代，那是没有好处的。我们一开始就进入这样的时代：战败者成为战胜者的财产，战胜者把战败者变成劳动或者享乐的工具，一句话，我们进入探讨奴隶制度。从这个时代开始，事实就构成一条平直不断的链条；可以说，实际上只是从那时才开始有人剥削人。

由吃人灭种的情况过渡到以建立奴隶制度为标志的文明的第一阶段是一个巨大的进步，可以说是最难实现的进步，但是，我们没有可能深入研究它的中间阶段。因此，我们用来作为出发点的时刻是：这种进步已经完成，事实的相互联系不再被我们疏忽过去。

最初，剥削笼罩着被剥削者的整个物质生活、精神生活和道德生活。奴隶被置于人类之外；他属于自己的主人，如同主人所拥有的土地、牲口、动产一样；他就这种权利来说，是主人的物品。不承认奴隶有任何权利，直至生存的权利；主人可以处置他的生命，可以随心所欲地把他打成残废，以便让他去做为他安排的事情。奴隶不但注定要过艰难的生活，受肉体的痛苦，而且注定要成为精神上和道德上的愚人。奴隶没有名字，没有家庭，没有财产，没有宗教生活，最后，他从来不敢奢望获得任何财产，他会拒绝接受财产，甚至不敢接近财产。

奴隶制度在它存在之初，情况就是这样。以后，奴隶艰苦的状况渐渐有所缓和；立法者干预他同主人的关系，慢慢地奴隶不再是纯粹消极的物品，给了他一小部分他自己劳动所得的收入，他的生活有了某些保障。只是到了很晚的时代，奴隶才有指望通过解放获得自由（这种事件通常是罕见的和个别的），朝公民社会和宗教社会的方向迈出了一步，逐步地使自己的氏族进入人类环境。然而，奴隶依然是无权的和被剥削的，直到他的出身有可能被分别清楚的时候。

在古希腊罗马时代的共和国中，我们找到一种地位处在主人阶级和奴隶阶级之间的中间人物阶级，这就是平民。

平民阶级的来源还不清楚。平民阶级或者是由于奴隶的逐渐进化，成为协作最初阶段的收获，或者是战胜者和战败者之间达成初步协议的结果，不管怎样，平民是受贵族剥削的，如同奴隶受主人剥削一样，不错，管束不那么严厉，方式不那么极端粗暴，然而剥削程度毕竟是很高的，彼此关系也是相同的。不承认平民有宗教生活、政治生活以至公民生活的权利，因为平民本身既不能有财产，也不能有家庭；这些特权完全属于贵族所有。不错，平民也可以获得这些特权，那只是在得到贵族的许可、受托行事的时候，而且要借用贵族的名字。

这就是古典时代保护制的深厚基础，在这种制度下，被保护人原先的地位极为低下，不容许过完全的宗教生活和社会生活，甚至被保护人收为养子也不例外。祭司执行职务的情况，以及与此有关的举行秘密祭典的知识，对被保护人始终是封锁的；只有贵族的嘴才被认为有解释神的意志的资格。

平民一开始就处于比奴隶有利的地位，因而也比奴隶先得到解放。这种解放由于格拉古兄弟[①]的自我牺牲精神而加速了，在帝国时期得到完成，这在罗马社会多少是可能的。为了达到完全解放，必须有这种社会的改革。而改革是在这样的时候发生的：基督教在同时宣布一神教和人类博爱以后，完全改变了宗教和政治的关系、人对神的关系和人们的相互关系。

新的宗教概念开始在西方政治上实现了。在它的统治初期，还存在两个阶级，其中一个阶级仍然服从另一个阶级，但是前者的情况显著得到改善。农奴不再像奴隶那样，成为主人的直接财产；他们只是附着在土地上，不能离开土地；他们得到自己的一部分劳动果实，他们有了家庭；他们的生命有民事法律的保障，在更大程度上有宗教条规的保障。奴隶的精神生活同他们主人的精神生活毫无共同之处；而领主和农奴则敬奉同一位神，有共同的信仰，他们接受同样的宗教教育；他们得到神职人员的同样的宗教帮助。农奴的灵魂在教会心目中的价值并不低于贵族的灵魂，而甚至更

① 提比利乌斯·赛姆普罗尼乌斯·格拉古（Tiberius Sempronius Gracchus，公元前 163—前 133）和凯尤斯·赛姆普罗尼乌斯·格拉古（Caius Sempronius Gracchus，公元前 153—前 121）兄弟二人先后担任过古罗马的护民官。——中译者注

高，因为福音书上说，穷人是神的宠人。最后，农奴的家庭也得到净洗，如同领主的家庭一样。

农奴的这种情况尽管比起奴隶来已经好得无法比拟，但还只能说是暂时的，因为后来他们摆脱开土地，得到了一种可以称之为转移权的东西，从而可以选择自己的主人。的确，自从严格地说可以看作是他们的解放以后，原先的农奴身上某些方面仍然打有农奴的印记：在很长时期内，他们仍要承担个人劳务、徭役、交代役租——他们获得自由的代价，但是这些义务随着时间的推移，对他们来说，是越来越轻了。

最后，整个在物质领域中的劳动者的阶级——作为奴隶和农奴阶级后继者的阶级，向前迈出了决定性的一步，通过建立公社而获得政治能力。

人对人剥削程度的减轻，可以使某些评语成为合适的评语。在祭司制度中，我们可以观察到：僧侣力量经常依仗军人的力量，主要是它的强权工具；相反地，在基督教制度中，僧侣力量不仅同暴力断绝关系，而且把它革出教门，迫使它在自己的活动中形成崭新的特点。这样一来，那些在此以前彼此以破坏，然后以掠夺和征服为目的公开交战的民族，现在面对组成为教会的和平社会，似乎也感到羞愧了。从此，为进行战争寻找借口已被认为是必需的，于是，那些要打仗的人便说，这是为了捍卫领土，或者说是为了雪耻复仇；他们再也不敢承认战争的社会行动目的，而只是提出战争是达到和平的手段。同时，在社会观念方面也发生了变革，因为协作组织的限制越大，仇恨心在其中越占优势，这就产生不可避免的后果：这些协作组织彼此经常互相欺凌，而在每一个协作组织内部，则是组成协作组织的各个阶级经常互相欺凌。相反地，随着协作组织的不断扩大，仇恨心就不再成为社会观念的唯一形式。末了，基督教宣布了博爱以后，至少是潜在地把爱放到恨的位置上，把希望放到恐惧的位置上。这一改革（我们把基督教时代开始以来取得的一切进步全都归功于它）使自身日益接近完全和彻底实现改革的时代。

在基督教的影响下，人的物质生产活动逐渐离开剥削他人，越来越多地转向开发地球，尽管，开发并不是由于基督教教义直接促成的。从这一角度来考察进步状况，我们就可以看到，人对人剥削的减轻揭示出一个同样普遍的事实，恰恰就是人的一切能力在和平方面的发展。

天主教僧侣集团是建立在各种和平力量相结合基础上的社会——从任何观点来看都会认为是完全排除了人剥削人这一原则的社会——的第一幅素描。这个注意到周围外部条件的协作组织只能说是极其不完备的，但在野蛮风气盛行的世纪里，它大声宣布自己害怕流血，并且重申一句格言：该撒的物应当归给该撒[①]！我的国不在地上！换句话说，我们丢下土地，它还是会服从宝剑的。在那个阶级关系最初由马刀确定的、以门第为基础的贵族占统治地位的社会里，这个完全和平的协作组织摧毁了贵族的特权、门第的特权，宣布了在上帝面前人人平等，以及根据事实分配上苍的惩罚和奖赏，并且在自己的尘世教阶制度中实行新的分配职务和官

① 这句话出自《圣经·马可福音》第22章。该撒（Caius Julius Caesar，公元前100年左右—前44年），今习译作恺撒，著名的罗马统帅，国家活动家。——中译者注

位的办法，不是根据门第，而是根据才能，与个人的功绩相适应。在教皇的历史上，我可以找到这方面光辉的例证：在天主教鼎盛时期，几乎所有的教皇都是从出身平常的人士中选出的，他们只是由于才能出众而崭露头角的。尽管所谓的上流社会不肯效法僧侣团体，但是，僧侣集团在自己的道德影响和教育影响之下仍然这样稳稳地立定了脚跟，甚至力图限制僧权的各国领袖同时也在教会领袖面前俯首听命，并且以得到教会之子的称号引以为荣。

总而言之，随着协作范围的不断扩大，人对人的剥削减轻了，对抗变得不那么激烈了，人的一切才能越来越向和平的方面发展。

这种恒定发展的趋势足以确定人类前途的最终状态的一般性质。但是，只要预先大致地设想一下那时的社会结构应有的各个组成部分的本质和关系，就可以形成关于未来世界协作的清晰观念。从我们以后的叙述中应能得到这幅图画。

在继续讲述以前，我们感到有必要先回答对最终一词可能提出的异议，我们是用此词来描述人类所趋向的世界协作状况的。

我们不想说，当人类到达这种状况的时候，它再也不需要继续进步了。不是这样，它将比任何时候更快地向着完善的境地前进。但是，这个时代成为人类的最终时代，是就下面的意义来说的，即那时候实现了最有利于进步本身的政治联合。人始终需要越来越多的爱和知，以及把自己同外部世界进行越来越充分的对比；科学的原野和产业的原野将布满日益丰富的收获物，并且给予人以更强烈地表达自己的爱的新方法；人将不断地扩大自己的智能、自己的体力和自己的喜爱的应用范围，因为人的成就的领域是无限的。但是，社会的联合将最有利于人的道德、精神和体力的发展，在这种发展条件下，每个人不问他的出身如何，都会按照他的事业，也就是按照他旨在改善群众的道德生活、精神生活和体力生活，其中也包括他个人的生活方面所作的努力，而受到爱戴、尊敬和奖赏；在这种联合条件下，所有的人觉悟将不断提高，去从事上述三个方面的工作，不满足于已经得到的改善。换句话说，未来的组织将是最终的组织，因为只有在那时，直接以进步为目的的社会才会建立起来。

第五讲[*]　涉及人类普遍发展的插话

诸位先生，全世界正在朝着学说和行动统一的方向前进。这就是我们信念的最概括的表达，这就是大势所趋，而对过去时代所作的哲学考察使我们能够识别出这种趋势的轨迹。这个伟大的概念连同它的一般结论是我们导师的天才的创造物，在这个概念还没有成为人类智力活动的直接对象以前，过去社会的一切成就都应该看作是准备性的，一切组织的经验都应该看作是对统一的崇拜和对整个地球（人类大家庭的领地）上秩序的王国的局部性的连续探讨。但是，这些准备性的工作，这些在新世界应该加以考察的过去时代的临时组织——家庭、阶级、部落、国家，都明显地指出了我们所追求的目的，以及达到目的的手段。

先生们，对统一的需要和对秩序的喜爱，实际上都是人的本性的迫切要求，以致它们在其最后范围，即世界协作范围内成为可靠而令人满意的东西以前，像我们所看到的那样，就已经至少在临时的基础上，先是通过婚姻在家庭中，而后在少数联合体中，最后在整个国家越来越广阔的空间中确立起来。正是通过这条道路，普遍进步的各种因素才能萌发幼芽，并且能在那些不断成为比较优

* 1829年2月11日讲。——原作者注

秀的,而又代表每个时代人类所达到的新水平的民族中成长壮大起来。

但是我们注意到,这些人类智力尝试和这些政治组织之所以是临时的,因为它们并不能包括人类发展的整个领域,它本身就必然地包含有腐败的缘由。这种死亡的萌芽由在占统治地位的学说和设施以外的范围所进行的工作,不断培育起来,慢慢地对这些尝试和政治组织发生破坏作用;这就是我们第一个把过去划分为有机时代和批判时代的依据。

在有机时代,我们看到,一切的智慧和一切的行动,从社会周边的各个点上,怀着同情之心向着共同景仰的中心;与此相反,在批判时代,旧的信仰从四面八方崩溃了,这种信仰的缺陷被旧的社会联系所不能概括的感情和需要揭露出来,并且受到现在的信仰的攻击,现在的信仰不再承认传统,也不把传统同未来联系起来。先生们,你们看,这些时代还能得到别的名称吗?它们就词的本义说,在前一种情况下是宗教性的,在后一种情况下是非宗教性的。

我们已经向你们全面说明了自己对人类过去的观点,我们对于人类是从一些学说的共同特性出发进行考察的,人类就是在这些学说的影响下,一贯地执行自己的使命并确立自己的命运。

重大的历史事实的相互联系可以证明以前的哲学论断是否正确,在列举这些事实以前,我们先请你们注意迄今为止人类活动的最普遍形式。

人剥削人,这是过去人们之间相互关系的一种景象;人与他人结成劳动组合开发自然界,这是属于未来的一幅图画。毫无疑义,自然界内部的开发,起源于远古时代,实业并不是一种只是提供给未来的发明；同样毫无疑义，人对人的剥削在现代已经大大减轻了；不需要再去打碎奴隶的锁链。协作精神的进步和对抗的相对和缓，同样是人类发展的最充分的反映。换句话说，战争和和平，这是两个用以识别过去和未来的特点，我们是用圣西门提供的观点来考察过去和未来的。

从实质上说，战争是对抗的目的，奴隶制是对抗的工具和结果。但是，对抗本身在早期是启迪世界文明的；这一点康德[①]已先于我们注意到了。先生们，确实如此，奴隶制度取代了凶暴无比的兽性行为和残忍透顶的欲望，最初是有利于人类社会的发展的，因为战胜者想到要保留战败者的生命，这时，刚刚萌芽的产业宣布需要奴隶作为物质生产的最早工具。传统的人类史没有提供给我们关于这种原始野蛮时期的详情细节；然而，美洲的某些野蛮部落却给了我们这方面的生动形象。先生们，在人类的原始状态中我们究竟看到了什么？强者剥削弱者；只是一些赤裸裸的欲望驱使那时人们的活动；妇女、儿童、老人，一切弱者都处在暴力的压迫之下；狩猎和打仗，这是英雄们最高尚的习惯；处在这些野蛮行动的影响之下，形成了他们的癖好。

在那时，人于是分成两个阶级：剥削者和被剥削者。我们要重复亚里士多德和圣西门说过的话，尽管他们另有意思，我们甚至可以断言，过去存在着两个人的不同品种：主人品种和奴隶品种。前一品种最初把后一品种看作是同自己迥然相异的；后一品种是动

① 我们注意到，借用康德的威望来证明圣西门主义者受到德国哲学的影响。——俄译者注

产的组成部分，在法律上和肉体上跟牲口没有差别。历史告诉我们，这个人数最多的阶级，依仗所从事的劳动的和平性质，不断改善自己的社会地位。历史还说，这种改善服从过去社会关系的一般原则，只有通过不断地允许被剥削阶级中的最杰出人物进入享有特权的、组成为阶级的主人的队伍，才能实行。最后，人类终将打碎对抗加在他们身上的一切锁链；这样的日子会到来的，那时候，人得到了解放，并且完全从动物中脱离出来，在经过战争学校以后，抛弃了战争，为了和平的目的而组织起来。

先生们，这就是我们用来审察人类前进行程的第二个观点。现在，我们转向研究重大的历史事实。

欧洲是世界殖民地的宗主国，自从基督教出现后，东方就不再启导西方，基督教把欧洲各民族的发展同摩西民族早先达到的进步联系起来，从而使我们能够了解东方各民族各种学说的成果。

确实，历史传说还告诉我们，摩西的组织是与希腊人口繁衍的同时由埃及移民建立起来的。其他一切历史就时间来说都比这些事件晚得很多，还不曾发现比这些事件更早的任何可靠的传说和任何可靠的文献。我们现在还不能作彻底考察的整个环境，使得来自埃及的犹太人能够在希腊建立第一批移民区的时代，从摩西那里得到比他们的移民或流民伙伴的组织要强固得多、完整得多的组织。

神的统一把行动的统一同教义的统一切实地联系起来，关于神的统一这个概念，苏格拉底以前的希腊人不曾提到；甚至从这时以后，它正像我们现在所指出的那样，在人类进步中只起着批判的作用，当然在人类的进步中起着很重要的作用。由此可见，犹太族的组织锁链或宗教锁链的主要来源应该是摩西。

这个最早的社会统一，性质是怎样的？摩西的神意是怎样的？局促在狭小领域内、不为域外所知的犹太人的统一，并不是人类最后的和平统一。犹太族用杀戮的方法来对付起来阻止他前进的民族，从而使自己的政治组织完备起来，然后在内部推行严刑峻法，实施血腥镇压，但是犹太族生活在摩西法律的强权统治时期，大体说来并没有成为好战的民族。他们不认为自己负有以征服来使世界获得文明的使命；而认为自己必须彻底研究本身统一的哲学概念，并且把这种概念传授子孙。因此，犹太人的奴隶制在摩西为之奠定基础的宗教和政治统一的影响下，具有比较缓和的性质。

但是，犹太族的政治统一从一开始就被破坏了；军事性王权的建立，导致雅各诸宗支的离散；人民再次沦为俘虏；大家按神启的解释，预言将有大变；最后，法律也成为改革派的批判对象。

另一方面，希腊的多神教也解体了；它的余迹保留在秘密祭典里，当时，苏格拉底通过宣布统一总结了对古希腊时代一切教义的批判，因此遭到致命的打击，他在死亡以前，给予它们以致命的回击。

那时，行动和学说的统一重新出现了，所依靠的基础由于罗马的强盛和柏拉图后继者的著作而大大扩展了。一方面，这位苏格拉底的门徒把神的统一同希腊多神教进行对比，使自己的概念从关于地点和时间的一切概念中摆脱出来——这对于通过耶稣迅速实现多神教徒的使命是一个很好的准备。另一方面，在罗马，日益过时的好战精神要寻找更合适的代表，于是，罗马把自身的命运同其他一切民族的命运联系起来；它作为这些民族尘世生活的统治者，给一种可以把这些民族的信仰统一起来的教义开辟了无限广阔的空间。终于，犹太人开始大批地迁出犹太教所在地，这些上帝的子民开始感到在圣地之外还有自己的兄弟。

这时，亚历山大里亚城开办了自己的学校；希腊哲学和东方教条彼此发生冲突；在这里决定着人类的精神命运，这种命运在远离剑的权力的情况下进行热烈的讨论，并且同国王权力完全分开，而那时，国王的权力是如此强大，甚至处在无可争辩的地位！一句话，基督教已不再把战争神圣化；它虽然宽容战争，但许诺给世界以和平。

我们研究基督教所产生的最重要的政治事实，就是研究权力分成世俗权力和僧侣权力，教会同国家分离，即和平团体同好战团体分离。但在向你们说明这种分离对人类将来的影响以前，我们认为还必须先提出某些历史看法以证明上面所讲的东西，同时用来评价基督教使之振兴的旧世界的状况。

刻克洛普斯、伊那科斯[①]及其他许多人物所建立的移民区无疑给希腊带来了埃及祭司的公开教义，然而摩西则能掌握他们的秘密教义，并且加以改进。但是摩西，正如我们已经说过的那样，却不能建立起真正和平的协作组织。这种组织是十分完备和纯粹宗教性的，奴隶制在其中还起着相当重要的作用；战争在耶路撒冷还受到尊敬，嗜杀的习气、古代的野蛮遗风，虽然有所改变，但是并未消灭。

---

① 刻克洛普斯(Cecrops)、伊那科斯(Inachus)是传说中的希腊一些民族的始祖。——中译者注

希腊移民区的组织兼具有祭司和军人的性质；罗马的两位奠基人——一位是军人，一位是祭司也照样建立这种双重性的组织*；理论和行动的统一是协调教义和崇拜的必要基础，神的统一反映出增强这种理论和行动的统一的基本联系，而神的统一仍然不为那些必然用自己的征服行动促使基督教建立的民族所了解。

自从希腊人占领小亚细亚及其毗邻岛屿，以及亚历山大远征波斯直至印度本部以后，亚洲对欧洲的政治影响逐渐消失了，还有，我们说过，当人民的统治者用自己的法律臣服当时所知的整个世界的时候，随着欧洲文明社会物质基地的扩大，产生了两个重要的事实：希腊人和罗马人的宗教枷锁被打破了，同时，这两个民族对战争的光荣感已经厌烦。对于前一事实，古典时代的历史学家已经作了明晰的阐述，他们向我们说明了对古希腊和意大利学说的这种长期批判的各种因素。尽管希腊和罗马的艺术优美动人，尽管荷马，赫西俄多斯和维吉尔[①]的作品引人入胜，可是怀疑论和伊壁鸠鲁的学说，通过讲坛上大声疾呼，剧场中的反复宣传，很快就使多神教的神祇丧失声誉。

在这种破坏状态下，对人类前途势必丧失信心；但是请注意我们刚才提到过的第二个事实：罗马对战争的光荣感已经厌烦。

先生们，不妨请看一看，奴隶制在希腊和罗马一开始建立，就

---

* 参见上一讲关于古代祭司和贵族的权力同一性的论述。——原作者注

① 荷马(Homer)，公元前约九至前八世纪的古希腊诗人，相传为史诗《伊利亚特》和《奥德赛》的作者。赫西俄多斯(Hesiodos)，公元前八世纪的古希腊诗人，所著《神谱》，叙述奥林波斯教诸神的世系。维吉尔(Vergilius，前 70—前 19)，古罗马诗人，著有史诗《伊尼特》叙述神话故事。——中译者注

具有胜利所能够给它带来的十分残酷的性质;请想一想,军事纪律或者得到宗教的直接支持,或者受到征服精神的策励,几乎在所有相互关系的领域中都变成了专制权;最后,请回忆一下,可怕的生杀之权,父亲对儿子保有这种权,如同主人对奴隶保有这种权一样。

先生们,就在这种情况下,另一种批判就暗暗地进行了,而这种批判充满着希望,因为懦弱而又贫困的奴隶,似乎还应该加上妇女,开始期待着救世主。

让我们回到基督教在天主教的名称下所造成的在僧侣政权力和世俗权力之间的大分化这一问题上来。我们不能在这里详细地阐述由此产生的裨益人类的优点,而只是谈谈这种分化的一般特点。

教会的教义同军事权力是迥然相异的,教义的制定,正如我们已经说过的那样,是完全不考虑帝王权力的。被驱逐但依然爱好和平的教会清算了对抗性的等级制度,而在内部则按个人贡献而不按门阀树立威信。它不干预主人和奴隶之间的关系,为的是尊崇征服权力,进而承认这种权力,因为过去的一切宗教都是这样做的。相反地,它教导主人说,上帝是公正无私的,尘世的等级制度在他眼里毫无价值,因为他喜欢世上的穷人胜过富人,喜欢世上的弱者胜过强者。可见,教会即基督教组织,实质上是爱好和平的,是在博爱的基础上建立起自己的威信的。与此相反,世俗权力则是帝王的武装政权,教会不得不让它组织和管理大部分社会的物质活动,因为在基督教出现的时代,社会完全处在剑的统治之下。

由于彼此宗旨的不同性质和来源的差异而互相角逐的两种权

力的这种分化，势必导致一场有利于全人类，而不利于剑的统治的斗争。不过这场斗争因为教会必须经常全神贯注，所以在相当程度上妨碍它去发展流传给它的崇高教义。它的教条和祭仪，甚至它本身的道德，都要受到这场斗争的影响，因而几乎处在停顿状态，尽管人类社会仍在不断进步。

柏拉图的著作在基督教的加工下与犹太学说会合在一起，亚里士多德在物理学方面的著作则被人遗忘了。这些力图直接驳倒旧的科学理论的著作，在十一世纪重新露面，主要由于阿拉伯人的翻译和注释而输入欧洲。教会当时对于那些以从属于教会为荣的君主有极高的威信，就把这些著作的一部分据为已有。教会预感到将会有一场斗争很快发生，于是以极大的兴趣研究亚里士多德有关推理结构的发现，经院哲学就这样建立起来。亚里士多德的另一部分著作，虽然也为僧侣集团所接收，但是经过改进直接用于宗教目的，即帮助改进通行的和占据统治地位已达几个世纪之久的教义，无疑是很晚很晚的事情了。

在这种情况下，教会以外也开始取得一系列成就，君主本人并没有忽略要在以后把它们据为已有，以便同他们称之为僧侣政权掠夺物的东西相抗衡。

另一方面，僧侣组织由于是一个和平组织，所以基本上是好的；不过由于要经常同社会接触，而社会在物质上同武力密切相关，而要依靠奴隶劳动生活，所以它身上就不能不很快地染上一些污点。世俗的弊端渗入教会内部，从此，教会的衰落成为无可怀疑的事了。

宗教改革开始了，在作为改革中心任务的冲击教会过程中，得到通晓阿拉伯科学成就的哲学家们的支持,这样好不容易地把僧侣们从酣梦中唤醒。但是,天主教本身已经忘却自己的和平使命,反而成了血腥的压迫者。这位中世纪的巨人,它过去所拥有的对世界的道德统治已经丧失殆尽,那些曾经借以获得这个世界的豪言壮语也已烟消云散,但是现在运用最后的努力还使欧洲感到惊奇,给欧洲留下余辉,因为在十六世纪,它试图用艺术精品重新赢得人类的同情,而势力强大的耶稣会则用明亮的光辉照耀着他临终前的最后日子。然而,所有这些卓绝的努力都无济于事,法国革命的爆发推翻了帝王的古老的宝座,给予圣彼得讲坛以致命的打击。

破坏的发端者当时试图用摧毁社会秩序的手段重建社会秩序,可是劳而无功,因为他们临时搭起来的房屋高度越增加,越容易坍倒。最后,当代的该撒采取了最后的改革尝试,但是,经过了18个世纪,和平一词地位上升以后,他所依靠的仍然是剑,于是剑给和平在文明世界的边缘挖掘坟墓。

社会期待着上苍赐予它的和平组织。先生们,圣西门已经为这种组织奠定了基础;他向我们指出了人的一切禀赋都应该聚集到那里去的最后目标;这个目标就是借助于人类道德状况、体力状况和智力状况的越来越大的改善,并且是为了这种改善,彻底消灭对抗和实现世界协作。

第六讲[*] 对人剥削人的现象和所有制进行不断的改造

主人—奴隶；贵族—平民；

领主—农奴；游手好闲者—劳动者。

诸位先生，在向你们指出过去一切社会组织在对抗中所表现的一个极为突出的事实之后，我们概括地追溯一下至今表现得最明显的人剥削人现象的减轻过程。我们向你们描绘了过去开始进行的协作不断削弱的情况，这种协作在某种程度上是黩武的，而且还带有军事性质，这是因为这种协作不是世界性的；因此，我们想给你们介绍一个关于人类主要是通过世界上最文明的民族走向最终目标的初步概念。我们的结论是：人类所向往的未来是这样一种状态，在这种状态下人类的全部力量都将为和平的目标联合起来。

这个简短的说明虽然向你们指出了人类在不断地向全世界的协作趋近，但还未能给予你们一个关于社会到达这一阶段时政治制度的经济或者关于它的实现的可能性的明确概念。若想得出关

* 1829 年 2 月 25 日讲。——原作者注

于这两方面的准确看法，就必须系统地研究最主要的社会制度的不断改造，以及为了确立其最终形式和性质，这些社会制度还应当经受哪些变态。

我们说过，人类从现在开始就应当直接为实现全世界的协作而努力。事实上，这种社会组合是初级的和单一的组织状态，这种状态对于人类来说似乎是完成了他业已向前行进的整个步伐。但是我们不愿就此说，为了取得这种成果，现在只要把现存社会制度的分散不协调的部分汇集起来就行了。毫无疑问，如果把这些部分的目前状态同其过去时代的状态相比较，那么它们就很接近我们正在向之前进的那个未来的要求；我们甚至会看到，其中大部分由于本能的力量已或多或少地朝着这个方向前进了。然而，由此还远不能得出结论说，它们再不需要经受改造了，而且当我们宣布人类从今日起就应当为实现全世界的协作而努力时，我们主要是想说这样一点，即人类应当对教育、立法、所有制结构以及一切社会关系进行改造，以便能够较快地实现人类未来生存的条件。

毫无疑问，对抗、对于体力的统治、人剥削人的现象，现在都大大地削弱了，这些现象只是以比较温和的和间接的形式表现出来，乍看起来，这些现象甚至似乎是很难辨认的；然而这些现象虽然以这种形式存在着，但是它们的力量还是很强大的。在这种情况下所谈的不是关于从十六世纪开始的那种危机斗争的现象，而只是关于在最后有机时代占统治地位的情况下所出现的，并在这种危机的反应中一直延续至今的那些事实。我们现在打算指出其中一些最主要的事实。

像古代和中世纪初叶所发生的那种具有毁灭性和征服性的战

争，已经很久没有出现了。战争的形式和目的都改变了。战争已丧失了它的野蛮性。交战双方不再渴望掠夺，甚至也不想获得领土，在绝大多数情况下，他们如今互相争夺的是贸易特权。但是，即使对抗改变了它的目的，它仍然存在于各民族之间，于是利剑也就依然是它们之间缺乏理性的争吵的最高裁判。

在现代社会中，体力的统治地位在国家管理形式中，在立法中，尤其在性别之间所确立的关系中，表现得还非常明显。在这种关系下面仍然使妇女遭受着以前为士兵所唾弃的那种令人诅咒的苦恼。并且在这里妇女是永远受管束的对象。

最后，我们前面所指出的那种以最直接和最粗暴的形式（奴隶制的形式）出现的人剥削人的现象，在所有者和劳动者、雇主和雇佣工人之间还继续存在。当然，当前这些阶级所处的地位和过去主人与奴隶、贵族与平民、领主与农奴所处的地位之间存在着很大的差别。甚至乍一看似乎在他们之间不能作任何对比；然而，必须承认，前者只不过是后者的继续而已。雇主对雇佣工人的关系是奴隶制度所经受的最后的改造。即使人剥削人的现象不再带有它在古代所具有的那种极粗暴的性质，即使人剥削人的现象只表现为今天我们所看到的那种温和的形式，但是也不能因此说这种现象实际上已不复存在。工人虽不像奴隶那样直接归他的主人所有，他的处境总是暂时的、由双方协议决定的，但从工人角度看，这种协议是否实际上就是自由的凭据呢？不是，因为被迫算计度日的工人不得不在饥饿死亡的威胁下同意签订向他提出的契约。

根据道德信条，任何人都不应因为自己的出身而注定没有权利，这是早已渗入一般意识中的，而且是现代政治宪法所明确肯定的。据此似乎在社会各阶级之间按宪法组成的家庭和个人就应当不断地发生变化，并且由于人剥削人现象的循环出现(假如这种循环还继续下去)，也就必然带有流动的性质，因为至少可以说，这种循环要延续几代。可是，事实上这种变化并没有发生，而且除少数例外，每一种社会地位的优劣都是以遗产为转移的；当经济学家们承认在社会中有无产阶级存在时，他们所注意查明的只是这种事实的一个方面，即赤贫的继承性。如今全体劳动群众都要受生产资料占有者的剥削，只要他们利用这些人的生产资料；工业的领导者在与生产资料所有者的交往中虽也遭受这种剥削，但其程度是极其轻微的；他们首先是参与剥削的特权，把剥削的全部重担压在工人阶级，即广大劳动者的身上。在这种情况下，工人就是奴隶和农奴的直系后裔；工人虽然人身是自由的、不再被束缚在土地上，但他的全部收获也不过如此而已。在这种法律上是自由人的情况下，工人也只能在少数人阶级强迫其接受的条件下生存，因为根据占有权制定的法律使这个少数人阶级享有财富的垄断权，也就是说，即使他们是游手好闲的，他们也有按自己的意志去支配生产工具的权利。

只要对我们周围所发生的一切予以足够的注意，就不能不承认，工人(先搁下劳动强度问题不谈)在物质上、精神上和道德上所受的剥削和过去奴隶所受的剥削是一样的。实际上很清楚，工人用自己的劳动只能勉强满足个人的需要，并且是否能够找到工作也不取决于他自己。如果他轻率地以为，似乎使富人得到成功就注定会有一个幸福的前途，也就是说，如果他为自己找到一个生活伴侣，并建立起家庭，那他的处境就会更坏。受着贫困折磨的工人能否有时间去发展自己的智力，发展自己道德上的依恋心呢？他能否对此有所企求呢？假如他有了这种企求，那么谁给他们提供满足这种企求的经费呢？谁来为他们创造易懂的科学呢？又有谁来尊重他们的心愿呢？没有任何人想过这些，悲惨的肉体存在使他们粗野，而粗野导致淫荡的生活，成为新的贫困的根源；形成恶性循环，这种循环不但没有引起怜悯，相反这种循环的每一点都令人发呕和毛骨悚然。①

广大劳动者的处境就是如此。他们在所有社会中都占人口的大多数。然而，这个事实虽能激起人们的全部情感，但是至今却仍被我们那些政治思辨的爱好者们置于脑后。现在享有特权的人们扬扬得意地列举自由和慈善事业所创造的成就；他们赞美平等制度，据他们说，这种平等制度是我们宪法所尊崇的。因为宪法宣布一切公民都有权担任社会职务。他们劝说群众把所有这些成就当作人类文明的最高表现和顶峰来热爱和赞赏。可是假如能让说这种话的人严肃地去研究一下他们周围的社会，那便是一个无情的讽刺。

只有使绝大多数阶级的命运得到改善的变革才会是巩固的、合理的，只有这些变革才是值得人类永远纪念的。一切具有这种性质的变革都会逐渐减轻人剥削人的现象。目前可能只有一种变

① 还在18世纪，林格就提出了工人是奴隶和农奴的直接继承者的思想。但对林格来说（非常清楚地描述了工人的状况），理想是在过去，而不是在前面。因此他认为工人的状况与奴隶的状况相比是倒退。在任何情况下，《释义》中有关工人的段落都与林格的相应的地方相似。在圣西门那里，这样的评定我们所见到的还只是一些微小的暗示。——俄译者注

革能激动人心并使他们永远充满感激之情，那就是这种变革使上述成为犯罪根源的剥削现象完全彻底地结束。这种变革是不可避免的，不过暂时这种变革尚未完成，经常重复的这样一些话语，如人类文明的顶峰、我们的启蒙时代，仍旧只是按照某些享有特权的利己主义者的口味发出的空话。

在列举我们时代最后有机时期的一些事实时，我们谈到了在人民之间以新的贸易竞争的形式继续存在着的对抗。当我们从工业的观点研究全世界的协作时，还要再回过头来谈这个问题，因为在全世界协作的情况下，散居在地球上的各个民族都只应当是一个大作坊的成员，在共同管理下，根据条例为实现一个目标而工作。我们也曾指出在国家管理形式和法律领域中表现有暴力的事实。当讲到教育、教育的有效和进步作用，以改恶从善的教育制裁来逐渐代替那种助长恶事自由泛滥，只会控告、判决和惩罚的强制法律的纯物质制裁时，我们还将回过头来再谈这个问题。

最后，我们指出了协作的最重要的方面之一，即协作在性别之间所确立的关系，这一点将是专门阐述的对象。同时我们还要指出，妇女起初如何成为奴隶，或至少接近于奴隶的地位，而后逐渐变成男人的同志，并对社会制度日益发生越来越大的影响；至今致使妇女处于从属地位的原因应如何逐渐减弱，最后完全消除和摆脱男人的统治、管束以及使妇女永远处于那种未成年的状态，这种情况同我们所预见的未来社会制度是不相容的。

现在我们要研究的对象是人对其亲人的剥削，以及如今在所有者和劳动者、雇主和雇佣工人之间的关系中继续存在和反映出来的剥削。我们有意深究一下关于现在剥削的这样一个事实，即在剥削中起主要作用并构成剥削的直接依据是所有制结构，在家庭范围内以继承的方式转让财产。

根据一般流行的偏见，似乎在社会中并没有发生任何变革，在所有制方面也没有发生变革。持根本不同政治和宗教观点的人们，彼此也完全同意这种看法；可是一旦在这方面稍有某些革新的迹象，他们就会立即诉诸公共舆论，照他们的话说，就是宣布所有制是政治制度的基础。

若抛开这些术语的界限(要是可以这样说的话)，我们也会重复说，所有制是政治制度的基础。但所有制是一种社会现象，它像所有其他社会现象一样，也是由发展规律决定的；因此它在不同的时代有不同的理解、不同的规定和不同的调整。

假如能够设想，人剥削人的现象将逐渐减轻，假如同情将向我们证明，剥削应当完全消除，假如人类真正接近这样的状态，即所有的人不分出身都能从社会上得到最好的教育，使他们的天才获得全面发展，使他们能够适合于从事某种事业；假如他们的地位由社会按照他们的贡献来确定，并且他们将按照他们所做的工作得到报酬。那么就很清楚，所有制的结构应当是不断变化的，因为由于这种结构有些人生来就靠特权生活，什么事也不做，即靠别人生活，然而这不是别的，正是人剥削人现象的继续。

一种情况可以从另一种情况逻辑地推演出来，如人剥削人的现象应当消除；而所有制的结构会使这种现象永久存在，因此所有制的结构也应当消除。

但是有人向我们提出相反的看法，认为所有者、资本家完全不是靠别人生活，工人付给他们的东西不是别的，正是对他们向工人所提供的生产工具的生产服务的一种表示。即使假定这些生产服务是真实的——对这种看法我们现在不去管它——也仍然要说明我们所研究的问题：谁应当使用这些无生命的奴仆？它们应当归谁所有？应当转让给谁？

为了证明他们的现代占有方式是正确的，就必须无条件地注意至今为此目的所引用的宗教权利、自然权利和利益这三项重大原则中的一项。并且在遵循其中任何一项原则时，我们都必将承认，假如人是进步的，那么宗教权利和自然权利也应该是进步的，同时利益原则也要随着它们的进步而改变。因此，我们还要知道，宗教权利、自然权利和利益原则现在应当怎样解决所有制的问题。

我们看到，所有制通常被看作是一成不变的现象，可是我们在对历史进行研究时却发现，无论是要确定可能成为占有对象的性质，还是要调整它们的利用和转让，法律总在不断地进行干涉。

最初所有制涉及物和人，而后者则构成它的最重要、最有价值的部分，因为按照这样的权利，奴隶也像家畜和物质工具一样属于主人。在对奴隶的人身实行所有制的初期，没有任何限制。后来，立法者规定了对奴隶的使用特权和滥用特权的界限，在规定的界限之内人的占有者可拥有奴隶，也就是关于人的所有制。这些界限越来越被缩小了。主人日益失去对奴隶在道德、精神或物质上的某些支配权，直至最后，道德家和立法者都不能不规定这样的原则，即人再不能成为自己亲人的财产。这就是法律对所有者权力的干涉，以便将来在所有制问题上适应人类协作随时可能经受的最根本的改造。

为了调整占有财产的转让方式，立法者也对所有制进行干涉。

例如，在我们作为其成员的文明社会中，从所有制的转让方式来看，在大约十五个世纪期间可以看到三种所有制形态，而且所有这三种形态在法律和道德上都曾被看作是合法的。最初，所有者有权按自己的意愿决定其死后他所掌管的财产归谁所有，他既可以剥夺他的家庭对遗产的继承，也可以随意把遗产分给家庭的各个成员。后来，向所有者宣布："今后法律将指定你的继承人；你的财产只能传给男孩子，而且只能是其中的长子。"最后，立法者又重新改变了对继承条文的规定，父亲的财产开始在全体子女之间平均分配。

如果所有制没有得到道德上的批准，那么法律在所有制方面所进行的这些变革也就不可能付诸实施。实际上这种分歧从来都未曾有过；良心总是与立法者的意志一致的，至少是在长时期内；在立法者意志的表现中，良心在任何时代总是承认上帝的意志，或者用批判的话说，自然的意志。

由于我们上面所提出的变革是财富越来越分散的重要原因之一，因此所有制按其本身和抽象概念，都被看作是既定的习惯，也就是说，它不依赖于任何劳动能力，而且现在已到达了它的最后改造阶段。在这种情况下，所有制也就日益失去它原有的某些含义。这些含义是以从别人的劳动中征收报酬的特权为依据的，然而现在这种按百分比以租金形式表现的报酬正在不断地减少。调解所有者、资本家和劳动者之间关系所依据的条件正在变得越来越有利于劳动者；换句话说，取得和保持游手好闲的特权越来越困难了。

这一简短的叙述充分证明，所有制通常被认为是从道德上进行审理和从法律上进行变革的障碍，它不断受到道德家和立法者从占有对象的性质方面或从它们的利用和转让方式方面的干涉。

我们看到，在这个变化最后阶段，从占有对象的利用和转让方面来看，占有财产的更大部分已授予大多数劳动者，因此游手好闲的所有者的社会地位与劳动者逐渐获得的社会地位相比在成比例地下降。目前最后的变革已成为必然；道德家的任务是为它作准备，接着是立法者予以肯定。我们所发现的进步规律具有建立这种秩序的趋势，在这种秩序下，是国家，而不是家庭继承积累下来的财富，因为这些财富已成为经济学家所说的生产基金。

我们应当预料到，有些人将把这种制度同众所周知的所谓财产共有的制度混同起来。实际上在它们之间没有任何共同之处。在未来的社会组织中，正如我们已经说过的，每个人应当根据自己的才能占据相应的岗位，并按着自己所做的工作领取报酬；这就充分表明，各部分是不平等的。相反，在共有的制度中，所有的部分都是相等的。但对这种分配方式必然会出现许多反对的意见。在这里，竞赛的原则被取消了，游手好闲的人和爱劳动的人都同样为自己分享益处，这样一来，劳动的人发现，全部的社会重担都落到了自己的身上。这就十分清楚地证明，这种分配是与需要制订它时所引用的平等原则相矛盾的。此外，在这种制度下平衡几乎每分钟都在遭到破坏，不平等则不断地趋于增长和不断地增长起来，而这也就必然不断地引起新的分裂。

当这种看法旨在反对财产共有制时，它是有根据的和不易被驳倒的。但是，当这些看法旨在反对我们认为将能调节未来的那种根据才能和工效分等和付酬的原则时，它就失去了任何价值。这一点很容易从我们下面的叙述中得到证实。

第七讲* 所有制结构和银行组织

诸位先生，在分析各种有关调节社会制度的问题时，通常会出现两种观点，即权利观点和利益观点。在注意弄清这种差别在最激烈的争吵中具有何等重要意义时，可以想象，道德秩序常常是处于对抗状态。各种社会都会不断地受到两个原则——善的原则（或权利原则）和恶的原则（或利益原则）的矛盾动机的作用。因为每个人都不能不放弃在某个时候使二者和解的希望，而只能在它们之间进行选择。在这种变化无常的情况下会发现，那些可能受到最高的尊敬，具有最英明的声誉的人恰恰是那种选择利益原则的人，即在抽象的道德领域被认为是符合恶的原则的人。假如这种矛盾是存在的，那么就可以由此得出结论：每个人总是在义务和利益、弃绝私利和个人主义、终身牺牲和终身不道德之间进行抉择。所幸运的是，人类的命运并非那样多灾多难，因为这种在义务和利益之间的不相容，一般也和理论和实践、公共财产和私人财产之间所规定的不相容一样，只有在批判时代，即在不信任、仇视、无秩序的时代，当人们不去注意精神的秩序同物质的秩序、公共利益同个人利益、普遍性的事实同个别的事实之间的道德关系时，才是

* 1829年3月11日讲。——原作者注

真实的。在有机时代(人类就不需要再知道其他时代),* 这种差别不仅对于每个个别的协作社,而且对于必然形成为一个统一协作社的整个人类都具有不断消亡的趋势。那时,将把人们的所有企望统一起来;道德的秩序将同样地支配精神的秩序和物质的秩序,支配思想和行为;最后,个人主义和自我牺牲精神,利益和义务,权利和利益会统一到一个目标上,或说得好些,会成为一致的;这是每个社会实际情况的两个不同的方面、两种不同的表现;同样,工业和科学也只是个体生活和集体生活所表现的两个方面。

如果在说明所有制问题时,我们注意到上面提到的界限,如果我们从两种观点中的任意一种观点对它单独加以分析,那么我们就会把这一点突出地由宽恕变成为成见,这正是为了适应于当今的语言习惯和推理方式。①

为了证明现存所有制结构的不可破坏性,也可以说,几乎是神圣不可侵犯性,他们忽而引用宗教权利,忽而引用自然权利,忽而引用利益原则,并以这些原则的名义把它宣布为不应变革、不应受道德家和立法者的影响。这种观点散布得越广泛、越深入,我们要推翻它就越费劲。我们已经指出,为了把所有制描绘成为绝对的

* 我们在这里再次提醒一下,我们称作有机时代的所有过去的时代,都只是在不完善的形式上是这样的,并都带有预备的性质。——原作者注

① 在前面整个叙述中指出,或更确切地说,提出了极广泛的问题,就是这样一些问题引起人们的注意,并且以多种形式提出:关于善和恶,原罪和赎罪,意志自由和神赐等两个原则的问题。这些问题圣西门主义者将在下一卷(参阅《组织者》第一年第33、35、37期)中进行解答:不过现在我们就建议读者来考虑这个问题,因为在这里,读者已和圣西门主义学说最本质的东西发生了关系;这个学说将终止至今在人们之间起支配作用并由于对原始二元论的坚定信念所造成的对抗,这种原始二元论在其两种表现中是固定不变的和自相矛盾的。——俄译者注

不可动摇的权利，通常是以这三项原则为依据的，而这三项原则却认为，这种实际上可以改变的权利所经受的许多变革是合法的。正如我们所宣布的那样，为了证明在所有制方面应当完成的那种新的变化是正确的，我们指出，立法者对所有制的强行改变，不是涉及所有制的性质，就是涉及对财产的利用或转让，而这些一向是得到道德家的批准的。我们指出，人们的意识总是和各种不同的所有制形态相适应的。我们也看出，供给劳动者的产品部分在不断地增长，同时，所有者在游手好闲者手中支配的那一部分权利在不断丧失。因此，在我们所直接归属的文明时期，可以看到一些依次相继的所有制形态（可以从三个主要方面——所有制的性质、利用和转让来考察），所有这些所有制形态都是受人类的认识、道德、习惯所尊崇的。例如，所有制转让方式的情况就是这样的：开始——父亲有权在他死的时候随意分配他的财产；后来——给长子以继承遗产的特殊权利；最后——所有的子女平均分享遗产。

像我们所说的那样，现在存在确立新的秩序的趋势；当今限于家庭范围的继承权必然转让给成为劳动者协作社的国家。在很多方面已经受到有力打击的出身特权，应当完全取消财富即支配生产工具的唯一权利，应当给予那些能够使用它们的人。

如果由过去的进步能够宣布未来的进步，如果这种进步能够改善社会各成员之间的关系，那么人的认识，也和过去经常表现的那样，会适应这一变革，于是这一变革本身将由过去的宗教权利、自然权利和利益原则发展而成的新的宗教权利、新的自然权利和新的利益原则证明是正确的。到目前为止，暴力或暴力的代表机关是所有制的唯一基础；在未来，劳动、和平劳动则是这种基础。

也许，譬如暴力的权利早已消灭，再也没有那种不是作为劳动结果，至少不是作为间接劳动结果的所有制了。可是请问，是什么权利使现在的所有者享有他的财产并把他的财产转让给他的继承人呢？是法律，因为法律的原则发端于掠夺；不管法律离它的源头有多远，但它仍是产生人剥削人、富人剥削穷人、游手好闲的消费者剥削爱劳动的生产者的根源。因此，不管所有制是按着遗产归宿，还是按着劳动获得，它的益处只能是强权的全权证书，而这种全权证书不是由出生的偶然性转让的，就是在这样或那样的条件下退还给雇工的。

我们宣布，未来所有制的唯一基础只能是和平劳动的才能；受尊敬的唯一基础只能是做事。为了更准确地表达我们的思想，我们再补充一点：这个基础对每个所有者都必须是直接的，在这一表达方式中包含另外一种意思——赋予所有者称号的唯一权利就是对财产的管理权、使用权和经营权。

如果，正如我们宣布的那样，人类将向着这样的状态进军，在这种状态下，每个人的地位将取决于他们的才能，每个人的报酬将取决于他们所做的事情，那就很清楚，现在这种形式的所有制必须废除。因为这种形式的所有制会给那些人所共知的阶级提供靠别人的劳动而过着完全游手好闲生活的可能性，它维护对居民中最有用处的那部分人的剥削，这部分人为那些只会搞破坏的人的利益而劳动和生产。* 从这一观点来看，我们可以认为，我们所宣布

* 在解释新的思想时，必须预料到所有那些不用深思就可消除的反对意见。如果您希望所有的人都工作，那么他们就会向我们说，你们叫老人和儿童做些什么呢？对这个问题我们的回答是，我们绝不是想要所有的人都工作，而只是希望所有的（接下页）

的变革宗教权利和自然权利都证明是正确的。实际上，在信仰宗教的人的眼里，所有的人——一个家庭的成员都应当不受剥削，而应彼此友爱、互相帮助。这涉及自然权利的问题，这个问题在那些自然权利的拥护者看来，人的天然本性就是渴望自由，而不是贫穷者所遭受的一切最残忍的奴隶制形式，不是以出生的偶然性为基础而不管劳动、知识和道德制约的一切最不公正的专制形式。

现在我们还要从利益原则的观点提出这一变革的根据，不过我们还要重复一遍，这是因为那些至今占统治地位的偏见迫使我们不得不在权利和利益原则之间作这种划分。我们是站在我们敌人的立场上，劝他们说出我们的体系的实践价值的，否则，他们可能向我们提出相反的意见，认为这个体系是从权利的观点提出的，而不是根据利益的原则证明的，感情上接受它，但理智上却拒绝它。总而言之，这是理论体系，而不是实现了的事实。

因此我们要分析一下，现今存在的所有制结构，从利益原则的观点来看有什么样的价值，即在多大程度上有利于物质生产或工业生产。

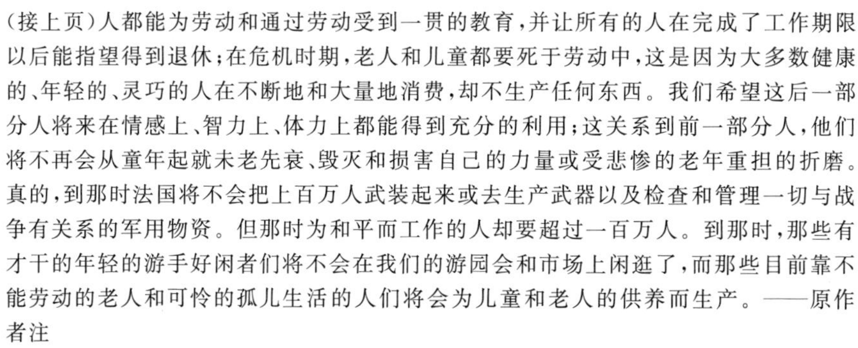

（接上页）人都能为劳动和通过劳动受到一贯的教育，并让所有的人在完成了工作期限以后能指望得到退休；在危机时期，老人和儿童都要死于劳动中，这是因为大多数健康的、年轻的、灵巧的人在不断地和大量地消费，却不生产任何东西。我们希望这后一部分人将来在情感上、智力上、体力上都能得到充分的利用；这关系到前一部分人，他们将不再会从童年起就未老先衰、毁灭和损害自己的力量或受悲惨的老年重担的折磨。真的，到那时法国将不会把上百万人武装起来或去生产武器以及检查和管理一切与战争有关系的军用物资。但那时为和平而工作的人却要超过一百万人。到那时，那些有才干的年轻的游手好闲者们将不会在我们的游园会和市场上闲逛了，而那些目前靠不能劳动的老人和可怜的孤儿生活的人们将会为儿童和老人的供养而生产。——原作者注所有制这个词的最一般的含义是由财产构成的，这种财产不是为了直接消费，而是为了当下能提供获得利润的权利。就这个含义说，所有制包括地产和资本，用经济学家的语言来表示，就是生产基金。对我们来说，地产和资本，不管它们怎样，都是生产手段。土地占有者和资本家(这两个阶级在这方面不可能彼此区别开来)都是这些手段的保管者(les dépositaires)，他们的职能在于在劳动者之间分配这些手段。* 但是作为土地占有者和资本家，他们能否了解情况，用少量的消耗，以有利于工业产品数量增加的方法来完成所执行的这唯一的职能？当你看到这些人生活相当富裕、人数很多的时候，当你估计到他们从年产量中提取大部分的时候，那你就不能不承认他们的效劳是不便宜的。从另一方面来看，如果注意到经常使工业倒闭的严重危机和毁灭性的灾难，那么就会很清楚，分配生产手段的这些人在履行自己的职能时表现出很不理解。当然，若为此而责难他们也是不公平的。因为如果认真地想一下就会知道，要较好地进行这种分配，需要对生产和消费之间的关系有深刻的了解，不断地熟悉带动工业机器运动的机械。应当承认，这些条件是那些靠出身的偶然性得到使命以及对使用工具进行劳动的过程非常外行的人在任何时候都不能实现的。①

为了使工业劳动达到它所要求的完善程度，必须具备以下条

* 这种分配是通过付给利息、雇用工资或租金的手续来完成的。——原作者注

① 认为所有者能够完成分配生产工具的一定社会职能的观点，还在十八世纪就已得到相当广泛的传播。随便提一下，米拉波在他关于教会财产的演说中，就曾发挥了这一思想。就是这个米拉波根据对所有者的这种看法，证明继承可以同社会需要作相应的调整。——俄译者注

件：

(1)生产手段必须根据每个地区和每个工业部门的需要来进行分配；

(2)生产手段的分配应根据个人的才能，以使每个人的才能最大限度地投入到事业中去；

(3)最后，生产应当这样组织，不管在任何一个生产部门，任何时候都不会有生产不足和生产过剩的危险。

在目前分配是由资本家和土地占有者来完成的情况下，要实现或能够实现上述的每一个条件都不过是一种试探，要经受一些错误和悲痛的教训，而且在这种情况下所得到的结果总是不完善的和暂时的。每一个个人都有他自己的学识，生产不是以某种共同的观点为指导的；生产是在缺乏正确思考和正确预见的情况下实现的；生产在这个地方不足，而在另一个地方则过剩。正是由于缺乏对消费需要和生产资金的共同认识，才造成了工业危机，关于这些危机产生的根源，过去和现在每天都在发表很多非常错误的看法。如果说我们在这个重要的社会活动部门看到了如此的混乱和无秩序，那么这就是由于劳动工具由孤立的个人进行分配而造成的，因为这些孤立的个人不了解工业的需要、人们的要求和对满足人们消费有用的资料的需求；祸根就在这里，而不在别的什么地方。

现在，事情实际上是怎样发生的呢？有人企图在工业方面搞投机倒把活动；因此他就拼命收集他所能收集到的全部情报和可靠的材料，以便判断其投机倒把活动实现和成功的可能性。但是在他所处的那种孤立的环境中，这些情报和材料按需要是远远不够的。不管他的个人处境如何顺利，他也不可能正确地估计自己活动的准确性；他不可能知道，比如，是否别人在同一时间内也在打算满足他所从事的活动应该满足的那种消费。这种情况是很少的。我们假定，这种投机倒把活动真是有益的，假定还有另外什么人经过深思熟虑能够很好地指导这种活动；但如果他不具备为实现这种活动所需要的物质手段，而没有这种手段，他的想法就会是徒劳的。那么请问，他该怎么办呢？他怎样得到它们呢？他必须转向财主、转向资本家和他所需要的工具的占有者，从而也就要服从他们的决定。然而这些所谓能讲出自己计划的人是否就是自己的有权威的裁判者呢？他们能否从自己与劳动者的关系中得到足够的信息，以便判断借债人的做事能力以及合理使用借贷的那些资本？当然不能。他们对工业劳动是外行，他们也不了解计划、管理和完成这一劳动的人，因此他们不能对企业主提出的同时也是企业所需要的那种保证，即熟悉业务并能使之井然有序作出判断。

因此，工业经理、工业领导者的选择和工业企业的确定都具有偶然性。* 只有少数能提供物质保障或能答应这种保障的人才能支配资本，于是这些人便立即处于债主对依附者监督和控制的地位，成为好挑剔的、盲目的和无所作为的警察监护者；所以挑剔，是因为他不爱劳动，所以盲目，是因为他不会劳动，所以无所作为，是

* 假如我们把工业、工业家这两个词用战争和军人等词来代替，假如我们说，例如，在没有军队的地方选择长官和决定军事行动是偶然的，那么任何人也不会反对这一说法。当谈到工业时，则是另一回事了。为什么呢？因为社会曾是按军事组织起来，而还没有按工业组织起来。因此全部问题就在于下面一点：未来的社会组织是否是和平的？谁要同意这个原则，只要做某些逻辑上的推断，就必然会得出我们所提出的那种结论。——原作者注

因为他不能劳动。

我们马上就转到新的世界。在那里，对事业的选择和劳动者的命运不是由那些平时不懂工业劳动的个别所有者和资本家来决定。这些目前完成得非常不好的职能将由社会机关来承担；这个社会机关是所有生产工具的保管者，它领导所有物资方面的经营；由于它所处的这种地位，使它能立即观察到工业作坊的一切方面。它借助自己的分属机构和所有地方的所有的各种工业以及所有的工作者取得联系，从而能够对一般需要和个别需要有准确的了解，把工人和劳动生产工具调到迫切需要的地方。总而言之，它能够指挥生产，使生产与消费协调起来，把劳动工具给予最当之无愧的工业家，因为它经常努力了解工业家们的才能，并且由于它所处的地位，也最有可能使他们的才能得到发展。

如果允许这种假设，那么，在新的世界里一切都应该采取另外一种形式：道德和精神保障的存在也和物质保障的存在一样，劳动是以人类社会及其居住的地球的状况所允许的那种完善程度来实现的；那些希求工业领导者和统治者地位的人们正在掌握全人类；选择成功的机会正在增长，因此进行这种选择的方法也正在完善；随着一般不协调和对生产管理人员、生产工具的盲目分配所产生的混乱的消失，贫困、命运的波折、破产也将消失，然而现在却没有任何一个和平劳动者能认为自己是避免上述危险的。总而言之，工业是有组织的，彼此是有密切联系的，一切都有预见性，劳动分工完善，力量的结合也一天比一天强大。我们很快就回过头来研究这一制度的结构；现在对我们来说，重要的是尽早地预言和驳斥一种不同意见，这种意见大概会使你们感兴趣。目前这种人找不到很多了。他们认为使工业劳动和从事工业劳动的人都从属于一个完美的和单一形式的制度是可能的。可是,这些承认这种从属是可能和有益的人,为了达到这一目的能够向我们介绍的只是一些陈腐的和遭到正义谴责的机构。上述的第一种观点,主要是认为过去未曾进行过一次这一类的尝试;第二种观点是认为,对这些不同尝试的目的看法不正确。

那种认为人的物质活动,人的力量的利用,从来都不曾想协调起来的看法是否正确?反之,历史是否没有证明,社会在不断努力使这种劳动从属于一个统一的领导?

如果回忆一下,物质活动,尤其在过去,表现在战争中,人们是在征服中寻找财富,人们所贡献的力量也只有在作战中才能以应有的和高尚的形式得到施展,那么也就可以看到:在过去的整个有机时代,曾存在过一种机构,这种机构是为了调节劳动工具和职务的分配的,那时的劳动工具和职务就是武器、军职、官衔。这些机构把所有按官职等级排列的野蛮人工作者的力量都引向实现一个共同的目标。

以掠夺和征服的方式所进行的生产、俘获物的分配、被抢劫和被征服的对象的消费,在当时竟允许有如此的粗鲁和残暴的性情都是由有权威的权力来调节的,因为尚武的人民领袖都是熟练的军人。因此,古代的城邦政府、日耳曼部族的政府以及中世纪世俗的权力实际上不是别的,就是统一的成体系的和比较完善的物质活动组织。

最后的有机时代是我们这方面宝贵的观察对象。在封建制度巩固地建立之前,在那些野蛮时期的劳动中,个人主义思想,类似我们现在在企业主那里所看到的那种利己主义思想,曾占据统治地位。竞争的原则，自由的原则，当时不仅支配着各个不同国家的军人之间的关系，而且也支配着同一国家中不同省份、不同县份、不同城市和不同监牢的军人之间的关系。同样，在当代，这种自由的原则、竞争的原则、战争的原则也决定着同一国家中商人与工厂主、省与省、城市与城市、工厂与工厂，甚至小铺与小铺之间的关系。封建主义结束了军事混乱，因为它用共同的义务和互相保卫把公爵、伯爵、男爵所有独立的土地占有者以及有权带兵的人们联系在一起，这是近一个世纪任何一个历史学家都难以估量的重大进步。

实际上，对于所有军人来说最大的益处是由九世纪的无政府状态向十世纪的封建组织、协作的过渡，而且只有这种益处才能说明自有地向封地之如此突然转变，就连天才的孟德斯鸠也不得不对这一解释让步。自有地的土地占有者是不交任何国家赋税、只由自己做主的土地占有者，因此他们是处于独立的、反社会的孤立状态中。可是这些不尽任何义务、不纳任何赋税、不负任何臣民职责的自由的土地占有者都同意做封建领主的附庸，即把自己的自有地献给领主，然后再把它从领主手中领回，但这已经是封地或采邑了。他们之所以同意这一点，是因为看到在封建领主诸侯的庇护和帮助下他们所尽的那种臣民职责——一句话，即附属地位附加给他们的所有新的义务得到了公正的报酬，* 一般的自有地变

* 基佐充分认识到，自有地占有制具有反社会的性质，因为它不要求在社会上处于孤立状态的头领之间有任何联系。然而，由于基佐迷恋于所谓自由，所以他没有对自有地改变为封地这一伟大事实的含义给以重视。按照他的意见，大土地占有者是强迫小土地占有者把自己的自有地变为封建地。毫无疑问，在这个即将完成的运动中，只能用暴力（当时一般都是这样做的）来迫使一些较晚的自有地占有者跟上这一总的潮流。但是这种例子是特殊情况，而不是一般的常规。——原作者注

为封地的真正原因在于，人总是认为在社会中生活比孤立状态好，即使把后者叫做独立状态；再有，封建政府在中世纪使物质力量很好地联合起来，为领导军事活动建立了非常完善的权力，而这种权力在当时还是极为重要的，而且只有这种权力才被认为是高尚的。

与此相似，一些实现军事活动的个别人士在九世纪就曾力图组成一种具有自己的职位等级、自己的领袖和对所有利益与所有义务有一个完善秩序的社会，就好像现在和平劳动的人们一样，也趋向于组成一个具有自己的领袖、自己的职位等级、公共组织和共同命运的社会。

从和平劳动与和平工作者在社会中开始占有重要地位时起，工业就已经完成了走向这最后组织的步骤。早在上世纪伟大的政治革命之前，法令就把确立工业现象领域中的秩序作为自己的任务；那时就存在有这样的机关，这种机关近来尤其引人注意，它符合我们所提出的统一和协作的要求，这是当时所能够允许的社会情况——这里我们指的是社团。

在这种制度下，每一个新的企业主都必须服从于两个事先具备的重要条件，即一是他的才能为内行所承认，二是要得到同行确认他要为之献身的工业部门确实感到有吸收人力和资本的必要。

毫无疑问，这种组织有许多缺点；由于受到地区性范围的限制，它必然不能充分地从整体上来调节工业劳动。在某些方面，它甚至是有缺陷的，因为它不是为纯工业的目的着想，而主要是作为反对军事制度的一种防御体系，在这种军事制度重压下生长起来的工业，本身就带有它先天的烙印。所以，这种组织有利于自私自利倾向和反社会情绪的竞争，因为每个社团的出现都是对着其他社团，就像一个男爵对着另一个男爵一样，在他们之间以及在其中某一个内部发生战争，这也像以前在省与省、城堡与城堡之间发生战争一样。这些社团发展了反社会的情绪，因为所有这些社团都企图有权垄断经营每一个工业部门，并像以前有兵权的人对待下级那样对待消费者。所有这些自私自利倾向必然会顽强地表现出来，社会学说（宗教的或政治的，精神的或世俗的）在其预见和法令中当时还没有包括和平工业。* 至少不是直接包括，因此工业体系的大量事实没有被考虑进去，因而也就没有受到道德权威的影响。

不可否认，从第一个社团组织开始，无论这个机构有什么样的缺点，在一些世纪中却建立了很大的功绩。但是后来这种机构则变成了另外的性质，因为军人阶级不再直接威胁劳动者和他们的财产，这种狭小的机构也就失去了它原有的一切防御意义。从此反社会的倾向在其中就急剧地发展起来；很快它就变得缺点多于优点，于是当它最后消失时，也就没有任何一个人要保卫它了。

当然，我们完全有理由为社团、行会和同业工会不再控制工业而高兴。但从严格意义上说，这种征服实际上不能说是毫无疑义的。

坏的组织废除了，但是没有在这一废墟上建立起任何东西来。从这时起政治家和经济学家的全部精力似乎只是追求一个目标——给被打倒的和已经咽了气的敌人以一些最后的打击。

---

* 僧侣的责任是遵从他们的教义，禁绝肉欲，因而以轻视甚至蔑视的态度对待工业；同样，封建贵族那时投身工业，他们就贬低了自己，丢掉自己的权利和特权。因此，忠诚和荣誉在工业中不会给他们带来通常的成果——秩序和友爱。——原作者注

我们回忆一下我们前面说过的无政府状态，这种无政府状态是发生在中世纪军事组织以前。我们指出了那些自由原则、无组织的竞争原则的完全相反的意义，因为这些原则经常形成过渡时代的信条、社会生活危机时刻的信念。我们曾指出，当这些原则占统治地位的时候，没有任何共同的观点能指导物质活动，在不同种类工作之间没有任何平衡，没有任何比例，没有任何协调存在；最后，这些工作，不能得到很好的考虑和完成，就像没有协作所必然出现的那样，因为领导者的选择是偶然的。

我们来看一下我们周围的社会情况。工业在严重地遭到频繁的危机和悲惨的崩溃。这些现象虽然开始损害一些有才智的人，但他们还看不清楚造成这种极为混乱现象的根源，他们看不到，这种混乱现象就是无组织的竞争原则实际应用的结果。

实际上，这种付诸实践的竞争原则就是个人与个人之间、民族与民族之间的杀人战争在新形式下的不断继续。由这一教义所得出的一切理论必然是以敌对的情绪为依据。然而，人们的使命并不是永远地互相争斗，而是过和平生活，不是互相敌视，而是互相帮助。最后，竞争一旦控制了每个处于孤立状态的和同别人进行斗争的企业主，就会使个人道德和社会道德一样变坏。

从每一个企业主开始认识到只有减少他们的竞争对手成功的机会才能增加自己成功的可能性的时候起，欺骗行为就必然成为最有效的斗争手段；那些不愿使用这种手段的善良的人们通常便成为这种手段的第一批牺牲品。

然而，从我们所指出的混乱中看到一种本能力量的表现，这种本能力量具有以建立新的物质劳动组织来恢复秩序的明显趋势。

我们这里指的是一种行业，当注意到这种行业的特殊性质和最近得到很大发展时，可能被认为是一种新的行业，这就是银行业。这种行业的建立显然是达到有秩序状态的第一步。现在，那些银行家们实际上起着什么样的作用呢？他们是需要生产工具的劳动者和不会或不愿把生产工具用于事业的生产工具占有者之间的中介人，他们在部分地完成着我们已看到的那种资本家和土地占有者未能很好完成的分配职能。在这种由银行家们做中介所完成的交易中，我们所指出的那些缺点大大地减少了，或者至少容易使之减少了。因为按其习惯或关系来说，银行家们比之能做这种事情的游手好闲者和孤立的个人更能重视和需要工业以及企业主的才能。因此，资本经过银行家之手就能为自己找到更有利和更合理的使用。*

由于银行家们的中间活动还产生了另外一种好处，这就是由于他们能更好地判断企业的价值和企业主的品行，他们能够大大降低生产工具的租金(du loyer)部分，有些经济学家把这一部分租金称为保险费，也就是说保证资本家不至于因遭受不幸事件而使自己借给别人的资本受到损失。因此，尽管银行家们强迫对他们

---

* 不难了解，虽然在银行家们的法则中包含着有机的萌芽，即我们这里所指出的那种萌芽，必然会从银行家们在游手好闲者和劳动者之间所进行的中间活动中得到的好处，由于我们这个混乱的社会减少了的利己主义却有可能以各种欺诈和招摇撞骗的形式表现出来，而经常处于均衡的状态甚至被消灭了，因为银行家们在劳动者与游手好闲者之间的活动往往只不过是为了剥削那些对整个社会有害的人。这一切对我们来说是清楚的，然而从他们的行动中所表现出来的却是反社会的，因而是反动的，正像在他们的行动中所表现出的进步一样，我们既要指出破坏的情况，同时也要指出较快发展的情况。——原作者注

的中间活动付以报酬，但是他们仍有可能以更便宜的租金把生产工具借给企业主，即比土地占有者和资本家可能做到的那种租金标准更低的百分比，因为后者很可能错误地选择借钱人。这样银行家在很大程度上能使工业劳动减轻，因而使财富增加。因为由于银行家的中间活动使生产工具较易转用，减少停用的危险，或者用经济学家的话说，使生产工具更经常处于供应状态，而这种情况会引起资本家和劳动者之间的竞争，这一竞争在我们这里还没有起好的作用之前，至少是向着有利于劳动者的方向发展。

不过，贷款、银行家、银行，所有这些还只是工业组织的粗略雏形，是我们想为之奠定这种工业组织雏形的基础，因为现在的银行组织多少在重复这样一种制度的缺点，在这种制度下生产工具的占有者同时也是生产工具的分配者，也就是说，在这种制度下生产工具的分配者总是企图从劳动产品中能够征收大量的什一税。* 此外，银行家的地位虽能使他们较正确地估计某些企业主的需要，或者也许是整个工业部门的需要，而任何一个银行家，甚至任何一个银行机构都不是一切工业业务集中和汇集的中心；因此这些银行机构不可能把这些业务都包括在它们的总和之中，不可能规定每一部分社会作坊的需求，不可能使那些活动减弱的地方活跃起来。当活动不再需要或较少需要的时候，也不可能使活动停止或减慢。再补充一点，由于银行家的作用，使相当大部分的物质活动

* 我们所说的特别显著的证据就是近年来在法国银行界关于降低不断出现偏差的贴现利率的问题所进行的讨论。另外一个不太明显的证据是这种机构本身（这种机构的任务是使劳动者容易得到费用）反对一切降低国家利息百分率的计划。银行家在这种情况下所起的作用和游手好闲者一样，而不同于劳动者。——原作者注

消失了。毫无疑问，构成现在生产最重要部分的农业活动应当完全归属于这类物质活动。这是因为专门的法律还在继续调节土地所有制，并全然带有古代社会的僵化教条的特征。而这种僵化特征又不同于中世纪的市民社会。

还可以发现，在狭义的工业中大多数交易的进行是没有银行家参与的。最后，在提供贷款时，银行家们主要是受物质的保证支配，并在很大程度上忽视以借款人的才能为根据的意见，即使这些意见是非常重要的。

为了使银行事业能够逐渐完善，我们不打算说事先需要彻底变革我们周围的一般的政治条件。对我们来说，政治不是一个狭小的领域，在这个领域内现在有少数人在瞎忙，因为没有工业的政治就是一句无意义的空话。其实，现在最显著的工业事实就是银行家、银行。因此变革政治条件也就是不断地改变银行家和银行，反之，银行和由银行家完成的社会工业职能的完善，也就是政治的完善。因此，这种政治的完善可能是由于纯企业家给当代政论家所提供的那些工业事实的结果。而对我们来说，这些工业事实要比当代最强有力的政治思想家所进行的大量争论重要几千倍。

因此，比如最重要的银行和最有才能的银行家都集中在一个统一的起领导作用的银行中，这个银行就处于所有银行之上，并在借贷中能准确衡量工业在各方面所感受到的各种需要。从另一方面看，每个银行都在逐渐专业化，以使每个银行都能承担监督、保护和领导一个工业部门的任务。从我们的观点看，最重要的政治事实就是这样。以自己的成果而使一般银行集中的任何行动都会造成银行各部门的专业化，使他们按等级彼此联系起来，也必然使生产资料和消费的需要得到更好的配合。而这就必须对工作人员实行更明确的分工，对生产工具进行更合理的分配，对所做的事情给予更正确的评价，对劳动给予公平的报酬。*

不过，银行直接在银行家们的影响帮助下得到的改进，在当前的情况下是有限制的。现有的银行体系可能很近似于一种社会制度（这种社会制度的基础我们前面已经讲述过）。但是，只有当劳动者的协作由教育酝酿成熟并得到法律批准的时候，完全的最后的社会制度才能实现。只有当所有制的组织经过我们前面所提到的那种改变时，这种社会制度才能彻底实现。

我们曾谈到，工业劳动需要什么样的条件才能搞得最好和达到高度的繁荣。我们也曾指出，为了达到这个目的，必须完成近似于银行体系所取得的成就。现在，不难提出关于未来社会制度的一般概念，即未来的社会制度将根据全社会的利益并专门根据和平的工业工作人员的利益来管理整个工业部门。我们暂且把这种社会制度称为一般的银行体系，但要事先说明，我们极端反对现在可能对这个术语所作的那种狭隘的解释。

这个体系首先包括政府建议在物质领域内所设立的中心银行；这种银行是所有财富、所有生产基金、所有生产工具的保管者，一句话，它构成如今个人财产的全部总和。

---

* 在这种类型的工业社会中，我们到处会看到官长和下属，厂主和雇工，师傅和徒弟；到处都会看到合法权利，因为官长是最有才能的人；到处都可以看到自觉的服从，因为官长受到爱戴；到处都可以看到井然的秩序；在这个大作坊中，任何一个工人都不会没有指导和帮助。人人会用工具，人人热爱工作。大家都不是为剥削人而劳动，也不是为剥削地球而劳动，而是要用自己的劳动把地球加以美化，并用地球提供的全部财产来装饰他们自己。——原作者注

从属于这种中心银行的是二级银行，二级银行只是中心银行的延伸部分。借助于二级银行，中心银行同主要地区保持联系，以了解这些地区的需要和生产能力。

首先，这些二级银行在它们所掌管的区域范围内居于一切越来越专业化的银行之上，而这些专业化的银行则掌握更小一些的地区，更小的工业分支。

把所有要求都收集到高级银行来，再从这里把所有的力量分发出去。只要事先估计和筹划好各种业务，大银行就可以给每个地区以贷款，即给各地区提供生产工具。然后，这些贷款通过各工业部门设立的专业银行在劳动者之间进行分配。*

这里产生一个问题，这个问题对我们来说是非常次要的，但在当前则具有非常重要的意义，因为只有研究这个问题，才能使我们的国务活动家们对工业发生兴趣，并使他们或许有可能开始注意到生产他们所需要的财富的人们的存在。这就是我们要研究的课税问题，或者具有更广泛形式的所谓预算问题，因为预算问题既包

* 凡是愿意对我们所描述的和平社会中工业生产的情景稍微加以思索的人，都不难了解，在这里包含着（至少从工业的观点来看）重大问题的解决，这就是公社和部门的组织机构问题，这个问题极其明显地引起了当今政论家们的注意。虽然他们现在全都想建立城市、划分省份，但是由于他们谁都不知道城市、省份和国家为什么要存在，为什么人们要组成联盟，即他们应当做什么。他们在自己的观念中是束手无策的，或者说得更好些，他们认为上述的联盟只有一个目的就是对抗国家政权。联合的动机也是对抗政权，因此最终的使命也仍然是对抗政权。所以他们到处制造愤怒，并且只是制造愤怒。他们不但不进行组织，不但不把公社同省、省同行政区联系起来，再扩大些说——把法国同欧洲联系起来，却在进行捣乱。他们把欧洲同地球分开、打碎，把地球同宇宙分开、打碎，把整个世界、地球分割成农村（在这里只能看到不大的自主的个体），分散成违反万有引力定律的没有行星的卫星。——原作者注

括收入方面，即课税，也包括支出方面，即对课税的利用。在我们现在所提出的工业组织体系中，预算的资产是由工业年产量的总和构成的，预算的负债是把这些全部产品分配给一次一级的银行，而其中每一个银行也就这样做出了自己的预算。在这种制度中更专门意义的课税（从直接生产财富的阶级观点看或从工业的观点看）也就是用于包括另外两个人数众多的社会阶级生活费用的产品部分，即用于满足人们的体力消耗的产品部分，因为这些人的任务是发展所有人的理智和情感。不过，目前我们应当首先研究特殊的工业预算问题。因为每个人都是按照他们的职能得到报酬，所以现在的所谓收入今后可能只具有薪金或养老金的形式。企业主不再是作坊、工人、工具的占有者，就好像现在的团长不是营房、士兵、武器的占有者一样。而且所有的人都勤奋地劳动，因为进行生产的人都爱荣誉和富有光荣感，就像进行破坏的人所富有的那种情感一样。

我们稍微回顾一下。我们简略叙述过的工业组织（当然只是在广泛的范围）正在把社团、行会和同业公会的所有优越性同全部法令的优越性结合起来（政府至今都在力图借助法令来制定工业的规则）。这种工业组织却没有他们之中任何一方所具有的任何缺陷：一则，资本被用在各行会组织认为最需要的地方，因为在这里不会发生垄断；再则，这些行会组织将听从那些最善于从资本中取得利益的人的指挥。没有理由害怕对上面提到的享有特权的旧社团进行责备的那种不公正、暴力行为和自私倾向。实际上，每个工业社团都不过是无一例外地包括一切人在内的伟大的社会机体的一部分，也可以说是这个伟大社会机体的成员之一。处于这一社会机体首脑部位的是一些杰出的人物，这些人的职能就是给每一个人指定他所希望占据的岗位，这种岗位既为了自己，也为了别人。假如将使某个工业部门失去贷款，那就是因为一般认为对于更好地使用资本是有利的。假如不把工具发给某个请求工具的人，那只是因为按照内行领导者的意见，这个人更善于完成别的职务。毫无疑问，在整个人类尚不完善的时候，错误是不可避免的。但是必须承认，对于具有高度才能的、站在全局观点上又不受专业束缚的人们来说，在选择中犯错误的可能性是最小的，因为他们的情感，甚至他们的个人愿望都促使他们直接关心保证工业的更加繁荣，而在每一个工业部门中既关心保证个人有生产工具，也关心保证这种情况所允许的财富状况和人类活动状况。*

在我们继续分析银行问题、更详细地研究工业组织的结构时，丢开了真正的所有制问题，而只谈到了工业问题。实际上，虽然这两个问题几乎相同，但是以我们看来，许多具有完全不同性质的论点都同**工业**一词有关。圣西门为人类物质活动提供了崭新的任务，工业在未来将具有的政治意义要比在完全军事化的古代社会中战争所具有的政治意义重大得多。这就是我们为什么必须以这

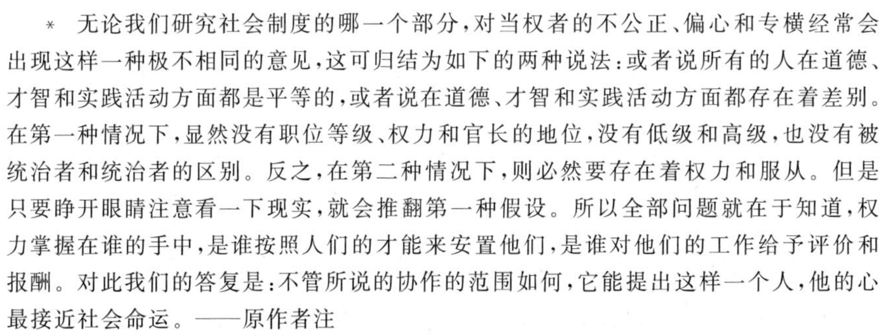

* 无论我们研究社会制度的哪一个部分，对当权者的不公正、偏心和专横经常会出现这样一种极不相同的意见，这可归结为如下的两种说法：或者说所有的人在道德、才智和实践活动方面都是平等的，或者说在道德、才智和实践活动方面都存在着差别。在第一种情况下，显然没有职位等级、权力和官长的地位，没有低级和高级，也没有被统治者和统治者的区别。反之，在第二种情况下，则必然要存在着权力和服从。但是只要睁开眼睛注意看一下现实，就会推翻第一种假设。所以全部问题就在于知道，权力掌握在谁的手中，是谁按照人们的才能来安置他们，是谁对他们的工作给予评价和报酬。对此我们的答复是：不管所说的协作的范围如何，它能提出这样一个人，他的心最接近社会命运。——原作者注

种观点来分析工业，然后我们才有可能以新的观点指出和更清楚地了解我们所宣布的和平劳动者大军的未来组织体系的那种银行的一般结构。

但是为了更好地理解我们关于所有制的概念，不应把这一概念同以前我们阐述过的关于人类发展、关于这一发展的规律以及关于我们所向往的未来的概念分隔开。对这一部分社会体系也不能从得出它自己定义的思想和事实的全部总和之外去评价。

诸位先生，我们向你们提出了一个极其严肃的问题，我们不仅应当准备迎接理智的偏见，而且应当准备迎接强烈的反对，至少是来自物质利益方面的本能的反对。因为这种物质利益是独一无二的，它的活动目前仍保持着一定的力量。假如我们陷入抽象的概念中，那么对我们的唯一危险也许不过只是轻视；但是由于我们在自己的释义中既谈到抽象概念和它的实际应用，也谈到理论和实践，所以我们就冒着惹起比轻视更为强烈的反对：必然要责备我们企图进行社会变革，责备我们制造混乱。不管这种责备多么没有根据，但是我们还是不能不警告它，并立即给予一般的答复。

圣西门的学说也和所有一般新的学说一样，自然也没有把保护现存的东西或对现存的东西只进行表面的改变当作自己的任务。它的目的在于深刻而彻底地改变感情、思想和利益的体系，虽然它不是为了推翻现存社会而出世的。变革这个词常常同把破坏当作目的和结果的盲目的和粗暴的力量的概念联系在一起，其实这些特点距离圣西门学说十万八千里。圣西门学说除了规劝和说服的力量外，没有也不承认还有什么别的力量能够指导人们。它的目的是创造，而不是破坏。它的目的在于能否提出纯真的抽象概念，或者使这种抽象概念在物质上得以实现。无论是在哪种情况下，它所希望的都是秩序、协调和创造。我们再重说一遍，圣西门学说不希望进行变革、革命，它的出现是为了预言和实现改造、进化。它将给世界带来新的教养和最后的复兴。

的确，至今在人类社会中所发生的重大进化都带有另外的性质。它们都曾是强制性的，因为经受这种进化的人类可以说是意想不到地、热烈地奔向展现在它面前的道路，而没有关于其使命的明确概念。因此人类也不知道应该怎样努力来达到自己的目的。人类似乎是本能地向前行进，没有注意讨论热情的预言的验证，也没有对那些预言必定提出的变革有所准备。因此所有过去的重大进化，甚至是最合理的进化，即最能促进人类幸福的进化，开始时也现出灾难，变革所具有的那种特征。

现在的情况不同了，人类知道它经受了进步的进化，它知道这些进化的性质和规模。它感受到了危机的规律，因为这些危机在不断地使它改变形态，不断地使它接近正常的存在条件。而今后，人类就可以用过去的成就来检验它的同情心为它所展现的未来。特别是人类可以通过对现存社会进行缓慢地和逐渐地改造来实现未来的社会。因此人类应当预见和避免构成过去所有进步的条例的那种混乱和暴力。

诸位先生，从你们的观点来看，这好像是不公正的，假如你们认为我们现在故意从某一点上为我们的预言的勇敢精神辩解的话。我们的看法是：处于最后进化的人类，现在可以避免过去的进化，即革命所具有的暴力和混乱。这并不是为了使圣西门学说不受可能针对它提出的责难而突然想出来的。这种看法是这个学说最崇高的信条之一。因此它也是我们训诫的目的之一。不懂得这一点，也就不懂得我们老师的思想。

因此，当我们指出社会制度所面临的变革时，当我们宣布，例如现今的所有制结构应当让位给崭新的所有制结构时，我们就是想说愿意证明这样一点：由这一结构向另一结构过渡不再是也不可能是突然的和强制性的，而是和平的和渐进的，因为这种过渡只能是经过深思熟虑和准备的共同行动，即经过了充分的想象和论证，倾注了热情和讨论的共同行动。因为这种过渡只能是由这样一些人来实现的，他们热情奋发、富有高度热爱和平的感情，他们爱惜进行生产和给我们带来了生气的力量，而把那种进行破坏和带来死亡的力量留给过去。

第八讲* 现代所有制理论

序

诸位先生，三个世纪来已破坏了中世纪的社会制度，在这个过程中教皇的权力和封建制度的最顽固的捍卫者们充分意识到，一旦触动了宗教的统一和政治或军事的职位等级制度，他们那来之不易的过去就将结束。他们所做的一切努力都将付之东流，因为贵族消亡了，宣布了信教的自由。德·梅斯特尔、德·拉缅埃、德·蒙洛基耶都曾郑重地申诉他们的苦衷和怨恨；他们表达了对新社会的蔑视，因为这个新社会丧失了权威和信仰，成了冷淡主义和无政府状态的牺牲品，失去了它那古老的面貌。但是他们那种被胜利者的喊声所压倒的送葬曲没有引起群众的同情，即使群众听见了，也只是激起了愤怒和憎恨。个别人热烈地响应了他们，并忠实地复唱他们的送葬曲，但是其中极少数人也能鉴别出在死亡的中世纪的最后叹息中什么是伟大的和什么是衰朽的。①

旧的职位等级制度（封建的和军事的）已不复存在，天主教的

* 1829年3月25日讲。——原作者注

① 德·梅斯特尔、德·拉缅埃、德·蒙洛基耶是德国十九世纪初政治文化反动学派的代表人物。拉缅埃最后转到反对立场方面。圣西门主义者把反动分子评价为“中世纪的最后叹息”，承认在这些叹息中有“伟大的”东西。——俄译者注

统一已分裂成一些个别的宗教，所有这些个别宗教都同样被认为是合法的，因此我们祖先长期劳动的这一成果，现在找到了相当多的信徒。这就是为什么我们再看不到那些享有支配社会舆论的政论家把宗教信仰的共同性当作社会制度的基础，因而他们便努力用类似中世纪把所有人，直至君主和农奴都联合起来的政治水泥来加强这一宗教信念的共同性。而且他们以宽容姑息的态度听取那些力图使信仰和利益越来越个性化的学说。简而言之，用政治语言或宗教语言所表现的利己主义，不管以什么形式出现，都受到政论家们的宽待，于是王位和教堂的忠实捍卫者反倒成了他们应该与之进行斗争的敌人，这并不是因为教堂是圣彼得的讲坛，也并不是因为宝座是恺撒的王位（即用剑进行统治的王位），而是因为按他们的看法，这样或那样的王位总是要引起像某些享有特权的人们在没能迫使群众接受某种信仰或某种行为时的那种危险。

因此，对宗教权力和政治权力的抨击，一般说来，在当前是很受欢迎的；我们虽然不怀疑，这种抨击触犯了某些人，但是燃起好奇心和讥笑的人数之多，则足以使他们以宽容的态度加以忍受，其实是以令人尊敬的反对的名义来加以美化和鼓励。

我们不想进一步发挥这些只与我们提出的目标无直接关系的思想；我们只是想把它们提出来，并加以说明就行了。

奴隶制已彻底消灭，几乎所有出生门第的特权也完全废除；人类已解脱了它在童年时期必不可少而在成年时期已变成有害的那种枷锁；人类狂怒地摆脱了过去的羁绊，并把它砸断了，但是，幸运的是，这种羁绊还威胁着人类，之所以是幸运，因为人类暂时还不知道必须使人们联合起来的那种新的枷锁。假如过去为了维持秩序所创造的一切手段都是破坏性的，假如这些手段中的某些手段即使仍然作为不稳定的社会大厦赖以支持的手段已不复存在，那么这就是展现在我们面前的悲惨情景，即极端混乱的景观和血腥的无政府状态。

我们曾经说过，几乎所有的出身门第特权都被废除了；但是其中的一部分还保留着，在当代处于瓦解状态的政治中还起着重要作用，这就有可能估计出这部分特权赖以存在的社会制度各方面的巩固程度。我们之所以感到庆幸，是因为那些在革命风暴中珍惜保存这种救命符的人们的不合逻辑。我们之所以说他们不合逻辑，是因为在他们的理论中没有任何东西能够证明这种例外情况有利于最坚决地维护过去。

我们祖先的这份遗产是应受到尊重的；它是任何一位勇士都不能触动的神圣的诺亚方舟，也没有遭到自由僧侣方面的取缔。我们不想说反动党派想要给予那些敢于冲击中世纪这块最后碎片的亵渎行为以打击的怒吼，因为他们已经衰老，甚至不可救药了。

当你在迷信和宗教狂的敌人那里，在那些主张解放思想、自由研究、自由怀疑的信徒那里，特别是在那些主张使人完善的思想的拥护者那里发现这种真正宗教的感受性时，这种感受性无疑会被看成是神奇的。因此这种感受性使我们感到高兴，因为它在我们所陷入的那种理智的和道德的混乱中维护了众所周知的物质秩序。但是我们现在已经到了这样的时刻，即这种维护秩序的手段本身必定要遭到来自主张更替其从前赖以产生的理论的学说的攻击。于是我们想象到，那种模棱两可的文明给我们留下的反动偏见为创新者们造成了多大的困难，因为他们企图推翻这种文明；这些反动的偏见越来越顽固，它们顶住了批评的火焰，并安全地从革命烈火中逃脱了。

再说一遍，我们坚信，在没有尽快以能够适应未来需要的、更为普遍的原则来代替留给我们的唯一秩序原则以前，破坏这唯一的原则是极不明智的。但是我们同时清楚地认识到，甚至在这方面最明智的尝试、最有节制和对人类进步最有利的尝试会遇到怎样的阻力。因此我们要以坚定的信心和准备牺牲的精神，沿着圣西门为我们开辟的道路前进。

我们不想求助于人民的热情，我们现在怎样才能得到他们的理解？要知道我们需要秩序，我们希望未来有最统一的、最坚固的职位等级制度。为了使人民对我们的思想怀有真实的热情，人民所需要的就完全不是经常从他们的老师（盲目地追随他们）那里所得到的那种教育。更多的是教育人民恐惧或者轻视力量，对权力抱固定不变的怀疑态度；这些教导还会长期使人民想起旧的奴隶制度，并使人民不得不对向他们宣布值得他们热爱和献身的新政权的人们持警惕或者甚至仇恨的态度。

因此，我们的处境促使我们稳步前进；我们的坦率态度也许只会危害我们自己。

是的，我们坚信，在我们敢于向他们掩护的那种特权进攻时，将会激起过去最厉害的敌人热烈地反对我们，虽然这种特权是美化被战胜的敌人的，因为被肯达伏尔的法衣所吞没的海尔库列斯的命运使他们不害怕；他们留意中世纪的骷髅，留恋他们自己牺牲的尸体，因此当他们自己尚未化为灰烬的时候，他们将要起来像保护最崇拜的人的遗体那样来保护它。

我们已经听到，他们在磨快最锋利的批评武器向我们质问：

“肯达伏尔的法衣，这是什么意思？骷髅是我们珍惜的对象，这又是什么意思？”

我们的回答是：

“这是指按出身门第的权利，而不是按才能的权利的所有制；这是指继承权。”

经济学家、律师和政论家、所有一般政治理论家对所有制的看法

所有制是社会制度的基础，这是所有精通政治科学的人所宣称的信条。我们从自己方面认为，所有制是社会制度的物质基础，然而我们对政治机构的看法却与当今所宣扬的学说完全相反。我们与当代政论家之间存在的区别，可能也表现在他们与中世纪的官吏之间，或者他们与某些罗马执政官之间的那些问题上。所有制这个意义重大的词，在每一个历史时期表现着不同的事物；虽然在所有下述场合，即当人类的平静尚未被普遍的变革所破坏的时候，（在普遍变革时期，再没有任何权利和任何被时代所推崇的利益被尊重的时候，）当新的权利、新的利益寻求社会承认的时候，所有制是由风俗和法律维持的，但是产生了不同的概念。因此，例如有权使用和滥用人、人的劳动乃至人的生命——一句话，奴隶制被公认为是希腊和罗马社会的基础。亚里士多德本人曾大发雷霆，反对那些想要向这种神圣的权利进攻的勇士们；当这位哲学家劝导年轻的公民们要想猎取奴隶，必须练习武艺的时候，没有任何人

把他称为野蛮人。卡顿[①]没有弄错，当古罗马的贵族在骄傲的、被释放的奴隶面前痛哭流涕，并事先穿好孝服哀悼旧的共和国时，他在书中能够看出未来的情景。在中世纪也是这样，最初是以征服为基础，诸侯对农奴拥有一切权利，农奴则要对自己的领主尽一切义务；此外，它还拥有对所有与他们有关的特权和义务的继承转让权。

因此，在十二世纪最有知识的人看来，对财产的尊重就是在其纯粹形式上对封建所有制的尊重。

没有任何人认为，当代的政论家在谈到所有制时，他们指的是奴隶制或农奴制。因而，他们不可能得到那种能证明所有制在当代社会组织中，特别是在未来社会组织中具有重要意义的看法，因为这种看法既不在罗马共和国的政治制度中，也不在罗马帝国的法典中，更不在当代旧的君主制度的法律中。毫无疑问，他们将会在新的政治理论中，即在对人类的需要和对最能满足人类需要的秩序的新的观点中找到这种看法。实际上，假如社会的基本需要仍是过去时代的那些需要；假如，比方现今人民在歉收之年仍为某个野蛮地区被掠夺一空而哭诉；假如征服还仍然继续是获得实力的最有效的手段。那么就不能不同这种后果妥协，也像亚里士多德那样，赞颂奴隶制度和战争，因为柏拉图的学生并不比当代的立法者和政论家缺少逻辑根据。

试问：当代的政治理论家从中提出自己关于现今所有制结构的两种新社会学说究竟是什么？

① 古罗马的贵族、国务活动家和作家。——中译者注

经济学家①

我们很难在经济学家那里找到这种新的社会学说，因为其中大多数人，特别是那个几乎总结了所有经济学家的观点的人——让·萨伊——都把所有制看作是一种存在的事实，而不去研究这一事实产生和发展的过程；甚至他们也不去研究这一事实的社会利益是由什么构成的。

他们却谈论保护私有制的必要性。然而，奴隶制、农奴的地位难道不也是私有制吗？这就是说，应当咒骂那个不愿承认它们的基督教。

让·西斯蒙第对未来的预见——的确很模糊——但已根据这一预见，在根本点上站在反对经济科学的主要倡导者的立场上去了；他以这种观点，看到了游手好闲的所有者和把财富用于事业的劳动者之间的利益必然是不同的。

西斯蒙第曾指出，划分出所有者、管理工作人员或农场主以及短工来，这在生产利益方面是没有必要的，因为这三者可能同时由一人兼任。西斯蒙第强调指出："土地占有者们经常关心的是农业体系的完善，因为越完善，他们的纯收入（即去了抵补全部生产费用后，剩给他们的那一部分农产品）就越大；然而对国家来说，重要的是总产品，或整个收获量的大小。所有者所关心的只是游手好

① 安凡丹把有关经济学家部分的有价值的补充材料发表在《生产者》杂志（第4卷，第373页；第5卷，第17页），论文的题目：《论政治经济学在与社会组织关系中的进步》。可惜，安凡丹只发表了两篇论文，他在文章中也只阐述了"重农学派"，因为《生产者》杂志停刊了。——俄译者注

闲的富人的收入，经济学家也还要考虑所有劳动者的收入。”[①] 假如让·西斯蒙第不仅仅是探讨农业体系，而是把他的思想用于整个政治体系，那么他就表达了只有关心社会制度的那些经济学家才能提出的那种最广泛、最卓有成效的思想。就是这种犹豫不决的心情和拘谨的态度使他经常只是轻描淡写地谈到关于游手好闲的人们和劳动者之间的根本问题，妨碍他对这个问题作深入研究；例如，他的著作第三本书的第二章，加的标题是：“法律的使命就是永久保存家庭范围的土地所有制”。看来，当让·西斯蒙第只指出一种土地所有制时，没有决定攻击整个所有制；但是他坚决不同意那些一向主张人应当保留自己的劳动所得的立法者的观点[*]。他对预备继承人的指定和长子继承制的批判表现出卓越的逻辑力量，然而他不明白，财产向游手好闲者手中转让的这些不同方式，只不过是一般称作继承的那个唯一原则的个别情况而已。离开这个重大问题，他对预备继承人指定的批判可以说就没有任何价值，因为他没有触动这种继承制本身的基础，也就是说，他没有对于产生出所有关于财产转让的法律思想给以猛烈的抨击。

英国经济学家的著作，离开社会制度的理论更远。的确，马尔萨斯和李嘉图在他们关于地租的深刻的研究著作中曾得出一个重要结论，那就是：所经营的土地质量的差别，使社会产品部分有可能顺利地用于其他某个方面，而不用于农工的工资。虽然这个相当简单的真理，在他们以前没有被清楚地阐明过，但是他们却根据

① 《政治经济学原理》第 3 卷第 1 章，第 153 页(法文版)。——俄译者注

* 《政治经济学原理》第 3 卷第 2 章，第 252 页及其以后各页(法文版)。——原作者注

这一真理得出了如下结论，即这一部分未被占用的产品被用于、而且必须用于供给显贵的占有者作为游手好闲生活的费用。总而言之，不管这在多大程度上与经济学家有关，他们是使一部分人靠另一部分人生活的政治组织合法化。假如这种现象不是由于缺乏共同的指导理论造成的必然结果，那么这两位作者急急忙忙从农业统计资料的简单事实中得出一个重要的社会制度原则的速度之快，未免太令人吃惊了。

租金和利息，即为雇用技工和租用生产工具的费用，严格说，当然是劳动者所丧失的工业产品部分，因为其中某些劳动者，的确是极其贫困的，他们是在不提供任何地租的土地上生活的。当他们为了养活军人、伯爵、男爵、侠客及其佣人而失去上述产品时，也不能有任何反对的表示，有时为了安定的劳动不受邻近蛮夷强盗式的侵袭，劳动者还要应征入伍。但是由此而得出结论：这些劳动者为了这些人必须遭受这种损失，而这些人都不为劳动者做任何事情，完全过着游手好闲的生活，甚至以这种游手好闲为榜样，确切点说，以必然带来如此灾难的道德败坏来引诱劳动者放弃劳动，这就意味着，骇人听闻地滥用人所固有的在思想之间建立联系的能力。

不过，我们绝不想在这里进一步讨论这样的观点，而通常凭借这种观点来保护现今的所有制机构。我们只想指出，那些着手研究这个重要问题的人们，是从来不把这个重要问题同人类所向往的社会制度的某种共同观点联系起来，而是相反地把这个重要问题看成是中世纪所赋予人类的一种形式。下面我们将要证明，他们使这种形式黯然失色了，使这种形式失掉了过去构成伟大和力量的一切。

十八世纪的经济学家奠定了对土地占有者有利的政治体系。* 这些经济学家非常高尚的观点，是他们老师给予他们的；他们感到，他们的体系可能是有价值的，然而只是要以土地占有者起着与懒汉完全不同的另一种作用为限，而且要为社会效劳，广泛地补偿社会带给他们的牺牲。但是在这里经济学家的努力是徒劳的；不管他们怎样向富有的懒汉进行劝说，不管他们怎样劝导这些懒汉要靠自己的地产生活，合理地经营这些地产，一句话，劝他们成为国家最好的农人，采取像中国皇帝所实行的那种样板田制度，然而这些经济学家的声音并没有传出比地主庭院更远的地方。因此也没有使土地占有者们在进行豪华侈奢的饮宴时感到难为情，也没有使他们丢掉幻想。

但是必须指出，不安的情绪提醒十八世纪的某些学识渊博的慈善家，例如内克尔去考虑，怎样的利益关系才能解决下述问题：怎样才能不仅使那些同劳动者分享产品的人们对这种分配感到歉意，而且使劳动者本身对这种分配也感到尊重和喜欢呢？没有一个当时享有威望的学说能够解决这个问题，而且经济学家们的学说比其他任何学说更差，因为他们所指的是占有者的利益，而不是劳动者的直接利益。由于这个原因，经济学家们既没有提出关于利用所有权进行不断变革的思想，也没有提出关于应当与所有权

* 萨伊当他在自己的著作(第1卷第4章，第140页，法文第4版)中谈到“谁都知道，没有任何人比占有者更了解，他们可以从他们所占有的财物中得到什么样的好处”时，看来，他是分享了魁奈和他的学生对土地占有者的爱。假如在谈论农场主时，他就是这样说的话，那么任何人都不会争辩；但他是占有者!!! ——原作者注

有关的那些义务和利益，因为他们把所有权看成是完善的制度。在这方面还不如他们的后继者们更进步些，当他们向所有权的被称为封建特权这一部分进攻的时候，甚至也没有对这种特权给以最必要的打击；假如他们当中的某些人也能促使这些特权消灭的话，那么根据对所有制改组的某种一般原则来看，这是做不到的。只有杜尔哥[①]一个人无疑是一位最值得人类尊敬和爱戴的经济学家，他看出了魁奈[②]的名词汇录中的缺陷，魁奈曾以生产者阶级这个术语来表示土地占有者和农工——只有杜尔哥把这个生产者阶级称之为听从社会支配的阶级，并以这个阶级是由那些被用来满足社会需要的人所组成的这一事实，证明这个阶级的存在是理所当然的[*]。这样，杜尔哥就走到了未来社会的门前，因为他已经模糊地区别了将为马尔萨斯和李嘉图关于地租理论所找到的用处，即他认识到最有效的应用可使好地比次地提供更多的剩余产品，换句话说，能更多地提供在抵补全部农业生产费用以后剩下的那一部分可以自由支配的社会财富。

但是这样的时代还没有到来，因为对于杜尔哥来说，还没有打开人类命运的篇章；他还不清楚，新社会的一般需要是什么，因而他也不清楚，组成听从社会支配、把预见和满足这些需要作为义务

① 杜尔哥(Turgol，Anne Robert Jacyues，1727—1781)，十八世纪后半叶法国资产阶级古典经济学家，重农学派主要代表人物之一。马克思曾称他是“法国革命引路的激进资产阶级大臣”。——中译者注

② 魁奈(Quesnag，François，1694—1774)，法国资产阶级古典经济政治经济学的重要代表，重农学派的奠基人和领袖。——中译者注

* 《关于财产的形成和分配的考察》XV 节(*Sur laformation et la distributiun des cichesses*，ch，xv)。——原作者注

的阶级,应当具有什么样的才能。

就评论政治经济学中所有制的观点来说,上面讲到的那些就足够了。法学家们若能撤销对这种学说的决定案,那是完全正确的,因为经济学家们(至少在近期内他们现在享有威望)不怕宣布:他们承认自己在政治问题上是外行。为了使我们不再在他们的作品中去寻求与构成现存形式的所有制相适应的那种社会性质的原则,他们在这方面是很谦虚的。的确,他们自以为是他们指出了财富的形成、分配和消费的情况*,但是他们很少研究关于劳动所创造的财富是否总是按照出身门第进行分配,并且其大部分总是被游手好闲的人们所消费的问题。他们甚至不区别奴隶是不是生产者,军人是不是分配者,也不区别二者当中是谁,是主人还是奴隶消费大部分产品。

假如这些问题对于他们来说是比他们的学说更高级的课题,那我们就应当反复表扬他们的谦虚;假如他们认为这些问题不太值得他们重视,那我们就认为我们有义务对他们进行谴责。在任何情况下,我们都应当拒绝对他们以寻求作者认为不需要写进去的内容为目的的著作作进一步的研究。我们已经证明,我们关于所有制的政治机构的思想,不可能用他们的学说来推翻;我们是在研究了经济理论的现状以后,指出这一切的。

律师和政论家

假如我们必须根据这一点在当代的法律中找到哪怕是一个明

* I. B. 萨伊:《政治经济学概论》(*Traité d'économie politique*)。——原作者注

确的原则，那我们就会处于更困难的境地。民事法典载有：所有权就是对物质的无限使用权和支配权，但是不允许有违犯法律和规章的使用权。

在这一定义中必须分析两个要点。首先应当指出，当代的法律都承认对物而不是对人的使用权和支配权，因而这一点已把它和过去的所有法律区别开来。其次，如所看到的那样，在上述所有制的定义中同样也是模糊不清和不肯定的，也像法律给自由所下的定义一样*，根本没有指出颁布限制这种绝对权利的法律的目的是什么。因此这一定义没有提出任何关于所有权的概念，因为这些限制可能会使使用权和支配权限于最狭小的范围之内，或者相反地，加以无限制地扩大。其次，如果任何一种社会职能都不是必然地与所有制相联系的，如果所有者的命运是由一些不附带任何义务的利益构成的，那么在这种情况下法律是否应该允许这种冠冕堂皇的特权根据继承权转让，换句话说，是否应该允许过富裕游手好闲生活的权利的转让？我们刚才所引证的定义并没有解决这个问题，因为这个定义同样适用于两种社会，其中一种社会采用封建的权利继承原则，即根据出身门第的权利继承，而另一种社会则以法律的手段把工业作坊和工业工具转让给那些最能使这些作坊和工具得到应用的人的手里，而不是根据这些人的出身转让。**

这就向我们说明，这个原则是无用的；你们读一读民事法典，

* “自由就是有做一切法律不禁止的权利。”——原作者注

** 对我们来说，这些话包含着这样的意思，即对不动产和动产的分配。——原作者注

你们就会在其中找到所有这些限制对物具有绝对支配权利的法律，例如你们在那里会找到父亲可以把他的财产转让给他的低能的或不道德的孩子，但是不允许父亲剥夺孩子们的以其死为基础的合法希望。

这就是高尚的思想，无疑这种高尚的思想就要对它所依据的原则表示尊敬。但是这种思想和我们现在所考虑的问题毫无共同之处，我们既不抱怨法律的简略，也不抱怨律师的沉默，我们不去那样求全责备。我们只是寻找同知道大量条文但又没有关于这些条文之间存在联系、即关于他们被迫接受的那些原则概念的人进行讨论的方法。[①] 然而，如果把上述概念用于所有权的定义，我们就必须知道立法者给所有权附加的例外内容所依据的一般原则是什么，或者——同样地——当立法者指出运用这种权利的标准时，我们必须知道指导立法者的一般原则是什么；一句话，必须知道所有这些不一致的法律动机。

但是应当承认，我们不必责难民事法典，因为每天都在呼吁要求重新审查当代的法律。关于所有制法律的含义和精神应当到别处去寻找；这些话充分表明，我们应当翻阅什么样的著述，我们应当把孟德斯鸠的著作拿来翻阅。在这里我们请求我们的那些一直不愿拜倒在这位导师名下的浪漫的律师们原谅；我们知道，他们中间有不少人在《论法的精神》中只是看到了很好的古代文献，而再没有看到别的什么东西。所以尽管在社会科学中我们既不是这位

① 我们也可发现圣西门对“律师”的蔑视，他是从历史上加以论证的。——俄译者注

著名议长的学生，也不是西哀士[①]或德洛梅[②]的学生，更不是边沁[③]的学生，但我们更多的是从另外的角度去看待这部著作。据我们看来，孟德斯鸠在这部著作中对所有过去的社会组织提出了只有在十八世纪才能提出的最严厉的批评。然而，由于我们大家对这位伟大人物的尊崇，他的著作已成为所有准备或直接号召我们革命的政论家的著作的基础，但我们毕竟应该承认，在《论法的精神》中没有一处把所有制说成是社会制度的普遍原则。

但是，当孟德斯鸠怀着敬意对待封建法律体系的时候，当深挖土壤以便露出这棵古老橡树的根部，使它的枝叶向四周伸展而容易看到树干，表现出它是怎样生长的时候，孟德斯鸠才明白，他是在同刚刚出现的重大事件和在古代废墟上建立新社会的事件发生着关系。因而这里一切都必须重新创立。“用恺撒[*]的话说，对于这些既没有私有土地，也没有田界限制的日耳曼人来说，公爵和法官给人划分他们愿意接受的地块，使他们在下一年转到另一个地方去”，很快就使他们熟悉了自有地，而后又熟悉了地租。这些重大的体制是以什么方式建立的呢？为什么在变化无常的、个人的和不是根据继承权转让财产分配以前，就倾向于他们所建立的那种新的秩序呢？最后，出于什么目的最终允许继承不仅是职务，而且也是财产的特权，即把从义务制中得到的利益看作是这些职务的收入来源？

① Sieyes，1748—1836，法国神甫，政治活动家。——中译者注

② Delorme，瑞士法学家。——中译者注

③ 英国社会学家、哲学家、功利主义者。——中译者注

* *Esprit des Lois*，iivr. XXX，ch. iii. Caesar，Debello Gall.，lib. V.《论法的精神》第三册，第三十章，恺撒，高尚的法国教的教义，第五卷。——原作者注

孟德斯鸠所要找到的树根就是如此，然而这些树根却被深深地埋在土里。此外，孟德斯鸠自己并未意识到，他只不过是深入地研究了他所生活的那个社会状况，以便体验寻找社会所需要的改造原则，使他的后继者们感到遇到彻底变革的必然性；他教导他们关心总结他的著作，整理他从历史深处所得出的一些零散材料，最后汇集在一起，成为一种强有力的黏合剂，把他所锻造的一切武器用来尽快去消灭面临的中世纪这个庞然大物。

卢梭肩负起了这一任务。在他看来，《社会契约论》应当是对孟德斯鸠不足之处的补充；它应当是《论法的精神》的导言或结束语，并且是建立适合于所有民族居住的国家和由于文明成就导致深浅程度不同道德败坏状况的政治制度的共同原则。当回忆这些指导卢梭并为他雄辩说明的哲学观点*的一些话时，我们似乎可以料到，在《社会契约论》中至少会发现一些与社会契约那一部分完全相反的意见，作者在另一部著作中把社会契约部分归纳成下列形式："你们需要我，因为我富有，而你们贫穷；因此我们订立契约：我授予你们为我服务的荣誉，条件是给你们一点儿报酬，你们还我以需要我承担的劳动，以便我指挥你们。"** 然而在这方面的一切寻求都是徒

* "啊！人啊，不论你是什么地方人，不论你的意见如何，请听吧！这是你的历史……我觉得有这样一个时代，每个人会愿意停留在那里；你将会追寻你愿意整个人类在那里停留的时代。你不满意你的现状，由于种种原因预示着你的不幸的后裔将会感到更大的不满，所以你或许愿意能够倒退。这种感情无异于是对你的始祖的颂扬，对你的同时代人的批评，而且也会使不幸生在你以后的人感到震惊。"参看卢梭《论人类不平等的起源和基础》中文版，法律出版社 1958 年版，第 72—73 页。——原作者注

** *Encyclopédie*（《百科全书》）中"Economie politique"（政治经济学）一条。——原作者注

劳的。在第一卷第九章的末尾，有一段不长的注释使我们有可能判断卢梭关于财产分配的最广泛的概念；这段注释是以下列方式表达的："法律总是有利于享有财富的人，而有害于一无所有的人；由此可见，唯有当人人都有一些财富而又没有人能有过多的财富的时候，社会状态才会对人类有利。"①

但是卢梭是否去努力运用了这一思想呢？他是否试图探究什么样的政治组织能更好地完成这种条件？没有，在他的《社会契约论》中对这个问题没有提到一句。

对这个注释稍作一点改变就有可能把卢梭引到正确的道路上去；假如他不是写"法律总是有利于享有财富的人"，而是宣布"法律总是有利于制定法律的人"的话，那他就能够以结论的形式补充说："因而，当人们制定法律并有利于无所事事的人们的时候，法律就会有害于劳动的人"；接着他就可能进一步做出结论：假如法律由劳动者制定，那么法律就不是以游手好闲者那样的方式和目的来建立所有制。但是所有制是由文明的成就而产生的一种制度，这就使卢梭有足够的理由诅咒它而再也不想去完善它。请不要责怪我们，说我们把卢梭从未有过的感情强加给他；他自己曾经把这种感情在一段著名的话中宣布过："谁第一个把一块土地圈起来并想到说：这是我的，而且找到一些头脑十分简单的人居然相信了他的话，谁就是文明社会真正的奠基者。假如有人拔掉木桩或者填平沟壕，并向他的同类大声疾呼：'不要听信这个骗子的话；如果你忘记土地的果实是大家所有的，土地不是任何人的财产，那你们就要遭殃了！'这个人

① 引自"Contrat social"，见《社会契约论》中文版，第30页。——中译者注

该会使人类免去多少罪行、战争和杀害,免去多少苦难和恐怖啊!”①

我们很容易通过大量引文证明,卢梭仇恨所有制制度及其为游手好闲的人们提供利益,他在《爱弥儿》一书中毫无拘束地把游手好闲的人们称作盗贼;但是——我们勇敢地证实了这一事实——在卢俊的所有著作中却找不到即使是一句有关以有益社会的方式使土地属于所有人的分配方法。

一些踩着孟德斯鸠和日内瓦厌世者足迹走的二流作家,只是给自己的老师作注释,用自己的话来叙述他们;他们对过去的建筑大厦一部分一部分地进攻,一块砖一块砖地拆除,但是当1793年他们的任务完成时,他们就在全世界面前暴露出他们无力在新的基础上去建立新的大厦。

可以预料,在读《百科全书》这个批判哲学的强大杠杆时,我们从中将会看到一些关于所有制的革命思想,即破坏过去的所有制组织的一些原则。实际上我们将发现另外一个问题:编写这个问题条目的律师热情地保护它。然而他反对谁呢?他反对财产公有的拥护者。他所说的财产公有就是大家都得到相等的一份。他嘲笑柏拉图、莫尔、康帕内拉;他没有跳出二者必择其一的框框:或者是现存形式的所有制好,或者是应该偏重于财产公有。似乎没有别的选择,似乎只有这两种分配生产工具的方法。当然在这类条目中不可能没有格罗奇亚和普芬多尔夫的名字,而且作者以他们为榜样,认为所有制是社会协商的结果。但是作者也和他们一样,对于是否允

① 参看《论人类不平等的起源和基础》,1958年中文版,第111页。——中译者注

许这种协商,完善还是不完善,是否在所有文明时代这种协商都是一样的等问题,同样很少进行分析。然而这恰恰是根本问题之所在,因为社会接近伟大的革命时刻时,接着就必须准备新的协商,借助这种新的协商不久就能保证社会的复兴。

最后,出现了十八世纪政治理论的伟大应用者。米拉波[①]可以说为使过去的社会消亡花费了很大力气,做了许多事,但是他没有超出自己的老师,而是用自己最后的气力证明自己对继承制的崇拜。* 然而,难道他那有害于享有特权家庭成员的娓娓动听的大声喊叫,不也是对享有特权的社会成员的猛烈抨击吗?为什么——他说——你们要这些因自己有财富就认为自己只是为了玩乐而在家庭中享有特权的成员,注定要过游手好闲的和放荡的生活(这两者有时是一回事)呢?为什么你们为了促进一桩往往只是为满足徒骛虚名的傲慢的婚姻,去阻碍另外许桩对可能是幸福的婚姻呢?为什么你们使同一家庭的一些子女注定要独身,而使其中的一个子女却吃光所有其余子女必需的生活资料呢?**

① 在十八世纪下半叶法国资产阶级古典政治经济学重农学派中有两位米拉波:一位是 V. R. Mirabeau(1715—1789),被称为老米拉波;一位是 H. G. Mirabeau(1749—1797),他曾使革命后的立宪会议来采纳农学派的观点。对土地所有者课以重视。这里指的是小米拉波。——中译者注

* 这是 1791 年 2 月 5 日塔列兰在米拉波死后所宣布的米拉波讲过的一段话:"如果按照我的心愿,无论什么也不要以这样的方式干扰事情,即财产随着它的所有者的死亡,而在法律上转为公共所有(domaine commun 公共财产),然后,根据共同的意愿,把财产转交给实际上的继承者。我们把这种继承者称作合法的……社会公认,为使死者的财产在他的家庭范围以外进行转让,也就不得不为了旁人而把这个家庭掠夺一空,不管怎样,这既不是理智的、公道的,也不是适当的。"——原作者注

** 在这句话中把家庭一语改为社会一词后,我们根据出身门第权就可以对所有制的组织作出既强烈又恰当的批评。——原作者注

即使一些思想家不全力去要求消灭由出身门第特权而产生的不平等，那么在米拉波的这些话中却很容易分辨出对继承原则的明显谴责——在他看来，是如此合乎理智、如此公正、如此恰当的。难道实际上不是继承产生了只为玩乐而出生的人们的阶级吗？难道不是继承使得一些大家庭中享有特权的少数子女有可能吃光那些如果能很好地进行分配就可安排好所有其余子女生活所必需的财产吗？

米拉波对那些被指责过独身生活的人们的辩护，使我们想起一些经济学家（马尔萨斯和西斯蒙第）曾竭力向从出生那一天起就受命运摆布的人们证明：他们生来就不能享受安稳家庭生活的愉快。为了保护现存的所有制，这些作家们都议论起如何才能保护最惨无人道的设施。他们宣称：如果无产者（在这个词里含有多么粗野的嘲笑啊！）结婚的话，现存所有制的分配必然要使他们遭到贫困；因此无产者必须过独身生活，不要有同他分受苦难的伴侣，不要有使他能够寄予希望并使他对未来依恋的子女。

在宣布长子继承权时，中世纪至少用当时只有爱的精神才能期望得到的最丰富的嫁妆奖励没有财产的人；它把最纯洁、最牢固的婚姻神圣化了，把不幸的姑娘献给宗教仪式，而为贵族的次子们打开了笃信宗教的、安静的修道院，其实，他的名字的继承者维护的是他在战场上得到的荣誉。中世纪在这些上帝和教会宠爱的孩子面前展现了无限前程和希望；我们可以说：中世纪唤醒了他们不是以羡慕的眼光，而是以蔑视的态度，常常是以恐惧的心情来看待尘世间的荣誉，这种荣誉总是贪得无厌的，几乎总是带有血腥气的，为了这种荣誉在封建制度下，享有特权的人们，彼此之间经常发生纷纠。

现在为备受大家庭享有长子特权的子女们的利益压迫的无产者、为被注定使无产者过独身的人们做了些什么呢？什么也没有做。贫困、独身生活、悲观失望、死亡——这就是他们的苦难极限，这就是他们的前途。唉！不仅如此，马尔萨斯和他的门徒不是一再证明，慈善事业应当拒绝对贫困提供帮助，甚至拒绝提供避难所吗？！[①]

我们还是赶快摆脱这些经济学家所幻想的阴森可怕的环境，回到米拉波这里来吧。

国会上提出的关于所有制的著作争论，给我们提供了大量正像我们现在所看到的那种矛盾的例子。当你在革命的或批判的世界观中发现这些矛盾时，没有什么值得大惊小怪的，因为后者的世界观的指导原则就是消灭差别的原则、平等的原则——反对人类组织的原则。但是我们称之为批判时期的伟大的混乱时代的影响必然是这样的：它会带来理智上的惊慌失措，甚至给那些以最大力量保护退出社会秩序舞台的人们的理智也带来惊慌失措。

我们看到了最杰出、最热忱的过去的保卫者，对于1791年临时立宪者的无知所表示的藐视和轻蔑：

“没有这样的农民——卡萨列斯(Casales)感叹道——他不愿使你们学会你们所不知道的东西，我想说的是这样一种原则，即谁不播种，谁就没有收获的权力！这个原则不是起源于封建体系；相反，

① 这些论断是马尔萨斯《人口原理》(第1版，1787年；第6版，1826年)一书中的基本问题。在法国马尔萨斯的基本论题被让·布·鸠诺埃(Dunoyer)所重复，他曾是圣西门在《批评家》(*Censeeur*)中提到的旧友。法国人特·鸠沙尔也曾借用过这一思想。——俄译者注

它是在承认劳动作为所有制基础的情况下确立的，也就是说，是以你们的委员会从来不知道的公正的、明智的原则为基础的。”[①]

卡萨列斯从这个伟大的原则中究竟得出了什么样的结论呢？他是怎样把所有制组织同这一原则协调起来的呢？为了调解财产转让，他需要什么样的法律呢？他需要的是罗马法的标准！可是，这位演说家，出于什么目的对这个如此伟大、明智和公正的原则，即谁不耕种，谁就没有收获的权力，又重新予以关注呢？他是想证明，女孩无权继承。但是他想到，他的原则就其性质来说，比所讨论过的个别情况更一般些，它摆脱了对所有人的、不能用自己的劳动使财富有所增加的人的财产的分配；他把这些财富在一些劳动者之间分配，而不论他们的出身如何，只按他们的才能进行分配。

那些试图建立我国最初立法会议的新的模棱两可的理论，年复一年地落空了。平等总是把这些理论视为高山，令其感到厌烦，它不断地努力使其接近平地；于是很快就出现了一些不合理的土地法和财产公有的法案并加以颂扬，作者们认为，他们是自己时代最强有力的逻辑学家，他们使批判哲学的原则达到了高度的概括，这种批判哲学的原则使所有旧社会的优越性都同一起来，因为如果这些社会的优越性被消灭了，并且没有任何理论能够创造出新的优越性代替旧的优越性，那么绝对平等就是不容置辩的逻辑结论。[②]

① 借用卡萨列斯1791年2月5日所作的演说中的话说，根据法令确立人口制度。卡萨列斯在这篇演说中提出了与在所有子女之间平均分配财产原则相对立的遗嘱自由的原则。——俄译者注

② 在这种场合谈到巴贝夫的学说，安凡丹在一定意义上给予肯定，虽然总的来说认为它低于圣西门的学说。——俄译者注

关于这个课题我们完全坦率地谈谈自己的看法，因为我们明白，经常这样听到关于平等的幻想的人们，当他们讲解改变所有制结构的必要性的思想时，自然认为宣布这种思想的人最后总是用土地法来解决。即使不作深入的研究也足以看出圣西门的学说不会产生如此荒唐的说法，我们认为在遇到这种情况时对这种荒谬说法加以驳斥不是没有益处的。

在平均主义者的创造性努力感到疲乏以后，法国很快就倒向罗马法和封建制度。但是我们将不会把自己的注意力停留在这种迫不得已的反复上；幸亏，目前我们已经到达了承认帝制就是随便恢复旧秩序的地步。我们的一些政论家已把这个时代看作是真正的倒退，然而，这种倒退对于逃避革命风暴进入立宪制度的港湾是必要的。

这样一来，我们剩下的只是要对自由主义的政论家们关于所有制组织的学说进行一番分析。在这里我们的任务是把这种分析压缩得尽量简短，因为我们不知道是否有一部著作研究为了削弱立宪机构的作用应当以什么方式建立所有制的问题，换句话说，在这部著作中作者是否以这样的秩序原则为依据，即这种原则能够在目前使这最后的出身门第特权合法化。然而，所有制在我们的政治中起着很大作用。要想做工业利益的代表，充当好的立法系统或较完善的国家教育系统的倡导者，比之耶稣会教徒一定要去掌握令人满意的可观的封地更值得些；要想做当代法官的陪审员，防止审判官的错误或欺骗，他就必须至少是领地的占有者。我们清楚地知道，例如，在中世纪当时只要求民族的真正代表学会拿起很好的马刀砍杀就行，在城堡和领地中一定找到过这种马刀，因为正是在这些地方发现了优秀统帅的长剑。但是这种推测现在看来是否真实？能否认为当代政治权能的国库基础是真正合法的？我们简单地说，怀疑。正如我们所认为的那样，在我们未来的敌人中间，将看到不少这样的人，他们急切地向我们证明，游手好闲的占有者是劳动者社会的卓越领导者，并证明那时耶稣会教徒将会少些，黄金时代就要实现。但是我们高兴的是提出了这样一个论证的必要性：至少要努力证明，在当代最重要的制度中有一种制度是正确的，要把当代关于所有制的法律同宪章精神协调起来，这正是当代法典全部条款想要做的事情。到那时，我们就可以说，我们熟知宪法系统中把当代所有制的社会利益作为依据的那些原则；我们知道，根据出身的财产转让，最后是以什么方式进行的，这种转让，在封建制度的统治下多少带有自然的性质，它是封建制度的结果和支柱，它对于肯定被战胜封建制度的社会来说是一种适合的制度。

我们声明，我们敢于承认自己无知，我们至今在近 15 年所发表的关于法律和政治的大量著作中找不到任何这样的内容。

毫无疑问，我们反对伟大的英国律师边沁的著作，他致力于把所有法律都归结为一个原则。我们是边沁最热烈的崇拜者，只好用沉默来回避他的著作。当然，他认识到证明这些或那些机构是否正确，只能用它们的利益原则来证明，毫无疑问，这第一步是非常重要的，但这一步还不够：它只是把困难推迟了，因为还必须确定，应当怎样理解社会利益。实际上，正如我们前面说过的那样，如果回忆一下奴隶制代替对被征服者的野蛮屠杀，进一步说，残暴行为*的话，那么奴隶制甚至可以说对于奴隶是有益的东西；但是否由此就得出结论，应当恢复奴隶制呢？

边沁在把利益原则宣布为一切法律的共同原则之后，他认为他作出了一项非常宝贵的发现，因为他没有认识到，任何社会当它的力量处于繁荣状态的时候，在公民们看来，它是受与他们的要求完全一致的法律约束的，换句话说，人民及其领袖似乎认为这种法律在当时是社会秩序的最美好的构思，它把全体公民的爱和忠诚都激发到最高的程度。当读边沁的著作时，可以想一想，过去的立法者们总是用编写他们认为无所谓的和无益的法律来开心。宣布：法律的共同原则应当是利益，直截了当地说，当前存在着许多无益的或有害的法律，也就是说这些法律没有同社会、被激发起来的新的需要和对这些法律为之建立的习惯和感情抱有厌烦的情绪进一步协调起来。[①]

“利益原则——边沁说——就是预先防止某种恶事，或带来某种幸福的意向。”然而，什么是善和恶呢？什么是痛苦和快乐呢？边沁回答说：“这在每个人那里感受都是一样的，农民的感受也和公爵的感受一样，无知者的感受也和哲学家的感受一样。这并没有什么奥妙，也没有什么神秘，为此既不需要到柏拉图那里去询问，也不需要到亚里士多德那里去请教。”** 这就是英国律师给我们提出的

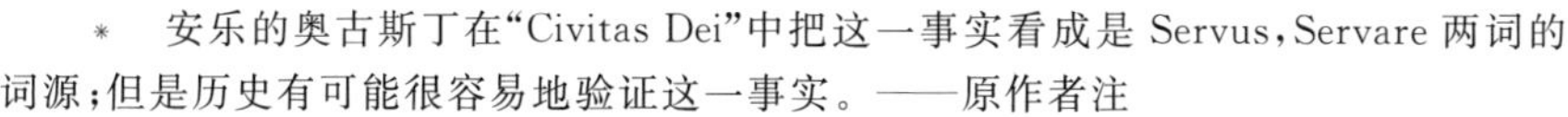

* 安乐的奥古斯丁在“Civitas Dei”中把这一事实看成是 Servus，Servare 两词的词源；但是历史有可能很容易地验证这一事实。——原作者注

① 因此，圣西门主义者对边沁的“利益”不仅从抽象的观点而且首先是从历史的观点进行了批评。——俄译者注

** *Traité de législation civile et pénale*，t. l. p. 9.（《民法与刑法研究》第 1 卷，第 4 页）——原作者注

定义。但是接着边沁用了不少章节证明他有责任仇视那种傲慢的轻率态度，与此有关的他提到了亚里士多德和柏拉图的大名。他说："假如利益原则的拥护者在一般的道德抄本中找到某种行为，由于这种行为得到的痛苦比快乐还要多，那么他就不会陷入一般的错误认识之中"等等。这就是说，农民和无知者对于善与恶的看法可能还是被修正了。但是这些利益原则的拥护者们，首次发现至今被认为是有益的东西，而实际上却是有害的东西；诚然，他们是一些与众不同的人，是一些广大理性王国的统治者，这就是苏格拉底、亚里士多德、柏拉图；特别是那些真正至高无上的人们，他们用自己的鲜血写成了新的道德法典，这种法典必定会恢复整个人类的感情。

边沁是否作出了这类的发现？我们在这里不得不保持一定的界限，以便使我们摆脱对这样一个问题的研究，也就是说，实际上这位律师是否提出了过去所不知道的新的快乐、新的痛苦、恶习和道德。我们不得不只限于研究这位律师在所有制关系方面是怎样利用利益原则的。

对我们来说，只举一个例子就够了。

某人的财产在他死后应当怎样进行分配？边沁回答说："在有关继承权的法律中立法者应当指出以下三项任务：

1. 要照顾到使下一代人成长的生活资料。

2. 要预先防止失望的痛苦。

3. 要努力使财产平均化。"[①]

---

① 引自边沁：*Traité de législation civile et pénale*(《民法与刑法研究》)第1卷，第307页。——俄译者注

我们很难理解，在这几条中何以提到失望的痛苦。如果某人在期望得到遗产，那是因为控制他生存的法律允许他得到这项遗产；然而在这种场合下所讲的正是关于新的法律的制定及其基础的确立。法律是否将允许没有道德的、自私自利的、无能的和游手好闲的人只因为他是遗产所有者的儿子而得到遗产呢？这就是全部问题之所在。也许，边沁所讲的话包含这样的意思，即当新的法律废除以过去的法律为根据的那种希望时，就必须要给人们一些宽恕，在失掉旧的希望的人们之间使用奖励制度。这种情况是最好的，实际上没有什么东西同秩序的要求更协调；然而这是理智的一般尺度，这种尺度可能会推迟对某种法律的最后批准，但是不会改变法律的本来目的和本来原则。

相反，其余两条似乎是基本的，直接适用于所有制的个别问题。因此我们要问，在这种表达方式下其中有哪一个词是指继承遗产就应当是不管血缘关系的程度如何的孩子或亲属呢？难道照顾下一代人的生活资料，努力使财产平均化，就意味着无论哪个百万富翁都应该把他的全部财产或大部分财产留给他唯一的儿子，而大多数穷人的孩子来到世上就应该过着比他们的父亲在离开这个世界的时候更贫穷的生活吗？

边沁宣布说，这是一般的假定。怎么？你们是根据这样一种假设，即在当代社会中富人的孩子在寻求生活资料时所遇到的各种困难要比穷人的孩子多！你们是不是忘记了，富人的孩子有可能得到使他们得到保证的教育，穷人的孩子则既无时间，也无经费吗？或者教育不是幸福最强有力的假定，或者富人给自己的孩子以不好的教育；这两种假设都属于同一个原因。当财产是以这样的方式建立，即它的大部分可以不劳而获的时候，教育几乎是不会带来任何利益的;因此,富人就不会给他们的孩子以好的教育,既然他们早已知道,凭借自己父亲的黄金,他们有朝一日将会知道一切,那就根本用不着学习任何东西。

但是这个涉及生活资料的假定,比其他假定更少带有猜测性质。实际上,如果立法者在继承问题上一定要指出财产的平均化,那么为什么富人的全部财产必须转让给他的亲属,而不把他们大部分财产分配给穷人的孩子呢?

依我们的看法,这个分析充分证明,边沁本人在努力确立一种法律的一般原则时,不能避开言语的影响。在说继承这个词时,他不能把它同在现代社会中这个词给我们提供的事实区别开来。

实际上继承——只是意味着替换;但对于曾经从事这种或那种劳动的人的替换是有益的,以便使替换的人能满足才能方面的一定条件,虽然是为了继承所有者的遗产,但只要替换的人是所有者最亲近的亲属就行了。假如利益原则的伟大保卫者察觉了这种差别,假如他研究了这种差别的产生,那么他就会发现,这种差别的根源是由以下的情况造成的:为了成为所有者,并不要求必须学会做什么。于是边沁毫不怀疑地起来反对一般的错误认识,并且在把对有用事物的庸俗条款这页撕碎之后,就宣布我们关于继承意见是有缺点的。因为过着富裕生活的人,既然他什么也不会做,那么这在功利主义者看来就应当是非常有害的。①

① “功利主义”(utitaristes)这个名词在《释义》中是指边沁的继承者,被圣西门主义者引用。边沁的学生们本人在 1829 年以前的一些年里在法国也把自己称作“utilitaires”。关于这点请见 Elie Ha lévy. *La formation du radicalisme philosophigue*,第二卷,第 300、376 页。——俄译者注

最优秀的天才，当他们不敢反对濒于没落的政治体系，而且还不知道以怎样的政治体系去代替它的时候，不免会犯类似的错误。

例如，德斯鸠·德·特拉西(Destu De Trasi)对于因反对所有制经常提出犯罪行为表示惊奇。* 他说："如果听从某些哲学家和立法者的意见，那就可能似乎在某个时候人们可以忽然想随便而且毫无原因地宣布，我的和你的。"假如德斯鸠·德·特拉西没有忘记，现在不再说我的奴隶，那么他就会确信反对这两个物主代词的过程并非总是只作为一种哲学的游戏。并且我的和你的这两个物主代词一点也不能预先解决继承的问题。为什么这件东西今天是**我的**，将来某个时候就是**你的**呢？换句话说，为什么这件东西是我的？是不是因为它是我的劳动生产出来的，或者是因为它是我父亲做的或偷来的？

德·特拉西非常清楚，这些问题是应该解决的。然而他是这样解决这些问题的：**"个人财产的结果之一就是如果当占有者死的时候，即*** 当他将失掉意志的时候，他不是按照自己的意志去支配它，那么法律至少在一般程式上规定，占有者死后财产该转让给谁。当然，这种人是他的亲人；于是继承就变成了获得财产的手段，而且更重要，或者说得准确些，更坏，它成了不劳而获的手段。"

正如我们所看到的，这句话的最后部分是对继承的十分明显

---

* 《政治经学》，第八分册，导言。——原作者注

** *Ecouomie politigue*，ch VII. Distribution des richesses.(《政治经济学》，第八分册，"财富的分配")——原作者注

*** 我们注意这个重要的"即"字，因为同我们讲话的是一位真正的学者，他知道什么是死，什么是意志，并且完全确信，随着前者的降临，后者就停止存在。——原作者注

的批评。当然，继承导致了明显的恶果，导致了所谓人类的疾病、必然的灾难，一种不可避免的瘟疫。正如让·巴·萨伊在讲到政府时所骂的那样。但是这种疾病就真的不能救治了吗？这种疾病就真的像德·特拉西所说的那样，是人类的本性吗？我们不这样认为。实际上照一般常规，要治愈这种疾病完全可以用制定法律来解决，在拥有作坊或生产工具的人死（或退休）后，就将对作坊或生产工具的使用权永远转让给最有能力代替死者的人。这种制度对于文明社会来说，也和按出身门第权继承似乎是一种合理！野蛮社会一样合理。

一般结论

我们曾指出，经济学家、律师和所有一般的政治理论家没有提出任何一种新的思想可以证明，在当代社会（在各方面都与我们在过去历史上所见到的社会有很大不同）条件下，财产按照出身门第权进行封建式的转让是正确的，或者能够在适合人类现在和未来需要的基础上来改造所有制。我们要特别注意这个事实，同时解释和发展圣西门学派对所有制的观点。我们曾想以这种办法警告我们的听众，要反对那种也许是在他们的头脑中产生的，也可能他们似乎认为训斥是比封建社会或奴隶制民族所遵照的学说更为高尚的学说的反对意见。假如他们真的这样认为，那他们就错了，因为这是同一个学说；当代的哲学家和政论家们都经历过过去的生活。

当我们责难以征服权和出身门第权为根据的所有制时，我们是用未来的所有制即只能用才能证明的所有制反对古代世界和中世纪；它将用和平劳动，而不用战争和欺骗，以个人的贡献，而不以出身门第来取得。那时这种新的所有权——要转让，但只能以知识转让的方式——是值得尊重的，而且将会受到尊重；因为在这种所有权下，耻辱和贫穷只是违反社会习惯和贪欲的人的命运，而富裕和荣誉则将是那些爱劳动、富有自我牺牲精神和才能的人的幸运。

第九讲* 普通教育或道德教育，专业教育或职业教育

诸位先生，我们已向各位介绍了圣西门学派对改造所有制和工业生产的未来组织的最一般的看法。当然，我们远不能把这个题目全部阐述请楚；以后我们还得对它的某些别的方面再加以发挥。但目前，我们认为，使这一学说变得易于理解的最正确的方法是：继续解释我们导师在其他一些同样重要的方面所持的主张。

我们以前已经指出，绝不能把有关所有制的未来状况的那些思想同它们所属的思想的全部总和分割开来。一旦我们的体系整个被介绍出来，大家就易于重新领会这些思想，并给它们以它们所需要的补充；一句话，我们还有机会回到这些思想上来。

现在，我们来谈一个新的主题：关于教育。在研究这一重大的社会现象时，我们将间接地回答某些在有关所有制问题上对我们提出的反驳——这些反驳的目的不在于驳斥制度的正义性和有效性，因为由于这种制度，作坊和生产工具应当信托给人们，更好地把它们运用起来，这些反驳完全同实现这些改革，亦即从经济方面根本改造现存社会制度上所碰到的困难有关。显而易见，所有这

* 1829年4月22日讲。——原作者注

些反驳都同这样一个困难相联系：找出这样一种手段，在它的帮助下社会意识能习惯于最道德的、最开明的和最关心社会财富发展的那些人认为是正义和有益的社会秩序。在所有人类的有机时代里，这种手段就是教育。

教育一词的最一般意义，应作如下理解：它是用来使新的一代适应于由于人类上升运动所规定的社会制度的所有努力的总和。

我们已经说过，未来社会将由艺术家、学者和工业家三部人组成；因而，将实行三种教育或更确切点说，教育将分为三个部门，其目的为：一个部门发展——感情，美术的来源；另一部门发展——理性能力，科学的工具；最后，第三个部门发展——物质活动，工业的工具。

社会之所以以美术、科学和工业这三种面目显现出来，这只是由于组成这个社会的每一个个体都具有三种才能，而其中某一方面得到特殊发展，就会产生出艺术家、学者或工业家；因为每一个个体不论其特殊爱好如何，总是富有情感、理智和物质积极性的；鉴于以上原因，那就可以得出结论：从童年起到进入社会机体的三个重要部分之一以前，所有人都将受到三种训练，而且，甚至在这里这三个部分中的现今的每一代，相应于它所期望达到的特殊目的，还将继续受到道德、智力和体力的教育。

总之，把年青一代的教育分为三个部门和在三个重要部分之一中对现今一代继续进行三种教育——作为未来教育组织的基础的原则，就是如此。

目前，我们还不能把这个原则作为阐述的出发点；这样做，我们就会截然破坏你们为了逐渐地从事物的目前状况转到事物的将来状况应该遵循的思想进程，就会超出我们生活于其中的情感、思想和利益的范围，而踏入圣西门为将来社会所规定的范围。我们应当首先找出一些过渡性的程序和过渡性的说明形式，以便使我们所阐述的重要对象的观点更易于理解。

因此，在全面讨论这个问题之前，并且为了加快这一讨论过程，我们要在我们所熟悉的基础上并以我们所熟悉的术语来研究教育问题。

从这个角度看来，教育可以被视为具有两重任务：

1)让每个人了解社会生活的各种关系；唤起他们每个人的情感，对所有事物的喜爱，把所有人的意志联合成统一的意志，并把所有努力用来达到同一目的，即社会的目的。所有这些可以叫做一般的或道德的教育。

2)教给每个人以特殊的认识能力，这对他们完成不同种类的劳动——情感的或诗意的，智力的或科学的，物质的或工业的——来说是不可缺少的，而他们的社会需要和他们的个人才能又要求他们去从事这些劳动。这类教育可以称之为专门的或职业的教育。*

目前，进行的教育就只是这后一个领域；人们通常谈到教育时，正是指的这一领域。以后我们还要指出，甚至就在这个有限领域的目前占统治的那些思想是多么虚伪和不完善，但我们首先来讨论一下道德教育。

---

* 从上面所说的，已可看出，在我们面前摆着反对社会的极严重的罪行之一，就是对个人意向的强制，然而这种强制，在最高的社会宗旨不是按人们的能力来安排他们和对他们的劳动给予奖励的地方(在爱自由的保证下)，是必然会有的。——原作者注

道德教育几乎完全被忽视了，即使在引起公众兴趣的辩论会上，也讨论不到它。假如出现某种改组道德教育的企图，那么，立刻就会碰到许多不友好的表现，而且这种不友好不是由于预定的企图不适应社会需要所致，而是由绝对反对使道德教育系统化和组织起来的思想本身所决定的。

这种不友好的态度是很容易解释的：道德思想的任何一个体系都要求下面一点，社会目的是唤起一种爱，这个目的应是众所周知并准确规定了的。然而现在，这个目的却是一个秘密，而且要使人们正确理解其社会使命这一点，被认为是根本不可能的。在物理现象之间存在着一种联系——这是众所公认的，但在有关人类社会的现象领域中，人们却不容许有这种联系：他们认为这些现象（甚至最一般的）依赖于机缘，服从于幸运或不幸的偶然性，亦即服从于预见范围之外的原因。

这种意见并非总是以如此明白公开的形式表现出来。随着时间的流逝，我们甚至观察到这样或那样一些政治理论的出现，而这类理论的出现似乎同对在社会现象中统治着混乱的这种信念是互相抵触的。但是，如果我们努力追溯这些理论的来源，考察其趋向，那么总可以找到上面指出的这种观点。例如，在现在的政治理论家当中，一些人公开声称：历史是一团混乱，其中找不出任何规律、任何和谐与任何联系。另一些人认为，每一个文明时代都曾服从于某一规律，但这些规律——像曾经布满并正在布满地球表面的众多的各种民族一样，是极多的——失掉了将它们联结在一起的联系。这些规律却一点也不反映人类社会的一般进步。最后，如果某些较为严肃的思想家也竭力想在迄今已达到的进步中找到一个未来为我们准备的启示，那么他们在我们阐述的这个问题上恰恰得出下面这样一个结论：把道德教育系统化，加以组织和安排，这将意味着退回到最落后的社会状态中去，返回到野蛮的中世纪或东方的专制主义去。因此，对待围绕我们的那种对道德教育的极深的冷淡，甚至对由任何一种将道德教育系统化的企图所引起的恐慌，我们都不应感到惊讶的：在相信不可能预见未来社会的情况下，自然谁也不想为人们指出一定方向。而如果我们注意到：按广泛流行的看法，迄今领导着大众的人总是给他们的发展带来危害，那么就应该承认：再没有比抛弃这种领导更合理的了，因为在这种情况下，领导事实上只不过是唯我独尊的、不学无术的、粗野的专制主义而已。

而且，如果问一下：人对他的亲属和他所属的社会是否负有责任？他的个人地位是否使他承担某种特殊的责任，如家庭的和职业的责任？那么，毫无疑问，不是许多人都对是否给这个问题以肯定的答复而动脑筋的。然后您再问：人是如何得知这些责任是什么，他为什么乐于完成它，如何推动他去完成它；您在这方面问一问我们的理论家、政论家或哲学家，他们会回答您（依其中细微差别而定）说：对于活动于生活的各种不同状况中的任何个人来说，这些状况的本性总是清楚地为他指出行为的最好准则；而且，为达到同一个目的——改善自己个人地位——的各种个体力量彼此力求平衡起来，而这在大多数情况下，为使每一个个人在自己的活动中不超出应有的界限，是足够的；最后，法律可以对这些手段无力使之不超出这些界限的人，施加压力。

有趣的是，如此援引法律的人，却很少考虑：立法者及其权利是从何处来的。还有更叫人惊奇的：人们怎样会承认（至少在形式上）给社会以按照法律而有的特定方向是可以容许的——因为法律对它认为是危险的偏离都加以改正，这些人怎么样才会不得出如下一个合乎逻辑的结论——以教育来指导社会也是可以容许的。

有些人反驳说，每个人在自己个人的理智中都具有认识自己职责的方式，并在自己良心的激励下，他有着自己理智支配的足够的保证，有足够有力的动因，以便总是按照正义和真理进行活动。假如听信了他们这些话，那么就会认为：为使人在自我理智、自己良心和自由的帮助下，立刻能在整体和细节上理解社会，能够理解他所承担的所有职责，最后，感到自己有愿望、意志和力量去完成这些职责，只要使人与社会有物质的接触就绰绰有余了。归根结底，这等于断定教育和学习对于在实践上理解和实现恰是最复杂的现象来说，是极不重要的；但是，对于评价这些现象，却要极广泛的知识，极紧张的注意力，罕见的理智和情感的素质，亦即这样一种素质，它使人能够从个人利益的圈子摆脱出来，转而赞同社会和全人类的利益。

我们还要指出，所有这些全由自由拥护者宣传的各类观点，都以采取暴力作为维护社会秩序的唯一手段为其必然结果。这种观点——它合乎逻辑地从下面这一观点中派生出来，即对个人力量的对抗和强制法律赋予调节每个人的行为的关心——必然从属于另一种观点，这种观点把个人理智和良心看成社会道德的唯一合乎规律的源泉。事实上，看来由于个体不能直接理解社会的一般制度以及由此而产生出来的每个社会成员，即他们本身，理应承担的职责，那么为使他们的行为合乎规定的方针的唯一手段仍然是刑法，亦即仍是强力和暴力。

我们能够确定以上两种观点的实在价值，因为它们差不多在实践中得到了完全的采用。实际上，除开某些极其微弱并日益削弱的道德基础，社会应把造成上面情况的责任归诸天主教教会的教育，但这些道德基础现在却几乎被机械地传递着，而唯一的一些维护秩序的手段则是这样一些手段，它们从个人力量的均衡之中和(由于极端惊人的无秩序)从以罚款、监狱和断头台形式表现出的法规之中产生出来。但是，显然这些手段本身只有否定意义：它们有时当然能够防止恶行，但这也只是在非常有限的范围之内，毫无疑问的却是：它们对于促进善行是毫无帮助的。

而且，旧的道德法典(基本信念)和制度(启示和忏悔)——在后者的帮助下，道德法典渗入到意识中去——遭到激烈而嚣张的攻击，某些哲学家企图找到用来评价人们行为的准则，然而他们的一切努力只不过导致产生对利益有正确理解的道德。可是，为使这条原则(如果设想它是正确的)能被看作是有效的，那就必须使坚持和宣传这一原则的道德说教者尽力预见人必须在其中活动的一切情况，并关心于使给其中每一情况指出为正确理解的利益所规定的行为。包含这些新的良心问题的书，每个人人手一册，对于这个人来说，它应成为法规、牧师、宣道者、僧侣，一句话，成为指南。事实上通常人们只限于声称：您要正确了解自己的利益，那就一切都会安排得妥妥当当；这等于承认：每一个人都能够，而且比任何其他人都能够更好地理解自己行为对普遍利益的关系，并猜测到它的意义，直到它最终的结果——这显然是荒谬的。

人们会说，某些人走得更远，渥尔涅[①]和某些别的作家乃是教义问答派。我们没有预见这种辩护：有教养的人士已经不再膜拜那些成为过去甚至成为我们世纪开头的光荣的理想；至于群众，那么，他们健全的理智已经斥责了这些背离科学的行为。

建筑在正确理解了的利益基础上的道德体系，乃是对任何社会道德的否定，因为它以人能够并应当遵循的只是个人想法或训诫为前提，而从来不是以遵循社会好感的激发为前提；总是遵照冷酷的打算（万幸的是这种打算在大多数情况下无法实现的），而从来不仿效比他更为道德高尚的人的榜样。如果我们甚至设想这种体系能够有真正的影响，那么这种影响将局限于防止人们彼此互不相害。但是，要知道这并不是唯一加在他们身上的职责：他们还应该彼此相互帮助，因为他们的命运紧密地联结在一起，因为他们在自己的烦恼和欢乐中相互团结一致，而不能在这一团结一致的不断传播的条件之外沿着爱好、科学和强力的道路前进。

由此可见，甚至最可爱最可尊敬的大众，目前都以极轻蔑的态度对待道德教育。而有趣的是：理解其重要意义的似乎只是一些反动学说的捍卫者。毫无疑问，他们是误解了应当传播的那些思想和应当发展的那些情感的性质；在这方面他们受到驳斥是完全合理的。但在关于道德教育体系必要性的问题本身上，他们远远胜过我们时代最有声望的人士。

然而教育在目前几乎完全被忽视的这一方面却是最重要的方

① 渥尔涅是十八世纪末和十九世纪初法国历史学家和语言学家。1793年，他出版了《法国公民教义问答或道德的自然原则》。——俄译者注

面。如果在某个时候对一般教育(普及所有人的、调整社会关系的,以及遵循劳动分工,即发展个体能力的教育)和专门教育或者职业教育加以分别考察,那么很快就可以相信如下一点:其中第一种教育中的缺陷所引起的后果,要比在第二种教育中碰到的缺陷的后果严重得多。实际上,在缺少任何直接的和经常的学习的条件下,专门知识的造诣仍可保持甚至完善起来;这种造诣此时则从一个人传授给另一个人,诚然,这是没有任何顺序和预先计划的,但它终归在这种情况下也能保存,甚至发展起来。例如,在今天这类认识已取得了成绩,尽管担负传播这些认识的机关极不完善,而且在这方面甚至缺少任何一种社会规定。但一般情感或崇高情感却不是如此*(在这种情况下这两个词是同义的);只要道德教育一停止,社会联系就会削弱下去并很快就会完全中断。这样一来,对人类来说,不仅在其进步进军中出现延缓和停顿,而从特定角度来看——则又出现了不断运动的趋向,亦即社会生活返回到一个家庭的生活,而从后者走向野蛮生活,走向粗鄙的享乐主义。正是在这种批判的时刻,人们不再理解自我牺牲,并把它称之为某种可笑的疯狂、神秘主义和委靡不振;所有美好的感情都在他的心中熄灭,但他此时仍然非常热情,热情地劳动着;但是这种劳动的目的是什么样的呢?难道工业家和学者精疲力竭和夜不安眠是为了使人类不再遭受贫困和愚昧吗?不,他们做这些是为了丰富自我,为了自我教养,为了满足纯享乐主义的体力和智力的欲望。

这样,单是一种关于使人返回他的完全的存在,返回他存在的

* 法文,文字游戏:gènéraux 和 gènéreux。——原作者注

全部意义的必要性的想法，就足以有理由首先来改造道德教育。但从另外一个角度，即从对专业劳动本身有利来看，这也是必要的。因为，为了使每一种职业都按一定社会制度的要求去做，就必须得到有益于这种社会制度的全部个体的同意，换句话说，必须使社会法典得到规定，把它系统地和经常地教给人们。

我们对这个想法还要做一点补充，这一点本身，在我们看来，对于通常落在使道德教育系统化的任何企图头上的那种冷淡态度和不友好，是足够的了。

法律总是只管理教育所未曾管理到的事情，事实上，如果不是为了打消意志的反抗，强制作用的必要性又从何谈起呢？但是，我们重复一句：教育的目的正在于使每个人的情感、打算和行为的社会的要求协调起来；也就是说，只是在道德教养的强度上有缺陷或不足时，法律的干涉才是必要的。

毫无疑问，任何时候都会有教育影响不了的不正常的人，不管我们设想的教育如何完善。任何时候都会有这样一些人，他们的个性将要反对共同通过的制度，不论这种制度对于共同发展是何等有利。不过，幸运的是，这只是个别情况，否则社会的存在就是不可能的；甚至如果按批判的时代来判断，它们本应是经常碰到的，但实际上却是极少有的，因为那样一来任何共同的制度，任何众所周知的、得到尊重和影响到个人行为的制度都将不存在了。因为那样一来社会就意识不到自己的任何目的，而社会成员也就意识不到自己有任何义务。通过发展教育所达到的完善的最后界限就会是：只是对可悲的反常情况才有必要实行法律强制。人类不停地接近这一目的；随着人类的进步发展的不断完成，道德教育就会变成更加直接和更加明确，包括愈来愈多的情况，同时这些情况又缩减到愈来愈少的几条个别原则；法制作为一种强制力量，同时将按比例地失去自己的意义和自己的强制性质。

这样一来，目前对抗道德教育的组织，就意味着有可能真正促使社会倒退。这就意味着把体力势将失掉的作用归还它本身。这种作用是在大地上还有战争、在每一社会中还有两个社会——奴隶主的和奴隶的社会时，体力所应当具有的，但在将来就不能保存了，因为人类从现在起应当组成一个家庭并只朝着和平方向来发展自己的力量。

第十讲* 普通教育或道德教育（续）

诸位先生，我们曾努力更加清楚地说明道德教育的重要意义，让你们确信，这种教育应该成为社会预见的对象，成为特殊政治功能的对象。我们曾经指出，教育的进步是同全体人类解放的发展相联系的。此外，我们证明，目前那种对这一教育部门全面系统化持否定态度的观点，是把人类美质的衰退看作一种必然趋势。我们仍然要阐述自己的关于道德教育活动的本质、范围和方法的看法。

提起教育一词，通常只是想到儿童的学习文化。是的，因为这个生命的最初时期是人的一生中各个后续时期的准备，所以把教育思想同这个最初时期特别紧密地联系起来，是十分自然的事。然而，教育，特别是我们现在所研究的，绝不限于儿童时期；教育应该贯彻于人的生命的始终。确实，如果注意到人在一生之中经常受到这种或那种愿望的激励，人的行为总是受到自己各种爱好的影响，那么就该承认：扩大对事实——一切能唤起并发展人身上那种符合社会所力求达到的目的的爱好的事实——的社会预见，该

* 1829年5月6日讲。——原作者注

是多么重要。一句话，如果人能在毕生过程中从道德教育中受到裨益，那么，社会就应当关怀社会的道德教育，任何时候都不能疏忽。

什么东西都不能代替青年时期的教育。人如果总是埋头于积极方面的劳动，他就不会具有为获得他尚缺少的文化所必需的更多的精神上的灵活性，于是，他在那时就加倍需要这种文化。人的愿望不能只止于无所事事；如果因此不把人的愿望引向善，即引向社会进步，那么，可以设想，这种愿望便会趋向恶，即趋向利己主义。由此可见，缺乏教育，几乎总是等于实行不正确的教育，人（人的初等教育不被重视）不仅要学习，而且还要去除不良影响。只有为数极少的杰出人物，他们一想到身负使命，便受到极大的支持和鼓舞，以致他们能够克服不正确的初等教育的影响。

历史确实向我们显示出范例，整个一代又一代人颇为突然地由一个道德领域转入另一个道德领域。首先是，这种变化从来没有如此急骤，乍一看来，好像是这样，但是，如果在较近处仔细加以观察，你总会相信这些变化在十分明显地出现之前已经酝酿很久了。然后我们看到，这些变化最初只是在感情、思想和兴趣的最一般的领域中发生，只是过了很久，并且是逐渐地，它们才扩展到第二行为，意识和恋情的领域。因此，我们还可以看到，在我们前面被描绘成为突然变化者的一代又一代人，在很长时间里未能完全实现那种为他们所承认的原则暗中祈求的社会制度。罗马帝国统治下的各民族，在几个世纪内通过一些哲学家的著作已准备好接受使徒们的言论，但是就是在传布福音书（它的条法当时已为它们所承认）以后的几个世纪里，仍然是像基督教徒那样的多神教徒。

真正的基督教社会只是在下述情况下才出现，那时，新教义的传播者能够从人一出生的时候起就掌握住他，使他抛弃旧社会秩序的感情和习惯，接受适合新社会秩序的感情、思想和习惯。

由此可见，青年时代的教育无疑是极端重要的。但是，仅至于此是不够的；如果在人进入积极生活以后，在人身上不能经常保持教育所造成的影响，并且不能恢复这种影响，那么，这种影响会很快转入模糊记忆的领域，过不了多久，在发生许多跟个人状况有关、并且需要他全神贯注和全力以赴的事情的情况下，就会完全丧失净尽。不仅如此，如果一个人在那时开始思考人们教给他的道德规范，那就会发生这样的情况：他再也不理解这些规范的适时性、意义和效用，而甚至把它们看作是违反事实的东西，而这些事实既使他激动，又被他认为是必需的。因此，为使初期教育的影响继续保持它们的作用，必须时时刻刻使它们再现；换句话说，道德教育应该贯彻于个人的一生之中。

文明取得的成就越大，道德教育也就越发能扩大自己的预见性，它对个人生活的影响也就越发能持久。

在古代，每个公民——人数众多的奴隶阶级当然得不到这个称号——都要被召集到公共广场讨论公社的利益，参加这种利益所要求的创举，从而能够采取相当高尚的观点来理解个人行动和公共利益之间的相互关系；然而，并不能因此而放弃初等教育，因为后者能向公民阐明他作为社会成员的那个社会的实质。无疑，这种教育的规范，严格地说，可以包含在教育自身之中，无须借助于研究这种规范的专门研究所。然而，请看一看奥林比亚竞技会的豪华场面，看一看秘密祭典和宗教典仪，看一看整个人数众多的祭司、西彼拉预言师[①]和占卜师阶级；对社会命运的生动说明，处处都能唤起人们满腔热情和自我牺牲精神。

这种情况已经起了变化。现在任何一个人都不再受到一个城市边界的限制，也不能在那个可以在全体人员参加下由大家讨论公共利益的公共广场上占一席之地。劳动分工——文明取得成就的重要条件之一——把人们禁锢在越来越狭窄的圈子里，同时使人们越来越难以直接考察公共利益，而这种过程正是在公共利益由于社会关系复杂化而变得越来越难以了解的时代中发生的。这样一来，随着劳动分工日益精细，为了实现这种分工带来的利益，必须更加强化地和更加经常地进行道德教育，因为只有这种教育能够使个人重新具有公共观点，而劳动专业化则使人们离开这种观点。还应该更加细致地关心的是，要通过外部的、直接的、系统的影响，使初等教育获得的影响在人的一生中不断地保持下来，并得到加强。

但是，如果说劳动分工的直接后果是使个人从业的范围变得狭窄，那么劳动分工同时也使杰出人物能够在很大程度上潜心研究普遍现象，并通过影响他人的方法，用各种形式使每个人所掌握的劳动联合起来，把由此获得的利益百倍地还给社会。

现在我们来考察一下，什么样的品质会使人成为适合于领悟道德教育的人，什么样的才能是负有道德教育使命的人应该具有的。

① 西彼拉（Sibyllae），古代走四方的女预言师，她们的占语编成的《西彼拉预言集》，在古代罗马宗教生活起重大作用。——中译者注

那些在把现代同古代进行比较时不假思索地承认前者优越的哲学家,通常是用论断日益胜过感情来证明这种优越性的,因为他们是把感情看作是人类童年的标志,而把论断看作是人类发育成熟的标志。如果这种观点只限于通过人类活动的这两种表现日益明显的分立,也就是通过把每种表现直接应用于与之有较多专门联系的劳动门类,来阐明已经取得的进步,也许,这种观点显然是公允的。如果这种应用的目的是证明那种导源于——正如我们说过的那样——社会存在初期的诗学和科学混杂状态的不相适应,那么,在这种情况下,上述应用就会是适当的。相反地,如果把这种有益的劳动分工看作是感情作用的真正的减弱,那么,人类就是遭到无谓的摧残了。然而,只要听一听为论断的经常的辩护声和对感情的尖锐的攻讦声,就足以令人确信:我们时代普遍流行的观点恰恰就是这样的。人们采取如此装腔作势的轻藐态度,用可笑的外号来咒骂:什么东西是从高尚的爱的源泉中出来的!人们如此天真地假定,证明某种概念、某种创举是完全站不住脚的,当然认为自己有权宣布:所有这一切都是一种感情!可能想到,灵感即才智是我们天性的恶的本原,而我们的一切努力应该用来避开这个可怕的敌人。能真的在这方面大有成就并且获得可悲的胜利的又有多少人!

当然,这种意见并不是经常那么坦率地说出来的。但是,它是在希望同人类进步取得联系的各种体制的基础上存在的。有人看到我们保护感情,反对论断,可能就持前一种观点以为我们要为唯灵论辩护而攻击唯物论;但这是一种误解。这两种互相对立的观点是用同一种武器厮杀,互相争夺同一种战利品——理性。双方谁都不知道那个东西就是爱；双方分析、分割、分解精神或者物质直到它们的最低层次或者最小分子；双方都把它们奔驰过的场所变成尘埃；双方到处都是死路一条；生命不属于它们中的任何一方。

让我们回过头来谈谈论断对感情的虚幻优势。十分明显，这一观点必然会大大影响人们对我们所研究的问题的态度。从这一观点出发，教育的专门的（如果不是唯一的）任务实际上就是培养人的论断能力或科学能力，其目的是让每个人都能通过论证独立掌握社会科学的原理，除非经过深思熟虑估量一种行动将会给本人和整个社会造成什么后果，绝不采取任何行动。人们认为，这样一来，每个人都可避免意外事件，避免由于自己的爱好，特别是由于受到煽动家的影响而产生非分之想；人们在估计到将可取得一点微小的成果的时候，就会感到高兴。

我们目前还不打算对论断和感情这两种伟大的存在形式进行评价，同样地也不打算指出人用来观察世界和人本身的各种不同观点，要看看人在进行研究时是走纯理性的道路，还是走感情的道路。我们很快要作这种有趣的分析。现在我们只限于对这方面同问题有较为特别联系的那些教义思想进行教条式的阐述。

在人类发展过程中，论断能力的提高并不取决于感觉能力，因为前者和后者发展的程度是相同的。如果说前者目前仿佛占有优势，那么这纯粹是因为在我们中间存在着最起码的协作和最起码的一致，这些协作和一致，只能出现在组成为一个整体的人们之间。只要回想到我们用来说明批判时代的那些特点，这种情况就不难理解了。

人是靠感情生活的,也有赖于感情才能生存于社会;正是感情使我们依恋于世界,依恋于人,正是感情把我们同周围的一切人联系起来;而当这种联系中断的时候,当世界和人仿佛远离我们的时候,当使我们倾心于世界和人的恋情开始减弱和消失的时候,这时,生活对于我们来说就停止了。同情会把一个人同他人联系起来,使一个人会因为他人的痛苦而感到痛苦,会因为他人的快乐而感到快乐,总之,会因为他人的生存而生存下去,如果没有这种同情,那么在社会上就不能看到别的,而只能看到一大群彼此没有联系和交往而行为又完全受利己主义动机支配的个人而已。

只有感情能激励人关心自己的使命;只有感情能第一个为人发现这一使命。科学在当时无疑具有重要作用,它的使命是检验训诫和天启,推断感情,使人得到知识,能够迅速而坚定地向着为他指出的目标前进。但是这里仍然只有感情能激励人向往和热爱这个目标,赋予人以争取这个目标的意志和达到这个目标所必需的力量。

尽管我们不顾通行见解认为感情具有重大作用,当然我们远远没有打算贬抑或降低当今一代人为了论断领域中的前进所作努力的意义。实际上,如果你们回过来看看我们开头几讲,那你们就会想到,按照我们的信念,本世纪在理性方面不仅没有越出发展的范围,而且恰恰相反,距离边界还差很远,在这方面仍要力求取得一些重大的成就;并且想到,本世纪尽管在这方面有自己的要求,但在对于受它支配的人数众多的新成员来说,所处的位置甚至大大低于以前若干世纪。请回忆一下,我们说明的实证方法,它的价值,在应用它时所应采取的手段,以及我们自己在研究人类集体生活重要现象时对这种方法的运用，你们就会相信：我们赋予纯理性方法以相当重要的意义，我们在运用这种方法时的严格程度，并不亚于那些人——他们的著作现在被认为是最典型的实证主义的，即最纯粹唯理主义的著作。

但是，这种情况至少应该让我们有权重新宣布：人的一切道德存在不只是包括在人的唯理性能力之中；人除了实证方法以外，还有其他认识能力，除了科学论证以外，还有其他信仰和信任的因素，因为任何科学，正如我们已经说过的那样，都是以定理为前提的。

研究普遍问题的学者（我们根据圣西门学说的观点，用这个名称来称呼人类学即社会生理学研究家）当然能借助于新概念提供给他们的指针，借助于从新概念得到的应用方法，从对往事的考察之中引出未来，指出一系列已经发生的普遍现象接近什么界限。可以承认他们还有一种能力，那就是或者借助于对次要事件的系统考察，或者借助于逻辑演绎，确定最适合于同情心所揭示的那种目的的社会组合，从而指出每个人同他们在社会等级制度中所应处地位相适应的责任。但是，这个地位本身也许仅仅由爱——怀着非常热烈的愿望要求改善人类命运的人物来确定的。此外，如果把这种能力甚至归功于科学，那么难道不能由此得出结论：科学应该领导道德教育吗？只要哪怕是稍稍思考一下这个问题，就得承认科学是无力完成这项任务的；这一使命超出它的可能性。

实际上，为使科学的规定能包括行动的义务，必须具备的先决条件是：这些规定由于得到论证而成为那些承认它们的人的著作和创造物。但是这种论证要求每个人具有完备的社会科学知识；

而如果进一步要求所有的人都能具备这种知识，那么，他们势必为此付出原来为了妥善地执行自己的社会职业而用于接受专业教育的全部时间；这样做显然是办不到的。

在绝大多数人看来，社会科学的成果只能具有教条形式。只有少数研究并且毕生献身于研究社会科学的人才能明确了解这方面的问题；因此应该认为，这种人也是为数不多的，依据他们的才智，科学的规定才能有足够的权力，而成为他们必须遵行的。不过，我们注意到，这仅仅是一个前提。科学的论证固然可以说明某种行动逻辑上的恰当性，但不足以唤起行动；这就要求，既有科学论证，又必须有行动。然而，这里并不包括论证的作用。论证本身并不包含有任何必要的行为的根据；正如我们刚才指出的，科学能够指出为达到某种目的而必须采取的手段。为什么一种目的比另一种目的好？为什么不能中途停步不前？为什么更不能向后倒退？只有感情，也就是对已经出现的目的所表示的强烈同情，才能解决这个难题。[①]

要使个人能同意局限在为他划定的范围内，单单使他了解社会的目的和达到这种目的的手段是不够的，还必须使这种目的和这些手段成为他热爱和追求的对象。同时科学家们当然会解释最奇特的现象，并且进而指出，要有爱，以便不妨碍历史事实的顺序联系所预示的文明进程，但是他们不能唤起感情，尽管他们承认感

① 承认感情是人类行为的唯一动力的观点，使圣西门主义者同马布利成为亲人，马布利反对重农学派的唯理论，断言“我们的统治者是激情，而不是逻辑的显然性”；一般说来，上述观点还使圣西门主义者同十八世纪唯理论的反对派，其中包括反动分子，成为亲人。——俄译者注

情的必要性。

这种使命落到具有特殊天赋而富于同情心的另一类人身上。我们当然不想因此就说，那些有责任给予社会以推动因素的人应该是与科学各走各的路的人；但是科学为他们所掌握便会具有新的性质，即科学那时会获得生命，受到赞许，而只有那些能把科学同人类使命结合起来的人才会给予这种赞许。

只需考察一下，是什么人用什么方法确定迄今为止的社会意志和社会行为的，个人通常是从何种源泉中汲取愉快以促使自己去履行义务的，就会对上面所说的话深信而不疑。我们发现，那些能唤起赤诚之心的人无论何时何地都能给社会指出方向；论断即推理在这方面始终只是次要的间接的手段；最后，社会只是因为感情有各种不同的表现方式才始终直接受热情的支配。

感情的这些表现方式，在有机时代称为崇拜，在批判时代称为美术，总是产生这样的结果：激起同社会所要力求达到的目的相一致的愿望，并且由此而唤起为社会进步所必需的行动。在这个意义上说，一种社会状况和另一种社会状况，即有机时代状况和批判时代状况之间的差异只在于感情的性质以及义务的性质，崇拜或美术负有发展感情的使命，并且规定出义务。在所有这些方面，中世纪所处的位置大大高于它以前的时代。在此，我们不妨谈谈中世纪特有的一种教育手段，即我们在上一讲就已经提到的道德纪律，我们所指的是忏悔。

忏悔近来成了受到一致谴责的对象。人们只是把它看作是一种诱惑和间谍活动的手段，僧侣们用来维护自己名利意图和满足个人欲望的仪式。这一评语乃是天主教教义遭到全面谴责的逻辑结果。

实际上,因为人们开始把这种教义看作是欺骗的工具,看作是对有利于极少数人的专制制度的认可,所以,要带着怀疑和厌恶的心情否定一切能够巩固和扩展这种制度的东西,其中包括为达到这个目的十分强有力的手段——忏悔,就成为显而易见的事情。不过,如果采取另一种观点,把天主教极盛时代的教义(即形成社会性组织的基督教教义)看作是最合于社会需要的道德教义,那么,就得承认那些负责传布教义的机构是十分有益的,非常合乎道德的,只要是在这种教义本身还同人类的要求继续保持和谐的时候。一旦这种和谐消失,忏悔即使没有那些经常掺和着各种反动东西的夸张语,也理应受到目前所给予的那些指责。但是在天主教教义充分发展时期,忏悔成为天主教的一种主要感化手段,应该把它只看作是一种咨询所,道德修养较差和文化水平较低的人向这里提出请求,以便从智力水平和道德修养较高的人那里得到他们所缺乏的知识和力量。对于后一种人来说,这个咨询所便是一种唤起和支持社会同情和个人同情的手段,因为发展和引导这种同情是他们的使命。如果考虑到当时的忏悔具有的恢复名誉的作用,那就不能不承认它是一种有高度价值的道德力量和教育手段。然而,面向一切人的布道演讲和教义问答只能解答一般的事件,必要时应用于中等程度的智力和感情,而忏悔则对这些作出解释,对为数众多的个别事件作出自己的判断,从而使天主教教义普遍适于一切智力和一切性质的感情。在古代未曾采用过任何一种强有力的方法来延续和保持初等教育留下的影响。

我们认为,适用于道德教育的方法主要应该从感情领域中获

得，道德教育应该由天生有高度同情心的人来领导。我们可以断言，这是一切协作的首要条件，因为任何社会都不会没有所期望的目的，不会没有怀着最强烈的意愿力求达到这种目的的人在那里进行、实现并且醉心于个体联合事业的。这种条件在未来仍然存在，如同在过去整个时期内始终存在一样。我们不想因此就说：今后仍会是原来的那种做法、那种形式，仍将保留那种往日曾经激励着教徒心灵的教义问答和崇拜，仍然在叙述故事，仍然不会改变以忏悔这一名称而广为人知的商量和宽恕的方法。我们只是认为：在将来，定会运用类似的而更加完善的方式，以便在人的一生中持续进行对人的教育。

无疑，现在会向我们提出一系列问题。首先，人们对我们说：你们已指出了道德教育的重要意义，以及必须使这种教育活动具有政治性和社会性；你们确定了这种教育应该发生作用的范围，以及应该运用的那种能力；现在，你们必须指出，这种教育的内容应该由什么样的仪式、思想和感情构成。诸位先生，这些仪式、思想和感情，在我们看来，来源于我们已经作过解释的关于人类未来的观点，也来源于我们在下面还要向你们提出的设想。换句话说，将来所要讲述的学说，在我们看来，正好是我们现在已着手向你们介绍的这种学说。

人们无疑还会向我们提出下述问题：在过去时代，负有用教育方法指导社会的责任的人，作为神权的体现者，对教学拥有强大的批准权，那么在将来，承担同样使命的人，是否也有类似的批准权？这就引导我们去探讨一个异常重要的问题，这个问题可以用下述方式表述：人类是否有一个信奉宗教的将来？在那种情况下，如果对这个问题作出肯定的回答,那么,能否设想,未来的宗教将是一种没有固定教义和没有崇拜形式的纯粹个人的感情？能否设想,它将是社会思想的一种表达,那样,就会有通常含义的教义和崇拜？它会不会在政治制度中占有地位？它是不是负有全面控制政治制度的使命？它对于人类过去宗教发展的态度将是怎样的？

在这个问题没有解决以前,关于道德教育要采取什么手段这一点,是不可能建立起清晰的观点的;因此,我们很快就会讲到它。

第十一讲* 专业教育或职业教育

诸位先生，在前两讲中，我们已经讲了普通教育；现在要讲的是专业教育，这种教育的任务是把个人培养成能够适应不同种类的、符合社会状况的劳动，个人之间必须进行劳动分工。

现存社会中发生的一切现象，都能用同样适合于一切时间和一切地点的抽象名词表示出来。没有这种抽象，人的智力就不能在社会现象领域内上升到相互联系的思想高度，而且不能观察社会现象的发展。虽然社会现象的同一性是人类在世世代代过程中和在地球的不同点上仍具有的同一性的忠实反映，但是还要牢牢记住，这样抽象出来的、由一个时代转到另一个时代的社会现象中包含着新的进步因素，而这种进步因素不是用对社会现象的直接的和孤立的观察所能发现的，只有用关于人类使命的共同概念才能发现。

当某种过去的现象转移到未来的时候，这种想法具有特别的重要性。过去在它的整个过程中只是一种社会制度，而一切革命其实不过是它的深度或大或小的变动，至于未来，虽然人类命运的链条是连续不断的，然而却是作为一种崭新的制度出现在我们的

* 1829 年 5 月 20 日讲。——原作者注

面前的。

在前面几讲里，我们已经说明了过去和未来之间的巨大差别，但要特别指出下面这一点：在整个过去的时期里，社会制度在或大或小的程度上是以人剥削人为基础的；当今时代最重要的进步应该包括：这种剥削的任何可以设想的形式均已消除。

人对人剥削的减轻同教育问题之间存在着联系，不是一眼就能看到的，然而这种联系却是十分紧密的。体力统治是过去一切政治组织的主要基础、意义和目的，它的必然结果是形成阶级和各种阶级区分（classifications），这种阶级区分要在人们中间通过继承嬗替永远保留下来。我们追溯古代越远，这种阶级区分就越深、越清楚、越少灵活性；我们越接近近代，这种区分就越是广泛，特别是界限日益模糊，不过仍然存在。这种阶级区分尽管现在已经削弱了，不过仍然会成为一些有特权的和无特权的个人的某种真正命中注定的事，因为这两种人应经历的道路是由同他们个人才能毫不相干的意念决定的，而且无法变更。一旦时机来临，他们带着自己的志趣、才能和使命参加积极的生活的时候，人们就不再计较、不再专门注意他们的门第、他们所属的阶级，并且不论好坏力求使他们适应这种环境预先确定的任务。不过，过去的政治制度归根到底只是人剥削人制度的一种表现。如果相信这种剥削制度现在正走向末日，如果相信这种制度应该完全消失在未来的社会制度中，那么就会清楚，专业教育权利的分配在将来应该按照天然禀赋，按照不同的个人志向进行，而不是按照门第进行。

批判思想的信徒们可能会说，由于有了十八世纪的哲学和随后的政治革命，我们一直在呼吁的结果已经得到。不妨看看，他们

在这方面的主张究竟有什么依据。上一世纪的哲学和革命无疑打破了最明显的阶级区分，并且把下层阶级从这条道路上解放出来以后，庄严宣布每个人都有权在社会中根据自己的贡献取得所希望的地位①。但是，它们为使这种权利成为现实做了些什么呢？它们为使这种权利不致成为纯粹否定的东西做了些什么呢？它们扫除了道路上的障碍……然而是否一切障碍都已经被扫除了呢？

情况当然不是这样。教育（不受教育，即使是充分表现出来的天赋也注定不会有成就），现在还不是不加区别地向所有的人开放。教育还是财富的特权，而财富本身又几乎到处都是与它的拥有者的贡献不相称的特权。不仅如此，甚至对于这些能够有希望受到教育之惠的为数不多的人来说，也根本做不到在他们中间按照他们的天赋和志向分配受教育的机会，因为随便哪一个政权都承担不起评价和发展个人志趣的责任；在这方面，一切取决于家庭的虚荣，浮名或者孩子的文雅外表。

虽然十八世纪的哲学思想取得政治上的胜利，归根到底，教育对于大多数人来说依旧是享受不到的；至于说到有机会受教育的少数人，教育在他们中间的分配也是偶然的、未加选择的和缺乏预见的。

在人们都会受到教育的新的协作组织里，也就是按照我们的观点不容许有任何轻微的人剥削人现象的协作组织里，各种机构应该关心的，一方面是教育向所有的人开放，不问他们的出身和财

---

① 圣西门主义者在这里指的是《人权和公民权宣言》第六章，其中规定："全体公民……都同等地可以担任一切与他们的才能相适应的公共职务，除了道德和天赋以外，没有其他差别。"——俄译者注

产状况如何；另一方面是教育要按照个人的才能和志向进行安排。

这种根据教育原则对个人的安排，也许会引出暴力的观念。在这种情况下，我们要提起我们在开头说过的话：在我们宣布的变革中，应始终考虑到现在非常愿意从中得出抽象概念的因素，这就是道德教育，它的使命是使每一个人都能够把社会的真正领导人、合法领袖要求他承担的义务变成天职的思想，变成爱的对象。

这种对志趣和天赋评价的关心，使得可视为崭新的任务落到未来教学团体的身上，因为过去的社会制度至少是不容许这种任务进入那个相当广阔、足以使它成为社会预见对象的领域。教育在个人中间按照他们的才能进行分配，也许本身就是未来的一种完整的社会制度，至少是同过去对比而言。其实，正是通过教育途径，每个人都获得他按照自己的天资所能希望得到的一切能力和一切福利；正是通过这种途径，感情早已要求实行的平等将会得到实现，虽然迄今还不能确定平等有些什么内容。

我们曾经指出，教育事业中应该进行什么样的普遍变革，应该进行能永远保证大多数人的完全解放的改革；现在，我们可以对变革带来的某些特有的好处进行详细考察。

因为各种不同的职业和职务将是按照才能进行安排的，所以这些职务和职业结果将会以较高的完善程度执行。要是人类活动的一切部门每个部门都这样做了，进步的速度将比过去任何时代快很多。有充分依据的劳动分工会被认为是文明取得成就的最强有力的原因之一，但是，应该了解，劳动分工只有在以劳动者在才能上的差别为依据的时候才会带来一切成果。

我们为未来宣布的调整能为道德秩序提供新的、十分有力的保证。感情和理性都同样告诉我们,在过去,几乎所有的混乱现象都来源于志向未酬,志趣受到压抑,职业很不称心,以及由此产生的不满,还有恶浊的情欲。但是,这些来源通过我们提出的调整工作,必然会归于消失。当然,我们不想断言,在实行这种教育和社会利益的新的分配制度中,永远不会发生错误、偶然事件,甚至不会发生偏私。我们对人的缺陷给予相当的注意;也许,社会永远达不到它所设想作为自己前进的最终目的那个界限。但是,它正在利用所能掌握的一切知识和一切力量向着这个界限迈进,并且做出成绩,我们根据这一点有权宣称:目的和真正的界限都在人力范围以内,是可以达到的。在这种情况下,错误、偶然事件、非正义行为都只是一种例外;它们在社会现象的总和中仅占越来越微不足道的份额,仅是一个极小的有害侧面。

现在我们直接讲述专业教育及其所应包含的科目和所允许划分的门类。

教育的这一部分,正如我们已经说过的,它的使命是使个人适合于从事各种各样的为社会情况所需要的劳动。因此,按照自己的定义,显然可以把专业教育制度只设想作为社会预见的结果,作为政治职能的目标。我们无意同某些人进行直接论战,他们打算以后把专业教育事业作为无限制的个人竞争之用,并且把这一事业只是看作一种应有的行业,如同其他行业一样,应该成为斗争的、战争的舞台,从而也就成为哄骗欺诈的场所。我们只要把优良的专业教育制度所必需的条件讲清楚,就足以完全推倒上面那种观点。

我们越是深入地回溯过去,我们所能找到的专业教育手段越是有限，越不充分。当人们按出身划分成为阶级、阶层、阶级集团的时候，教育这个方面只是一种简单的传统而已；它是在从事某一种职业的每个家庭范围内父子相传，世代相袭。随着近代的到来，我们看到，社会越来越力图把专业教育变成政治特权的对象、社会预见的对象。起初，这种预见只包括为数不多的职业，渐渐地我们看到它的范围在扩大。只要彻底了解这方面已经取得的一系列成就，就会确信专业教育因为处在国家政权的管辖之下，终必包括一定的社会状况所允许的一切种类的劳动和一切职业。

这方面的社会预见在中世纪由那些当时执行这种高级预见职能的人所筹划和实施的机构中表现得颇为明显。我们要用心研究这个时代，这是因为：虽然从那时起专业教育事业已经有所改进，但是它没有出现任何一个新的通用概念，至少是任何一个将能得到政治上广泛应用的概念。在许多方面，而且在很重要的方面，旧的概念还继续保持优势。如果我们顺利地论证旧概念适用于它所产生的那个时代，这样，我们就能确定它在目前所能具有的价值，并且毫无困难地找到对它进行变革和改造的途径。

中世纪最早办理专业教育的学校唯一的目的是为僧侣集团培养人才，按照当时规定，分为白僧和黑僧。这些学校全都产生于修道院中和大教堂附近，它们的正式创立则是从八至九世纪才开始的，学校中教授当时所积累的人类一切知识，包括教条式神学和所谓七艺。[①] 由于这些学校，知识的积累增加了，古代的著作，对基督教教义进行学术研究的教父的著作复兴了，这种复兴是从那种

① 指文法、修辞、逻辑、算术、几何、音乐、天文等“七种自由艺术”。——中译者注

由于伟大的政治改造事业而使那些著作中断流传的地方开始的，而政治改革事业几个世纪以来一直受到才能卓绝的人物的关心。百科知识的范围在那时扩大了，唯理论神学、世俗法学、教会法学、医学都进入其中。教学范围随科学的发展成比例地扩大，而教学团体本身也采取了新的形式和新的组织：这方面在十二世纪开始的改革，在十三世纪以建立大学而告结束。就在那时，教学内容和方法最终确定了；从此以后，这方面只进行一些小修小改。

在这种专业教育制度中，被认为有通常实用意义的个别部门是道德学家、律师和医生的著作。一切实业专业，甚至是当时在世俗界很重要的军事专业仍处在政治上有组织的教学以外。指责中世纪的学术团体忽视这两种专业，那是不公正的。首先，这种团体不愿改善军事专业是十分自然的，因为它的主要使命就是反对并且消除把军事专业作为一种必要的职业的实际情况。至于说实业专业，则是因为承认这种专业重要性的时代还没有到来；此外，科学理论在当时前进的速度还过于缓慢，而工业的技术方法又过于粗糙，不足以使两者彼此接近，至少是不足以这种接近的可能性为人所知晓。*

由此可见，在这个时代进入专业教育范围内的只是它能够包括的那些职业。

在这里，我们必须对拉丁语教学作一些说明。这种教学过去

---

* 我们在以后还要讲到，这种对产业利益和物理科学的轻视，是由深刻的原因决定的，并且只是全部基督教教条的必然结果，这种教条不能也不会把发展人的物质活动包括进去，因为在那个时代首先需要的是消除这种活动当时的表现形式，即消灭战争。——原作者注

占有很重要地位，至今还是可能要永无休止地延续下去的争论的对象，如果不对这种教学的意义和起源给予应有的评价的话。在中世纪，欧洲各民族在世俗领域里无休止地由大化小。与此相反，它们在宗教领域里则是彼此紧密地联合起来，并组成强有力的协作组织（在此以前这种组织只是有时被计划过和实行过），这种组织保证它们对古代的一切民族处于无可争辩的优势地位。规模很大的基督教共同体出现了，它是这样一种团体：它拥有当时的一切知识，并且它在欧洲所设立的所有据点上都开展同样的活动。这种团体的统一是在爱、教义和活动方面统一的结果，在它存在的其他外部条件方面，又同语言的统一相联系。拉丁语怎样成为中世纪僧侣团体的语言的呢？在这里研究这个问题是无益的。在我们看来，承认下面几点是无可怀疑的事实就够了：拉丁语已经成为天主教僧侣的民族方言，如果可以这样表达的话；拉丁语使散布在基督教世界各地的使用者经常互相联系，彼此接近；特别有赖于拉丁语才实现中世纪脑力劳动的大协作。因为专业教育在当时只包括学术专业，所以，专业教育以教授拉丁语——一切学术专业的通用语言——作为自己的基础就成为显而易见的事了。但是，我们并未看到拉丁语本身当时被当作一门科学，一个知识部门，以使拉丁语成为专门教学的目的。

当十六世纪的欧洲对宗教的统一发起冲击的时候，语言的统一也遭到进攻。事情只能是这样：语言的统一和教义的统一只是同一现象的两个不同侧面，最早的宗教改革活动家一下子就能本能地憬悟到这种情况。教义的统一受到破坏，语言的统一很快就跟着受到破坏：拉丁语渐渐地不再使用，除了少数的例外，学术著作早就已经用欧洲不同的民族语言撰写，并保存下来。

但是，因为在拉丁语教学和天主教统一之间存在的紧密联系是本能地而不是经过思考之后建立起来的；因为僧侣们从来不曾明确意识到这种联系，所以，宗教改革活动家一出现就反对统一。尽管宗教改革取得胜利，而拉丁语在学校中的统治地位并未被破坏掉。继续学习拉丁语的不只是那些打算从事旧的学术性专业的人，对于这种职业来说，拉丁语的用处越来越少了；因为希望接受文化教育的社会集团的人数与日俱增，所以拉丁语也开始教给画家、军人、实业家，总之，一切付得起有关学习费用的人。应该指出这一种情况：恰好是使用拉丁语不再有利，并且失去意义的时候，却有人起来千方百计为拉丁语教学作辩护。有人建议把拉丁语作为根本语，有人赞美它词汇丰富，语音悦耳，拉丁语诗人、演说家、历史学家的作品完善精美。所有这些论据都想证明，为学会这种死语花十年光阴是有理由的，他们的说法不值得我们停留下来加以驳斥。

从我们上面所说的话可以得出结论：关于教授拉丁语是否合适的问题可用两句话解答。在拉丁语在欧洲成为道德家和学者，总之，成为僧侣集团的通用语言的时候，僧侣集团无疑应该学会拉丁语这种自己的语言，要不然，它们就有彼此不能了解的危险。但是在当今时代，用拉丁文写的科学论文已经过时了，道德家和学者用的是新的民族语言，特别是有教养的人不再只组成一个团体，在这种情况下，除了少数限于纯语文性著作以外，学习拉丁语不仅完全失去自己的意义，而且根本没有用处，简直可以说是有害的了，因为需要消耗大量时间。最后，这种学习早就已经只靠大学章程在这方面所规定的义务来支持着。[①]

这段关于拉丁语教学的插话，能使我们得出一个结论：专业教育走的是一条错误的道路。另一方面，它也给了我们一个新的证据，证明我们在上面说过的话，从中世纪以来，未曾确立起任何一个涉及教育的通用概念。当然，我们远未断言这方面毫无改进；我们承认，在中世纪开始教授的若干门课程的教学工作，在前进道路上经过不断改进，现在已经达到成功的水平。

后来，为美术和物理中数学科学开办了专业学校，实业教育是它的间接成果。在后一方面，甚至只在不久以前才在法国和英国作了某些尝试。但是这些尝试因为没有同任何有关社会需要以及这种需要所提出的工作性质的一般观点联系起来，所以几乎没有收到效果，最后，在某些方面措置错误的教育，在其他一切方面也就无法完善了。

在当今时代，我们如果遵从下述抽象条件，就能设想出完善而正确的专业教育制度。这些条件是：(1)教育要包括最现代状况下人类的一切知识；(2)教学团体的组织务求做到：使一切科学成就能够容易地从理论部门转移到实践部门，从改进科学的学者手里转移到讲授科学的学者手里，然后再从后一种学者手里转移到直接把这些成就应用到实践中的人们手里；(3)专业教育要包括为社会需求所必需的一切专业；(4)最后，教学的安排务求做到：它的每一阶段既是前一阶段的结果，又是后一阶段的推动力，当整体的教

① 圣西门主义者宣布自己反对学习古代的古典语言，他们在这方面是严格遵守自己的导师的教导的。——俄译者注

育对于每个人来说是由一系列正确的同类的教学工作组成的时候，教育的最后阶段是直接获得专业技能，即社会职业。

这些条件中的任何一个在当今时代都不能实现。

1. 专业教育未能包括已经达到完善阶段的一切知识；相反地，列入专业教育中的某些门类知识或者没有用处，或者已经落后。被视为教学基础的古代语言和古代文学作品在我们提出的假定条件范围内是无用的。神学、哲学、历史学和法律的脱离实际部分则已经落后了。在这些方面，教学不仅不完善，而且有重要的空白，因为教学所传播的无益的和落后的知识每一门类都是很容易更换的。

2. 教学团体不是用下述方式组织的，即随着科学成就的取得而掌握科学成就。上面所说的话可以充分证实这一点。教学团体为了实现这一条件，应该同负担改进理论任务的团体保持直接的联系。然而在目前这样的团体尚未建立；至于那些可以被认为是这一任务的体现者，也没有同教学团体保持直接的联系。

3. 专业教育没有包括它可以包括的一切职业。我们不准备讲美术，现在已有一些美术专业学校，虽然美术的真正性质至今还不清楚，这方面的教育仍然极不完善，并且缺点很多。我们只是谈谈实业职业，这种职业几乎完全继续处在国家教育体制以外。然而，在一方面是科学理论，一方面是实业方法取得成就的条件下，不仅可以设想双方在当今时代日益接近，而且有一点也应该是清楚的：整个实业有开始直接应用科学理论的趋势。但是对于建立科学和实业之间的这种联系，则至今尚无所作为，至少是没有做过足以值得一提的重要的事情。

4. 最后，教学在各个不同阶段没有任何的一贯性，也没有任何的相互联系；没有初等教育，至少是就这个词的应有意义来说的。目前有一些正规性的最初阶段的教学是在中学中进行的。这种教学在当今时代的主要内容是古代语言和文学作品，按照我们的观点，它只是中世纪的初等教育。它不仅不能进入社会情况所需要的任何一个实用部门；就是培养学生升入高等学校，也无非是在提供给他们具有这种权利的意义上来说的。因为在这里获得的知识对于下一阶段来说几乎没有用处，所以每个希望上进的人不得不赶忙重新去接受专业教育，他在这种情况下只有指靠自己的灵感和自己的个人努力了。至于说高等学校，人数显然过少，不足以适应哪怕是社会上最主要的工作部门的需要，它们完全不能弥补理论和实践总是脱节的缺陷。因此那些在高等学校受过教育的人必须以后用自己的力量去弥补这种缺陷，他们几乎始终不能做出什么来，而如果要做，只好为他们所获得的经验而付出昂贵的代价。

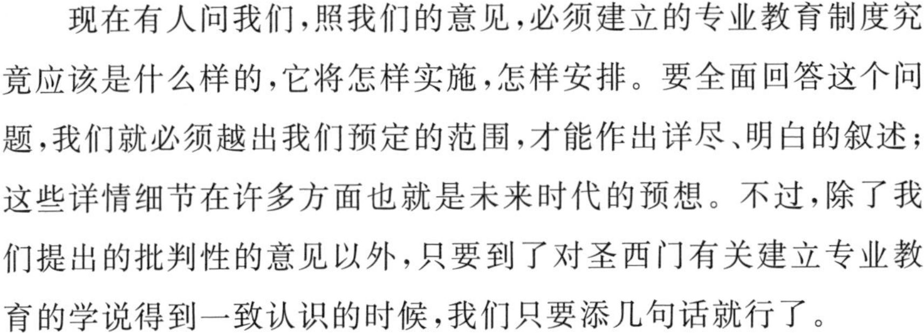

现在有人问我们，照我们的意见，必须建立的专业教育制度究竟应该是什么样的，它将怎样实施，怎样安排。要全面回答这个问题，我们就必须越出我们预定的范围，才能作出详尽、明白的叙述；这些详情细节在许多方面也就是未来时代的预想。不过，除了我们提出的批判性的意见以外，只要到了对圣西门有关建立专业教育的学说得到一致认识的时候，我们只要添几句话就行了。

专业教育的任务就是把个人培养成能够执行为他们的志趣所爱好的、为一定的社会状况所需要的职能。如果想知道，专业教育将教些什么，主要有些什么分科，那么显然首先要弄清，社会状况要求些什么工作和什么职能;余下的只是生产性质的配合问题。我们说过,人类生存的一切表现可以归为三类主要事实:美术、科学和实业。这种基本划分也给我们指出关于教学目的的一般方针:要造就美术家、科学家和实业家。同这个初步划分有关的是数不胜数的分科,但因为这种划分是以对每个人的实际评价为基础的,因此我们可以作详细叙述。

不要忘记,尽管美术家、实业家和科学家为了准备承担专门的工作而要求接受专业教育,但是人人仍应先行接受普通教育,因为这是以后执行一切任务的基础和出发点。我们在这里指的是上面所说过的道德教育,它对于成长中的一代来说是一种训练,以便将来接受一切个人的使命。在那种制度下,确实在儿童时期就能初步了解在下述范围内的美术、科学和实业,这个范围就是使这些不同门类的知识成为执行各种职能和从事一切职业所必需的基础。

这种初等教育在思想上可以广泛些,或者狭窄些,或者分散些,完成这种教育后,应进行我们所说的选择;其目的是按照每个人所表现的不同的天赋和志向来安排他们。与这种初步选择相适应,为学生开办三种大规模的学校:美术学校、科学学校、实业学校。不论每一种这样的学校可以分成多少专门的科目,都应该想到有必要对一切美术家,完全如同对一切科学家和一切实业家一样,进行同样相当的教育,也不论美术、不论科学、不论实业是允许怎样分科的。只有在这种第二步教育结业以后,才把从此最后确定了未来活动范围的青年人分配到各种实科学校。学校的分科应与那时一般了解的三大类工作所要进行的各种分工相适应。实科学校应把学生培养成达到这样的水平:社会承认他们是经过充分训练的人，并在这一基础上赋予他们每一个人以他们能够顺利执行的职能。

我们刚才用的美术家这个词，无疑将会引起误解。但是，可以想见，在我们看来，这个词的含义比通常所赋予的要广泛得多；我们以后要用另一个词来代替它，只是现在还不需要，因为另一个词无疑会引起更大的误解。这种想法迫使我们权且应用美术家一词，用以称谓那些天生有高度同情能力的人，这种能力或者在全人类面前表现出来，或者局限在最狭隘的社会依恋范围内，按照我们的信念，在道德教育事业中的领导作用应该属于具有这种能力的人。由此可见，我们必须重新在上一讲确定的范围内重新研究宗教问题。但是在开始研究宗教问题以前，我们必须概略地考察一下社会制度中同刚才谈到过的问题有密切联系的方面，我们指的是立法。

第十二讲* 立法

诸位先生，上面几讲已告诉过你们，社会预见是通过什么手段才会对新的世代发生影响，以使每个人都能去执行为他的才能所决定的职能。我们对你们说过，教育所包括的范围甚至比我们注意所及的还要广阔得多；它伴随着人的一生，使贮存在儿童和青年内心和智慧中的种子不断发育起来。人生的这两个时期本来就是作为培养、教育和认识积极生活意义之用的，我们在着重研究这一点的时候，曾经向你们指出一种使我们不能作出充分解释的缺陷，我们必须很快加以消除，以便接着重新全面考察广泛的教育问题。其实，根据要求我们所作解释的性质，根据这些问题所引起的争论，你们就能很容易地真正了解到，建立未来道德教育的基础，应该是刻不容缓的事情。这样，人们就不会再用那种我们敢于称之为偏见的观点来反对我们，这种常常被人们用来攻击我们的观点，来源于与我们宣布的未来社会制度相左的事实、思想和感情的领域。

诸位先生，在这里必须作一个说明，像我们所希望的那样，这能使我们每次集会后所进行的讨论得到更多的益处。如果像我们

* 1829年6月3日讲。——原作者注

所认为的那样，圣西门学说是未来的社会学说，如果这种学说会对全人类发生革新的影响，如同基督教对某些民族发生影响那样，那么，你们就应该不仅能理解到我们不能把自己的集会都用来详详细细地讨论过去的各种学说（不管它们是用什么名义出现的），而且会理解到我们要是不以我们的世界观为基础，就不可能顺利地进攻。只有进行比较，才能说明这个意思。如果有某一位希腊或罗马的哲学家，例如尤利安皇帝[①]（我们的任何一个敌人当然都不会因为这种对比而感到不快），我们假定说就是他，在同第一批基督徒辩论福音书所宣扬的博爱的时候，从自己受过希腊哲学启迪的意识中获得论据，如果他借助于区分两种本性——自由的本性和奴隶的本性来争取使徒们，如果他因为基督的教义神化了奴隶制的有益性和必要性，甚至是正义性，根据这种教义力图破坏和取代至今仍然是社会秩序的最强大支柱的感情，而把它诬为空想和幻想，那么，从这种辩论中得到的好处必然是不大的。他会有生气勃勃的性格，会激起人的仇恨和愤怒——不是那些坚信自己会给人类带来某种新事物的基督教徒，而是尤利安本人的仇恨和愤怒，他对道德秩序的敌人表示愤懑，因为他就是这种秩序的一个好看的装饰品；这已经为历史所证实。但是，由于人类的命运，他将只把好处带给那些会显示殉道者的信念的人。在当今时代——我们应该为这个时代对基督教表示感谢，人应该通过其他途径获得知识。

① 尤利安（Flavius Claudius Julianus，331—363），罗马皇帝，361—363 年在位，被称为叛教者。——中译者注

你们只要假定能预先领会向你们介绍的新哲学的主要旨意，只要彻底弄清它们能不能如同过去的学说回答在其所处时代提出的质询一样解答各种社会秩序问题，你们就能明确地自己解答第一个问题：圣西门的社会制度是不是某种完美的制度？然后你们再回到使你们留连的其他一切学说的感情上来，并把这种感情同我们导师的学说为你们培养起来的感情进行比较，你们要么坚持过去遗留给你们的教条，要么加入我们的队伍，以期加速实现圣西门所宣布的未来。

我们现在转入在这次集会上应该同你们讨论的主题。

刚才我们对你们说过，我们必须尽快向你们阐明道德上认可的基础，任何一种真正完善的社会，不得到道德上认可是不行的；这样可以解答你们在下述情况下可能产生的一系列疑问，如在我们谈到所有制的结构和按照才能的权利进行财产的分配，以代替目前存在的按照出生的权利进行财产的转移的时候，或在我们向你们指出社会预见将如何培养成长中的一代去直接取代现在当世的一代的时候。

但是，在着手说明这个可以澄清人类所关心的各种问题的疑问以前，在着手说明这个核心主题、寻得我们所研究的集体社会的实际基础以前，我们还要在一个重点上完成一件我们已经开始进行并希望快些结束的可以称之为解剖学的工作。诸位先生，的确，只要我们还没有抓住一条可以把每个人同他身外的存在物联系起来，并且把每个人作为学识渊博的非凡人物（这种人也是人类的组成部分）执行必要职务的对象的同情的链条，那么，我们所面临的只是一个无生命的东西，一具死尸，一个没有道德意义的事实。但是因为我们不得不暂时处在我们寄予希望的人目前一定程度所处在的不结果实的土壤上，所以我们必须考察他们所造成的这种落后的东西，哪怕只是证实一下它确实是不结果实的也罢。

诸位先生，立法是你们中的某些人的专门研究对象，而迄今为止还不是我们任何一次演讲的直接对象。就我们已经达到的程度来说，对这个问题是难以保持沉默的，尽管我们只想涉及一下社会制度的这个方面——仅作为它所维护的道德法典中的结论。确实不难理解，立法，无论在内容上甚至在形式上总是要么取决于社会上引起好感或者引起恶感的倾向，以表示赞成或者反对某些事实，要么取决于这种好感和恶感的表达方法(与文明的程度相适应)，即取决于社会所加予的惩罚或者社会所给予的奖赏。但是，立法的最奇怪的一个方面是它同教育的密切联系，作为教育的一种补充；这就迫使我们对我们学派有关这个课题的基本思想作出解释，至少是简要的解释。并且，当我们在探讨立法本身赖以获得认可的思想(有了这种认可，立法就能发生它应有的有益的影响，没有这种认可，就只能发生不利的影响)的时候，我们保留回到本题上来的权利，对于上面各讲所阐述的一切问题也是这样。

此外，人们要求我们解答的某些问题，也促使我们去研究这个课题。

有些人不待我们对未来的感情的性质作出解释，就想充分了解我们关于制止某些行为的意见，这些行为就是我们预先宣布过的，总有一天会被看作不道德的、对社会进步有害的和受到社会谴责的。还有一些人，他们走得更远；他们预先断言，我们会主张这种惩罚采取多少有些严厉的形式。他们忘记了我们宣告过暴力王国的终结，几乎是假定我们的主张里含有这样的意思：保存死刑，或者至少是保存刑讯和宪兵的刺刀。

在人们接触崭新的社会制度的时候，有诸如此类的误解是不足为奇的，我们感到高兴的是有了这些误解，因为每一次误解都给我们提供一个机会，感受到我们所处的感情、思想和行为的领域甚至同怀着最好意愿的人所向往的领域之间的巨大差距。这些怀着最好意愿的人努力纠正过去的弊端，当需要给旧人以新的生活、创造并赋予新人以热情的时候，又努力治疗旧人的疾病。

现在，让我们简略地考察一下立法的目的和本质，它所包含的事实，它所运用的手段，以及关于什么样的能力才可以成为审判官组织的基础的问题。

立法的目的是维护道德秩序和以特有的形式增进这种秩序。

立法要把各种特殊的社会事实，即非正常的、进步的或落后的事实，换言之，要把道德的或非道德的，最能受到赞扬或指责的行为统统包括进去。

因此，立法分为彼此互有区别的两个部分：消极的和积极的立法，或惩罚性的和奖励性的立法。这种区分使它具有为恐惧和希望所制约的双重性质：一方面，它作为恶德的障碍物出现；另一方面，又作为善德的鼓励和培养手段出现。

让我们稍稍研究一下我们用三种不同形式提出的这个论点。我们在上面句子里最后用了两个词：恶德和善德，这两个词从来就是许许多多谰言的借口；这就激励我们加紧明确确定我们赋予它们的含义。

每个人都可以采取某种行动，或者把自己看作是中心，或者置身于他应该进行活动的领域的周边，换句话说，他可以使任何一种公共利益服从于私人的利益，或者相反。前一种情况为利己主义提供位置，后一种情况则为忠诚*提供位置；狭义地说，前者相当于利益，后者相当于义务。在我们称之为有机的时代里，这样两种方法通常总是导致一个目的，因为当时在利益和义务之间存在着和谐，前者和后者同样地运用爱，并且存在着把两者连接起来为每个人所理解的联系。相反地，在批判时代，利己主义占据统治地位，并且可以说是只听到它的声音，因为既不存在信仰，也不存在对于人应该承担责任或维护公共利益这种观念的爱。不管社会的目的如何，一个社会是通过战争的方法还是通过和平劳动的途径实现繁荣，一个社会是推崇人对人的统治还是推崇协作，在所有这些情况下都可以观察到值得注意的现象，而公共利益和个人利益之间只有在那些力求以自己的行动赢得周围群众尊敬和爱戴的人身上，即在那些既处在中心地位又处在周围地位的人身上，才能达到一致。

十八世纪的哲学家正是由于未能从这两个方面考察人，所以以各种不同形式复活了伊壁鸠鲁唯物论的利己主义或者斯多葛派

* 比忠诚更加确切的说法是：奋不顾身精神，自我牺牲精神。这种名词的更换是为了解答人类曾经给自己提出的伟大的道德问题，但是它所需要的详尽的解释，要到下一卷中我们探讨未来的宗教教义的时候才能作出。目前，我们只限于作简单的说明：在过去的一切时代里，奋不顾身、自我牺牲的思想始终同忠诚（dévouement、dévotion）一词连在一起的，如同在将来忠诚应导致公共利益和私人利益的一致一样，奋不顾身精神和利己主义也将同样地消失。选种制度只有在下述社会才能实现，在那里，每个人不问出身都按照他的才能占有地位，都按照他的事业获得奖赏。——原作者注

唯灵论的利己主义，总之，是一种利己主义。这种混乱现象在爱尔维修的正确合理的利益中，以及在形而上学唯灵论者的对自身的义务中都是同样显而易见的。因为前者把人归结为由直接的和纯粹个人欲望所推动的消极群体，后者力图提高人在自己心目中的地位，于是产生一个神圣的词汇——天职。但是这种天职所承担的并不是人类的共同需要；形而上学者所力图捕捉和理解的不是上帝的声音，也不是人民的声音，他们所谛听的是自己的声音，他们从自己个人的意识中寻找天启。

在此，我们要赶紧指出这样一个事实，所有这些哲学家当处在哲学领域里的时候，就列阵在两面颜色不同的大旗之下，然后分成两个差别难以辨认的集团，互相为敌，彼此轻视，而刚一进入道德和政治领域，像你们看到的那样，立刻握手言欢。无神论者霍尔巴赫，自然神论者伏尔泰和卢梭，一句话，一切赞成新教，或者正确点说，赞成限制教皇权力的哲学宗派，都异口同声地宣扬同样一种社会学说。

一切个人主义的维护者在政治问题上如此惊人地意见一致，对于他们来说，应该成为充分的证据，用以证明他们的社会信仰并不是来自他们所谓的哲学学说的逻辑结论，单凭这一点就足以使他们怀疑这种信仰的价值，如果这些不同宗派所应用的教义假定还有比个人意识更高的来源的话，那么我们的哲学家和政论家就不难断定，他们是同一位师傅的门徒。

这段插话对我们是有用的：在结束我们应该说明恶德和善德两个词以前，为了避免重犯类似我们现在所指出的错误，要用一个我们大家都知道的事例证明下述情况：确定这两个词的确切意义并不是在某一个人希望只按照自己的良心定下它们的价值（无论他是洛克、里德、孔狄亚克，还是康德）的时候，而是这种个人良心的启示为人类适应文明状况的共同需要所证实的时候，这种需要在最初是由群众十分模糊地表示出来的，只有那些对群众怀有最有力和最宽宏大度的同情心的人才能识别出来。

任何一部道德法典（因为我们很讨厌用这个名称来称呼批判时代的神秘的利己主义体系，全人类将充分证明我们的厌恶是有理由的）——任何一部道德法典都不会把个人看作是中心，即不会宣扬利己主义。相反地，有机时代的一切设施都是这样确立起来的：如果一个公民由于个人情况离开周围，就会把他引到周围来；那种时代的经常目的是让公民记住自己的义务，促使他们履行这种义务，或者让他们感受到不履行义务的恐惧。

诸位先生，在这里不需要让你们去注意：我们目前无意向你们开系统的道德课，我们迄今为止所讲的一切都同人类发展的不同时代中某一时代人所承担的社会义务的性质无关。但是重要的是，说到这里要请你们注意到我们学派关于人类发展的一般思想，这种思想在当今时代正在得到应用。

在一切社会改革的条件下，人类最发达的敏感性能够通过惩罚性或奖励性的立法改正某些行为，使它们不再成为有害的或有益的。但是这种敏感性同时也会给上述立法带来新的行为，那时它们将具有这样的性质，即成为上述立法厌恶或者推崇的对象。

就是说在基督教的统治下，道德不仅在教会范围内失去了它在古代所具有的那种野蛮的暴力和阴谋的性质，甚至在军人身上也由于爱而具有极其和缓的形式，而骑士的豪华风尚则把荷马笔下的英雄当作残酷和粗野的人抛弃掉，对于这些英雄，希腊和罗马是奉为最高尚典型的。

可见，在伟大的文艺复兴时代，如同政治制度那样，道德制度也实现了变革；旧的词汇获得新的含义，新的词汇纷纷出现，用来表达同样新的印象。因为行为（当今时代是这样称谓的，但是总有一天会有别的称谓的）是恶德和善德两个词的基础，为了避免可能由此产生的不同意见，这种预示在我们看来是必要的。说明下述一点就足够了：我们愿意一方面用善德一词表示在我们看来是有利于社会向着它自身所提出的目标前进的一切事实；另一方面，相反地用恶德一词表达在我们看来是阻碍社会发展的一切事实。例如，只是为了证明个人勇敢而视死亡为儿戏，并非出于舍己精神的坦然含笑赴死和甘冒危险等等，在古代多半看作是善德，但是在不再需要人们时刻准备去搏斗、去打仗的时代，所有这一切看来会被认为是愚蠢的、可笑的甚至是可怕的蛮勇举动。同样的人将来当然会赞美力量，例如瓦特的力量，如同以前赞美阿喀琉斯[①]的力量一样，但是这两者实际上并不是一种力量，因为前者所表现的目的完全不同于过去时代所提出的目的。而且毫无疑义，人们终将认为怯懦是可耻的和可鄙的，但是这不是指过去时代的怯懦，在未来时代，好逸恶劳的人就是懦夫。诸位先生，人类科学财富和实业财富的扩大，人的感情的完善，这就是力量和勇气，这就是未来时代的善德，运用这些手段总有一天会赢得个人的声望和荣誉。

我们说过，立法分为惩罚性的立法和奖励性的立法，奖惩制度

① 阿喀琉斯（Achilles），荷马的史诗《伊利亚特》中的英雄。——中译者注

中所包括的两种认可，与恶德和善德的区分相对应，这种区分是根据同道德性质有关的人的行为确定的。我们现在补充一点，法官团体是当时的一种组织机构，社会借助于它来表示斥责或者赞扬。

尽管立法的这两部分似乎应该同时进行解释，我们仍然把我们的考察限制在其中的一个方面，我们这样做出于何种考虑，你们不难理解。贝卡里亚[①]和边沁[②]决心直接从两种观点出发研究问题，他们的努力当然不会结出果实，尽管如此，但是律师和政论家的全部工作实际上只是把惩罚性的立法作为自己的工作对象。这是十分自然的，因为那个在几个世纪里拥有强大道德威望的唯一机构，一天天在丧失自己的影响，同时它必然要被类似的机构所取代，后者能给予人民正义判决以强有力的认可，特别是为犯罪者宣布恢复名誉和对才能表示推重。

人类将不再尊敬教会，很快就去尊敬个人主义学说的卑微之神，理性的两种创造物——良心和舆论。一切奖励性立法于是归结成为一句教条，形而上学者是这样表示的："善德之人从自己的良心中得到奖赏"；然而有批判情绪的政论家则宣称："舆论会奖赏善德之人"。我们在上面说过，这就导致同样一种政治结果：反对任何建立人类道德利益指导中心的企图，即导致对权力的仇恨心。

诸位先生，在进入考察惩罚性立法——批判时代的政治正因为到了最后阶段失去了道德内容，只能想出这唯一的维护秩序的

① 贝卡里亚(Cesare Beccaria，1738—1794)，意大利法学家、政论家和经济学家，启蒙运动者。——中译者注

② 边沁(Jeremy Bentham，1748—1832)，英国资产阶级社会学家，功利主义理论家。——中译者注

方法——以前，我们稍稍研究一下今天社会结构中的一个重大缺陷，这个缺陷对幻想过去的制度卷土重来的顽固分子十分有利。我们要在说明自己对人类道德前景的观点以后再回到这个问题上来，但是，在这方面要对社会退化现象略作叙述，现在是为我们下面要讲的东西作准备。

诸位先生，请注意，道德力量能够保护弱者，增强才能的力量，唯有道德力量能够使悔过自新的犯罪者同受过他危害的社会达成和解，我们所说的缺陷就是失去这种道德力量的社会的寡居现象(veuvage)，我们说这种缺陷不只在没有我们称之为奖励性立法的那种立法的情况下出现的。司法和正义之间存在的常见的差别就是这方面的证明；合法的制度如果抛弃道德秩序和它的支持，就无力抵制隐藏在这种差别之中的危害。但是，这亦不是全部，因为还给这种制度预示了另一种较为显著的危害，它在建立陪审员制度[①]中表现出来——对于律师为破坏过去的道德秩序的政治基础所付出的努力给予优惠的奖赏，而对于他们在建设新大厦中缺乏预见的表现则给予正义的惩罚。

诸位先生，陪审员制度如果不是不信任的后果，那究竟又是什么呢？这种不信任或者是由于拟议中法律的不道德性引起的，或者是由于担心法官贪污，至少是担心他们无知引起的。人们希望一旦到了在精神上和政治上不再承认有高下之分的时候，受到的审判是平等的了。人们服从始终完全不离开人的幸福本能，因而

① 这种起源于英国的制度，法国是在旧政权倾覆以后才实行的。圣西门本人没有像他的学生那样认真对待有陪审员的审判制度。——俄译者注

希望法律一词的含义中恢复它所失去的舆论的力量。这些努力是无济于事的，因为从投票箱中虽然经常出现一些名不见经传的人物，但是它不是那么清洁的源泉，从这里流出的有使社会协和之水，甚至也有受社会指责之水。

然而，诸位先生，这是当今时代立法所要求的有利于道德的唯一保证。少数学者迷误甚深，以致对上述制度的如此贫乏、无情、冷漠概不承认。谁要是即使出于批判的目的，对于基督教会在它的鼎盛时作出的判决，对于把基督徒善德奉为一切信徒和一切后裔的典范的做法，对于会使犯罪者在生前就遭受炼狱之苦的革出教门的措施，最后，我们甚至还要大胆地提到，对于教会还没有因为出卖免罪符而成为可耻交易的对象的时代的出卖免罪符行为——谁要是对于所有这一切哪怕是作片刻的思考，他就不能不对下述社会产生惋惜之感，这种社会不怕因为那些维护秩序的重要手段受到破坏而表示自己的喜悦，同时又不关心它们将来会被某些别的手段所取代。我们理解当今时代有权势的学者对这种社会所持的轻藐和失望的态度；我们理解全力呼唤过去时代的德·梅斯特尔[①]，如同理解歌德或者拜伦那样，当他们用白色尸衣覆盖在死人身上，并用有毒的气体充塞我们在那里苟延残喘的废墟的时候。

不会的，诸位先生，人类不会注定永远处于这种道德式微以致道德沦丧的状态，因为人不能长期地听任自然，而不陷于利己主义

① 梅斯特尔(Joseph de Maistre，1753—1821)，法国政论家，政治活动家，宗教哲学家。——中译者注

之中。这样的日子一定会到来的:那时,执行社会审判职能机关发出的声音将使所有的心灵中产生真正的愉快或者深深的悲哀;那时,忠诚于人类的人将会重新争取神圣的荣誉;那时,善德因为恶德之故而经历的悲惨苦难境状将成为对恶德惩罚;那时,将有可能为悔过者展现出希望。

但愿特别是最后这一种思想永远地留在我们的意识里,诸位先生,而你们仍可以对于有博爱之心的律师所作的无谓的努力适当地作出评价,他们试图使那些毕竟缺乏远见而显得反常的人恢复平静。看起来,他们仿佛要从苦役刑开始,实现社会的道德复兴,他们全都坚决反对让那些身上打着一次可怕而又可怜的社会审判工具烙印的人永远伴随着苦难,这种烙印始终堵住了他们的悔过和和解之路。意志薄弱的人在猖狂的利己主义的诱人场面前失去自制能力,因为经常接触犯罪行为而道德严重堕落,大家都为此而痛苦不堪。然而他们之中谁也没有想到,他们为其不幸而感到悲戚的人,就是来自我们文明城市的人,在这里他们也没有根基,在这里他们留下大量像他们那样意志薄弱的人,这些人紧跟在他们之后死于监狱之中,也许是从断头台的高处永远向大地告别的。

让我们回到许诺过要研究的专门问题上来,我们要讨论关于惩罚的理论,关于建立一种团体,其目的是把这种理论应用于各种社会实际。

我们已经不止一次地说过——我们仍然认为这种重复是有好处的——人类发展的一个重要规律就在于力的统治的不断削弱,更确切点说(就力这个词并不产生同实业的政治意义的增长有表面矛盾的影响而言），是暴力统治和人对人剥削的不断削弱。这一规律在应用于使我们感兴趣的客体的过程中向我们表明，一方面是恶德越来越具有非粗暴的形式，另一方面是惩罚越来越具有人道的性质。因此，不管这方面到目前为止进步到何等程度，如果你们听到我们提起镇压一词，就以为我们把这个词理解为强行制止人口增长，例如中国人和希腊人所采用的方式，致儿童于死地，并且掠夺奴隶，或者理解为基督教会在它衰落时期所采取的方式，用火刑惩治渎神者，那就大错特错了。

诸位先生，我们并不这样理解。如果假定：在唯有道德、才能和劳动才可以获得统治权的社会制度下，我们会允许这样的审判官存在的，他们对犯罪者不抱同情，并且认为思想感化和现行教育措施不是对犯罪者的惩罚，而报复才是惩罚，那么，尽管我们未能事先详细规定未来时代要采取的镇压手段，不过人们仍然会毫无根据地指责我们明显背离我们自己的原则。这种谬误如果涉及压制道德的过错的问题，如果涉及诸如有关教学自由、出版自由，特别是宗教信仰自由这些当前十分迫切的问题，那么就更加不可宽恕了。因为有些人想知道我们在这方面的想法，所以陈述我们的意见。

我们认为，在那种由我们为未来安排的有组织的社会里，给予反社会学说散布者的惩罚，其主要目的是使他们免受公众的仇视；由于要对他们采取严厉措施，当局的愤懑程度（即使形式上是缓和的）将会超过人民对那些伤害群众感情的人和事件而轻易爆发出来的愤懑程度。为了理解这一点，诸位先生，请不要忘记，我们的第一个假定，也是我们唯一的目的，就是要建立一个享有爱和荣誉

的政权组织。不管你们目前抱什么样的成见，你们能不能在有公认完善的教条的情况下设想，人类早已认识到尊敬心是使弱者听命于强者，钦佩心是使理性顺从于天才，爱慕心是乐意为了这样一种人——他们的生命仿佛同人民的命运和世界的命运连在一起的——而牺牲自己，我们说是你们能不能设想，人类会永远失去自己这些高尚的幸福因素？如果它们注定要毁灭，那么，这种情况无疑将会在下述时候——革命的无政府状态似乎要把它们永远从人的心灵中驱逐出去的时候发生。然而，一旦它们重新复活，至少是部分地复活的时候，就会赋予法国一种如此奇异的力量，它使欧洲在二十年内既感到恐惧，又感到惊讶，这种情况难道我们没有发觉吗？

诸位先生，在未来的惩罚是否严厉的问题上，你们尽可以放心；一旦具有上述精神的政权享有人民的信任和爱戴的时候，你们将会相信，对它的仁政的赞扬声，会超过对它的严苛的抱怨声。

现在，当你们知道我们在惩罚的重要性问题上的一切想法的时候，我们就请你们注意到惩罚应该达到的社会目的，即社会可望由此得到的利益，以及它们必须具有的性质。

我们已经说过，在一切直接的教育手段在当局手里几乎化为乌有的时候，也就是在当局实际上没有任何能力和任何权力教育人民的时候，惩罚性立法就是它所拥有的唯一武器。它用这个武器不是为了引导社会走上善德之路，即走向前所未有的未来，也不是为了用明智的预见阻止社会走上邪恶之路，即倒退到往日的野蛮时代，而只是为了用惩罚犯罪者的场面以儆戒恶行（人们只有在它具有最粗暴形式的情况下才能了解它）。这种教育手段在有机时代因为只起间接作用,所以是很弱的,但在批判时代,则成了唯一的手段;正因为如此,所以它在力图阐明立法的道德价值的当代政论家看来是极其重要的。这样的政论家目前确实还不多,边沁无可争辩地站在其中的最前列,他也不能不承认:我们采取这种观点在选择刑罚方面不会比希腊人和罗马人更顺手,而只有天主教能够利用这种可怕的方法来击败有识之士。这种意见将会使边沁找到他过去出于自己的批判倾向而表示轻视的许多真理的踪迹。我们现在向你们宣扬这些真理。

不错,天主教教会甚至能把刑事立法利用来作为人民教育的手段;它之所以能够做到这一点是因为:当它相信基督给了它教育全世界的使命的时候,在它看来,一切都是教育的手段。尽管教会要求尘世政权关心世俗惩罚的执行情况,但是,它并没有在这方面发挥自己的影响,赋予这种惩罚以目前已经丧失了的道德性质。这种黑暗的典仪现在可以说成了一种外科手术式的手续,极不文明,毫无生气。诸位先生,这里边毕竟还有一点点生命之火。请看看那种出现在刽子手和他的受害者之间上断头台的人物,这种人在死亡的舞台上仍然怀着希望和爱情,难道其中不包含着全部生命吗?

因此,像边沁一样,我们对于说我们的惩罚制度没有道德价值不会感到惊奇;我们将同他一起说,我们立法中的大多数惩罚措施,至少是那些不流血的措施,是照抄现行审判制度的。

现在我们知道这种缺陷的原因,从而,我们也就很快可以找到纠正它的方法。我们知道,在那些没有共同的道德信仰(这种信仰为人们所接受,并使他们得到越来越有力的鼓舞)的地方,粗暴的力量便成为维持当局所控制的秩序的唯一手段。所以，值得注意的情况是，正是在人民慑于专制暴政而不知所措的时候，他们最容易同意留在自己并不信赖的当局手里，最可怕的专制武器就是物质力量！我们指出这种不合逻辑的现象，是为了再一次证明幸而在批判时代一切行动中占优势的逻辑上的缺点。

因此，我们十分坦率地大声宣布，当社会感情的教育只起镇压作用的时候，也就是这种教育只存在于刑事立法之中的时候，刽子手成了唯一由官方授予证书的道德教师的时候，那时，就只能是专制主义统治一切，那时，社会也许只能从属一种最货真价实的、最卑下的奴隶制度。

不应该忘记这一点，不从这位英国大律师的意见中吸取重要教训。你们每天都听到那种重复得令人厌烦的说法：人的智慧再也不应该满足于不充分的解答，与原则相矛盾的事实，对事物的后果不指明原因而只作不可理解的说明，总而言之，对于人来说，一切被视为奇迹的东西，只是人的无知的表现，唯有指出必须进行的工作，以揭示出被难以观察的现象隐蔽起来的真理，才有益于人。我们在这里表达了批判时代十分流行的科学信念，因此，对于这方面的反对意见，我们没有什么可怕的。诸位先生，很有意思，希腊人、罗马人和我们同样无力利用惩罚制度，然而天主教会相反地却成功地利用了这种制度，把它所要用来穿透人心的恐惧或希望散布出去，对于这种情况，边沁本人究竟是怎样解释的呢？这个问题对于那些愿意把古代和我们联系起来的人是有兴趣的，可是边沁却绕开了它，不加研究就抛开了。知道他的政治观点是同我们的一切政论家的观点相吻合，只是保有稍多一点的逻辑性，就不能不提出下述看法：天主教教会比我们和比罗马人有这种优越之处，对于边沁，对于一切服从批判权力的人来说，简直是一种不可理解的奇迹。如此野蛮的中世纪居然知道领导人民的奥秘，对这个问题究竟如何认识？它巧妙地利用了产生于群众，可以说产生于预定行动的手段，然而我们拥有奇迹般的文明却不知道文明到底是什么东西，至少是未能做些什么以促进文明的发展，这又如何认识？

如果只是试图使十八世纪遗留给我们的教育不受盲目支配，那么在各种共同性的问题上也会产生困难，我们可以根据个人的经验加以证实。你们不妨暂时抛开那些憎恶中世纪的情绪，并且暂时忘却你们所厌恶的人类生活中的这个时代社会领导人的学说，那么，你们就不能不承认这种学说同上述时代的当局行动之间存在着彼此十分协调的现象。但是，须知正是这种学说和行动之间的协调，证明了人类精神的健康状况，如同两者的分歧是缺乏理智的标志一样；根据中世纪和现代之间的比较而对边沁的承认，是说明存在着绝境的一个最明显的证据，批判的学说就是把人类困囿在这种绝境之中。

我们要同你们谈谈审判官问题，即关于承担把道德学说应用于处理恶行这种特殊情况的责任的人的选择问题，因为我们在此只是研究惩罚性立法。

我们先来探讨一个小门类问题，这可以使我们把一部分问题搁在一边，我们只要在直接阐明关于人类道德上的未来时代（确切点说就是充满激情的未来时代）的学派思想以后，研究那一部分问题就容易了。

恶行的特殊情况可分为三类，分别同可用来考察人和人类的三种观点相适应。我们指的是我们用三个名词标志的三个方面——美术、科学和实业。因此，也就有三种罪行：对人的感情或对人的道德相互关系的罪行，* 对科学的罪行，以及对实业的罪行。善行也存在着这种区分，或者作为关心社会性质的进步行为出现，或者作为科学的发现出现，或者作为实业的成就出现；但是关于后一方面，我们目前不拟作出任何解释。

根据这种分类，审判官如同刑法典一样，从惩罚制度的观点来看，也可分为三类，分别同三大社会集团相适应。在我们看来，这三大集团不是僧侣、贵族和民主集团，而是艺术家、科学家和实业家。重复一下，我们姑且利用美术家这个词，因为我们所要使用的这个词在目前情况下无疑将会作出不正确的理解。

总之，在上列三大社会阶级中，什么人能够判明一定的事实是不是恶行呢？也就是判明它们是不是污辱了感情，是不是敌视科学的发展或科学的教育，以及是不是阻碍财富的增殖和按照工作者的才能进行财富的分配呢？

诸位先生，你们知道，刚才我们所做的抽象的程度并不要求没有复杂的非正常的事实。在现行审判制度中，某些案件被归入两个不同审判等级的管辖范围；这在将来也会发生，但是，抽象之所以必要，正是为了建立每个法庭的专门管辖范围。

在预先说明了这些意见以后，你们就会看到，我们要把属于感

---

* 请注意，像我们在上面已经说过的那样，犯罪总是意味着做出了有倒退倾向的行为，意味着重复过去的某种习惯，换句话说，就是证明教育没有起到作用。因此，我们认为犯罪者只是过去时代的儿子；当前的一切努力的目标，就是使他们成为未来时代的儿子。——原作者注

情范围内的问题暂且搁下，专门考察另外两个领域的问题。

我们还要和持批判立场的政论家一起准备宣布，案件应由同类人审判，对此只能这样理解：实业范围内的罪行应由实业家审判，科学范围内的罪行应由科学家审判。但是由此到有陪审员（抽签产生）的审判制度[①]相去甚远，为了避免讨论这个问题，我们要赶快补充一点：如果要实行由同行人审判制度，必须有一个条件：审判要由同行人中的优秀者担任。没有这个条件，这项基本原则会比秩序的保证更快地成为无秩序的缘由，因为人们在采取这项原则时宣称：它能提供机会解决关于充当法官的人是否缺乏道德、无知和无能的问题。

要担任审判某种行为的法官，必须比采取这种行为的人站在更高的观点上；必须比后者掌握更多的事物，考虑更广泛的利益；为了确定某种事实的不正常性，必须知道与此有关的普遍的事实。

举例来说，如果不是极其清楚地了解科学的共同需要的人，又有谁能执行科学审判官的职务？不过，请不要忙于从这些话中得出结论，认为我们希望把类似的特权提供给法兰西科学院、医学科学院、法律系，或者现存机构中的其他任何机构。诸位，不是这样，我们希望社会复兴，这些机构只能成为我们组织中的零件，而且是微不足道的零件，它们将切实地从本身试验复兴的成果。但是我们承认，人们经常上升到他们并不认为是自己所创造的环境的高度，这种情况尤其会在下述时候发生，即在他们的全部生活习惯会自然地，可以说是本能地，导致他们接受所托付的新使命的时候。

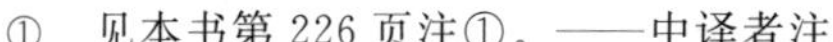

① 见本书第 226 页注①。——中译者注

一个新的事例将会向你们指出这个说法完全正确，我们所说的是商业法院。[①]

我们刚才所说的任何一项原则都没有同建立商业法院相抵触。这种机构如同全面制定整部商业法典一样，在我们看来，是我们立法中的进步因素的独特的表现。我们不想因此就说，商业法典和商业法院将来不会发生重大变化，而只是要说，它们两者将比我们审判制度的所有其他部分在更大的程度上促进我们立法的全面改革。我们确实看到，在律师心目中是奇迹的东西，乃是从事那种看来同立法毫不相干的工作的人，对商业利益中的极其微妙的问题迅速地，同时又是无错误地作出判决，他们对于其他法官来说是默默无闻的。其实对此感到奇怪那是十分自然的事，因为这种奇怪的感觉起因于立法状况必然引起的头脑里的错误概念，而立法（商业法典除外）又同那些超出每个公民知识和习惯的事实有关。

由此可以认定，商业审判官可以托付实业家担任，不过这种法院只能看作是初审法院。但是应该承认，人们对于他们所持的态度，仿佛并不相信他们的力量，如果考虑到还在继续进入民事立法领域之中的事实的重要性，对此就会确信无疑，虽然他们或者同社会财富的生产，或者同社会财富的分配有直接的关系，换句话说，同用实业观点考察的社会行为和社会组织，有直接的关系。例如，土地所有权问题，包括调整生产工具的分配和转让，即调整租赁、

① 《圣西门学说释义》以下逐字逐句重述了圣西门早已发挥过的下述思想。见《圣西门选集》，《论实业》，俄文本第 2 册第 5 章 11 节，以及第 7 章全章。——俄译者注

出卖财产契约、继承和嫁奁，仍按过去的社会学说解决，归入民事立法范围。但是，如果你们记得我们关于所有制结构的演讲，就会理解到实业社会的立法也应包括调整土地所有制，一如关系到商业财产（特别是目前列入动产之中财产）的契约。而如果要利用商业法院的经验去建立其他较高级法院——暂且名为实业法院，那么一切有害于财富增殖，即有害于实业发展的事实将受到正是积极促进这种发展的人的审判。希望人们不要借口几乎所有的实业家在民事法律方面一无所知来反驳我们，因为这种无知仅仅只是证明：民法典还不适用于现今的市民社会，而且它也并不打算适应基于我们时代的实际需要——特别是未来需要的一般观点。但是，我们并不过于强调律师的博学和实业家的无知，如果要从社会物质成就的观点出发来谈目前几乎所有的法律的功用，那么实业家的判断力同律师的判断力至少是相同的，因为正是实业家经常为法制不健全而吃苦头，而对于律师来说，这种法制不健全状况恰好形成他们所期望的那种如意环境，他们在这种情况下便可获得声誉，特别是得到主顾。

我们把贸易立法（这是实业为了成为某种强大的社会力量，从建立最早的公社的时候起所作努力的可喜结果）看作是进步的证明，但是对于这种进步来说，实业法官通常用来审察一切诉讼所持的观点特别具有意义，其他法官有多么重视案件的形式，实业法官就同样地以自己的全部注意力去了解案件的实质；在律师竭力提出纷争点的地方，商业法官就竭力寻找和解的因素；最后，实行和解仲裁，把案件交付鉴定人，法官个人在争端问题上的熟悉情况，都使商业法院判决的正确性较之于上诉权有大得多的保证。在我

们看来，这样做的正确性将会达到如此程度：如果实业诉讼的上诉是与目前相反的情况下发生，即由民事法官转到商业法官的情况下发生，那么，被公正地废止了的判决在数量上无疑将会更加可观。

诸位先生，还要请注意，用于建立陪审员制度的理由在这里之所以不能采取，正是因为：商业法官能够作出判决的只是如下一类案件，即他们对案情的了解大概会比偶然被指派的陪审员清楚得多的案件。

关于商业法院我们讲了这么多，是为了解答一个几乎所有听了新社会学说宣传的人都会产生的疑问：人们在这种情况下特别难以设想现在需要采取什么行动，才能赋予现在以未来时代所具有的性质。然而，莱布尼茨和其他许多人说过："现在孕育着未来。"因此，如果说我们的未来会成为现实，那么这是因为它正在我们所见到的发展着的事实中萌芽，尽管不易察觉。我们既然提到了实业组织，就是告诉你们信贷发展方面的前景，由于银行和信贷越来越迅速地转变为动产甚至是不动产，利息将不断下降，使各国人民彼此疏远的商业偏见将会缓慢地，但确实是不可避免地消失，最后，将有越来越多的人参加领导实业的人的政治活动。因此，我们只好在此同你们谈谈进步因素的萌芽问题，在现代立法中旨在调整财产和抑制可能的侵夺财产行为的那一部分，孕育着这种萌芽。

要评价任何一种行为，要确定这种行为是不是罪行，我们说过，必须懂得什么不是罪行，也就是懂得关于秩序的规章，如果愿意，或者懂得关于实业的、科学的和感情的社会法典。我们可以由

此得出结论：人应该由品级较高的人进行评价。同样地，我们说，上述法典的一切修改工作，也只能由这些优秀人物来做。我们就是这样表示自己的关于立法权的概念，立法权在目前起着如此重要的作用，同时又如此不被人理解。

确定具有适当的颁布法律以及实施法律的能力的条件，是一切良好立法和一切社会秩序的基础。因为其前提是：制定关于秩序的规章和监督遵守这种规章都要托付给最有能力评价这种规章是否公平和实用的人。诸位先生，如果情况是这样，那么你们见到下述情况，就很难不感到惊奇了：我们的政论家一方面夸耀自己政治学说的深湛，同时又寻求立法活动能力在事实上的保证，而事实本身又同这种能力完全格格不入，甚至同一切能力根本相左。由于我们仍然处在野蛮状态，在这种环境中，知名人士有可能过着阔绰的生活，不生产任何东西，不从事任何劳动，完全无所事事。我们的政论家大概会得出结论说：正是在这些游手好闲者之中，一定能够找到最清楚地懂得社会（一直过着艰难岁月的社会）利益的人。我们现在用清偿捐税的标准来测量立法能力，远没有断言他们是错的；但是应该承认——可要谅解我们这样说——这只是意味着博弈中的幸运。当战争成了社会机体真正支柱的时候，那么土地就成为军人的财产；当军事的习惯成为最适用于一切人，而领主为这种习惯做出最完备的范例的时候，那么伯爵就会成为自己的封臣的天然法官，逻辑以至于整个社会就会满足于这种封建立法的教条。但是，只要伯爵和男爵们摧毁了自己的城堡和抛掉了自己的佩剑，只要土地所有权仅成为不履行义务而过着闲适生活和不承担社会职责的专制权，那么在实行立法权能的条件下，一定

会很快发生职位的更迭。还在他们找到新的基础以前，我们就经历了下述时期：临时安排的立法者从四面八方奔向保民官的位置上来，这种位置是在摧毁了领主的或军事的司法制度的最高法院之后不由自主地恢复起来的。这种劫持行动并未继续下去，很快地就出现一种情况，只要一个人，几把刺刀，就可以迫使那些不受欢迎的立法者离开。但是这个也不考虑未来的人，竭力倒退到过去，并且按照封建主义的原则，即按照世袭权的所有制，重新建立法制。

从那个时候开始实行的某些成功的新措施，证实了我们关于现在之中包含未来的萌芽的说法。

同选举权的条件有关的特许证，是当今时代社会能够颁发给造福于社会的人的唯一证件。目前，把教授、医生、律师列入陪审员名册[①]，这就在那种原先只存在完全不取决于个人的纯粹物质条件的地方，出现了的确是很不确定的理智的和个人的条件下。

如果现在土地按照实业家的个人才能水平分给他们，也像以往土地按照军人的世袭爵位而成为军人的采邑一样，那么就不难设想，和平的社会就可以采取军事的社会所采取的原则，因为在这种情况下，如同在封建时代一样，存在着怀有共同目标的人的联合体，一句话，存在着一个社会团体。那时候，按照自己的贡献分成等级组织起来的实业界伯爵和男爵，将会成为这个社会物质利益的天然法官，类似中世纪的领主成为军事社会的天然法官一样。

① 根据1791年法律，任何公民都有权当陪审员。名册由省的首席检察官（procureur-syndic）编制，按名册抽签。——俄译者注

如果记得我们过去向你们讲过的所有制结构，你们现在可以毫无困难地理解实业审判官的组织。每一个专门工场（我们用这个词不是指房间，也不是指四层大厦，而是指公社、乡村、城市、整个国家，因为在社会团体里，不管它数目多少，总是有它应该履行的实业职能），或者每一个实业市政局，都需要关于程序的规章，因而需要负责监督这种规章遵守情况，或者按照劳动要求修改规章的人员，即能够判断某些事实是否阻碍生产，某些事物是否有利于生产的人员。实业审判官就是由这种人担任的。

诸位先生，为了避免审判官一词引起你们的错误观念，更确切点说，为了避免引起在当今社会制度的影响下形成起来的观念，请你们不要忘记，按照我们的观点，未来时代不会遇到这些关于所有权问题的无尽无休、充满仇恨的争吵。如果在实业家之间发生关于某种工具和某种工场的使用权的争执，那么，负责领导物质生产的机关将是天然的仲裁人，它将解释由该机关在举行实业授予式时颁发给每个生产者的领有状中的不明确之处。同样地也不要求第三者为寡妇孤儿的命运作出任何保证，因为他们的命运是由市政府来保障的，而不指望于个人的那种直接的、往往是很不明智的预见。最后，由于那时活人之间或者人死之后所有权的转移，到那时将都通过发给新管理者的新租约形式进行，所以，出卖、拍卖、遗赠、让与、典当、抵押、剥夺等等也就完全不为人所知了。

由此可见，人数众多的档案员和公证人，汇聚成军的诉讼者、律师、诉讼代理人，以及各种各样目前终日忙于保持、维护和争论自己权益的生意人，在未来的社会制度下将会消失，而上述权益今后只是为实业领导人的仲裁提供理由。因为涉及所有权的立法和

诉讼程序将转化成为这种仲裁，劳动产品的分配，如同关于实业工场的所有权，即关于不动产的管理和利用的纠纷一样，将永远不再归属于另一个法庭管辖。

但是，诸位先生，我们在这里期待着在人们谈论银行组织的时候重新提出（我们预想会提出）可怕的异议——我们曾经领略过的异议，其之所以可怕，是因为它使用的术语会产生美杜莎的头[①]所引起的印象，使所有的人陷于恐惧之中。这就是说人们重视各种同业公会，以及它们的一切随从，执政官和议事员的法律学，劳资调解委员以及一切由于革命使我们永远摆脱了的旧东西。诸位先生，请想想，在这种推理方法条件下，现在不可能有任何手段都同过去的相类似，尽管它们在那时是为其他目的服务的。我们十分了解，旧的同业公会是通过什么途径把实业联系起来的；但是这种途径乃是实业家在他们社会生活开始时期所用的真正的儿童背带，并不能成为实业家在成年以后彼此保持联系的依据，因为他们的实力并不相同，他们的文化程度也有差异。在同业公会这个名称之下曾经存在的机构，它们的形式在我们看来已经腐朽，但不能由此得出结论说，实业家在任何情况下都不应该建立同业公会。再者，旧的劳动协作已不再适用，但不能由此得出结论说，谁能竞争，谁就能得救，把竞争看作是谋取实业福利的上策。

请注意，这种意愿是不合时宜的，因为它的衣服一眼就看出是旧式的，它确实是一种特别可怕的偏见，当你们自己穿上衣服的时

① 美杜莎（Medusa）是希腊神话中三个蛇发女妖之一，凡是看见她的头的人都要变成石头。——中译者注

候，如果不是哥特式的，那就是按古典式裁制的，如果不是封建式的，那就是希腊式或者罗马式的。诸位先生，因此我们抛弃这种可怕的偏见，并且开始竭力冷静地一面考察古代的秩序，一面考察当今的自由。如果你们也像我们那样，赞成圣西门的制度，那就会这样行动起来，因为你们和我们一起承认，除了圣两门制度而外，不可能存在真正的自由。

我们的这种诺言在你们看来无疑是难以满意的，你们期望我们作出更加肯定的保证：更少地眷恋过去。

实际情况可能会真的是这样：我们诚心诚意地准备恢复过去，自身都没有设想和估量到在创造某种新的东西。不是的，诸位先生，圣西门创造了某种新东西，他确实向我们宣告了好消息。当你们判明圣西门为未来社会指出的那个目标是否真正是新的，也就是说这个经过革新的社会一切现象的复兴或者协调的原则跟中世纪和古代社会组织所信奉的原则是否真正有区别的时候，你们就会像我们一样对此深信不疑了。

如果这种区别是存在的，那么，即使我们为这种未来团体宣布了等级制度以及道德活动、科学活动和实业活动的领导人，即使我们谈论贵族，甚至像我们已经决定当着你们的面使用忏悔、革出教门、信奉教规这些词一样使用僧侣、教士这些旧词，你们也不会只是接受事物的外表，而是力图深入事物的本质。那时，你们将会看到，在那里绝不会有十七和十八世纪的国库团体，不会有战争所建立起来的和为了战争而建立的封建等级制度，也不会有世代相袭的采邑、官职和徽章。而主要的是，你们在那里找不到旧日社会领导人、教士和军人，他们经常互相争斗，不由自主地给下述社会制造纷乱，这种社会还没有下定决心摆脱野蛮状态，即排除掉对抗、奴隶制和战争，以便公开地和坚决地走上世界协作的和平道路。由此可见，必须向你们简要地回顾一下我们前面所述的一切，使已经陈述的思想具有普遍意义，并且反映我们关于未来的各种观点所依据的最广泛的原则。这样的原则恰好决定了每个文明时期公民对社会，即对整个世界（他们是世界的组成部分）的依恋；社会使我们的观点成为公民的珍品，因为公民到处都可以看到这种原则千变万化的不同形式的表现。实业家、科学家和美术家都在使自己一切行动和自己的一切思想适应于这种原则，因为只有这种原则能在终审法院表示批准或者否决，因为只有这种原则向我们说明，世界和人类不是黑暗的混沌局面，而是在实现和谐地设想出来的计划，实现把义务加在人身上的意志，而义务的履行应该成为人类的幸福。

诸位先生，一点不错，圣西门所发现的未来的社会原则，新社会的灵魂，换言之，新社会的感情，将同过去的大相径庭。在此向你们证明，只提一点就足以使你们相信，请看，难道我们没有不断地用自己的言辞刺伤过去时代人们的良心；难道我们同一切世袭特权，例如同财产的继承权的斗争，或者我们对军事制度所采取的公开反对立场，难道这些不是对封建主义，以及对一些看来是目前把人们联合起来的感情提出的直接指责吗？

诸位先生，我们敢于宣称，继承制度的捍卫者即使是指责嫡长权和长子继承制，但仍然处在那些学说（我们有赖于圣西门已经完全从中摆脱出来）的控制之下。

但是要重复一下，我们只有在说明了关于感情和关于构成感情理论的道德问题的意见以后，才能直接探讨我们世纪所处的危机环境引起的反感问题。这种反感使人们在凡是存在任何领导性活动的地方，都可以看到专横武断的行径；仿佛我们根据自己的经验并不知道，当你随着值得尊敬和爱戴的人前进的时候，你总敢于有所作为，兴高采烈，情绪昂扬。难道人类永远不能从优秀的人物、火热的心灵和高尚的智者那里得到它有权期待于他们的一切福祉？难道人类听任他们冒险犯难，受命运摆布，以致他们在长久的休闲中或者在免不了贫困的令人愚蠢的工作中结束自己的一生吗？诸位先生，不能这样，我们对于一切没有把人民的命运交给舍身忘我的天才人物作为自己唯一的直接目标的政治原则已经感到厌倦。我们只要平心静气地稍稍考虑一下我们胆怯的怀疑情绪所带来的可悲后果，就会把这种情绪抛弃掉。而我们高兴地再来探讨目前如此不被承认，甚至可以说如此受到鄙视的高尚的美德问题，这种美德在希望实现一个共同目的而精神振奋的人们中间是如此容易被接受和如此习以为常，而当它不得不向利己主义低头的时候，又是如此令人难堪和愤慨，因为我们是怀着爱再来探讨服从问题的。

第十三讲* 略论宗教问题①

诸位先生，在向你们解释圣西门的大部分主要思想的时候，我们想特别着重指出，社会必须按照事先设想的总规划进行组织，并且要根据这个总规划来不断地、全面而具体地领导这个社会前进。

在本书的最后几讲中，我们将谈到关于可以为社会发展提供某种方向的一些方法，首先要谈到教育，因为教育是这些方法中最强有力的一种方法。我们曾说，教育一方面是为了引导所有的个人意志与总的目的相协调，以便使他们愿意为此目的而奋斗；另一方面是为了在社会成员之间分配为完成各种不同工作和为履行文明状况所要求的各种职务所必需的专门知识。

我们也曾向你们谈到领导社会的另一个重要方法，这就是法律，法律在有机时代既带有惩罚性质，又带有奖励性质。我曾指出，在批判时代法律像所有社会因素一样失去了唯一可能使其具有实证价值的那种道德制裁作用，从而导致了相反的作用，即对恶劣的或落后的反常行为进行纯物质的和粗暴的镇压。

---

* 1829 年 6 月 17 日讲。——原作者注

① 关于这一讲，安凡丹于 1829 年 6 月写给阿格拉耶·圣基列尔的信中说："上星期三我们不太尊重舆论，公开而坚决地研究了宗教问题。听众好像大为惊讶和吃惊……"——俄译者注

正如我们讲过的，所有这些思想没有得到充分的表述，因为在我们还没有同你们对这些思想的全部重要性的认识达到相当高的程度之前，在我们还没有着手研究那些被解决后可使所有社会现象具有新的面貌的包罗万象的重大问题之前，是不可能把这些思想向你们作综合介绍的。

有人可能质问我们，为什么我们不首先关心提出并解决这个根据我们的论证对了解所有其他问题都非常需要的重大问题呢？

我们是故意不这样做的。考虑到当代的道德倾向，我们认为为了适当地把注意力集中在这个只要一发表就可能即刻引起极强烈反感的问题上，我们必须首先把我们老师的思想发展到这样的程度，即所有的人都能认识到对这个问题进行研究是必不可少的。

这个问题可能用下面的方式提出来：人类是否有一个宗教的未来？而在作出肯定回答的情况下，宗教是否应当被归结为纯粹个人的观念和纯粹个人的直观呢？是否应该把宗教仅仅看作是单独存在于全部感觉的总和和每个人的思想体系中间的一种内在观念，而对人的社会行为和人的政治生活没有影响；或者说未来的宗教必须是一种表示，是人类集体思维的光辉闪现，是人类全部知识和全部存在形式的综合呢？先生们，需要我们研究的主要问题就是如此；我们要进入的领域是如此广阔，以致我们现在不可能对它的所有方面都进行研究，但我们至少要研究它的一些主要方面。

毋庸置疑，当君主和臣民、艺术家和学者、军人和工业家都一致承认有上帝存在、有天国存在的时候，那些首先敢于冒犯人类宗教财产的人们在当时是需要有勇敢精神的。

时代变了！

当我们向你们说明新的宗教原理时，我们当然并不自以为是英雄主义的表现，我们知道在我们这个宽容的时代，更确切点说在这个漠不关心的时代，可以毫无危险地提出各种各样的观点，尤其是当这些观点未超出哲学派别的狭窄范围的时候。但是，我们知道还有另一种情况，即我们注意到有些自以为是最高尚的人，他们不信教并对宗教思想采取轻蔑讥笑的态度，认为宗教会使他们倒退到野蛮的中世纪和人类的童年时代去。先生们，我们不怕这种讥笑的挑战，因为伏尔泰式的尖刻讥笑，现代唯物主义的傲慢藐视，可以从人们的心灵中清除那些阴郁的伤感情绪，这种情绪的征兆现在是经常可以看得到的；它们可以使那种徒然寻求自我表现形式的个人宗教信仰[①]感到恐惧和不安，但是它们要动摇已深入人心的信仰是不可能的。

是的，诸位先生，在这里我们会受到讥笑和藐视，因为我们追随圣西门并以他的名义宣布：人类有一个宗教的未来；未来的宗教将比以往的任何宗教都更加伟大和有力；同自己的先辈一样，它是人类全部观念的综合，而且是超过一切宗教存在形式的综合；它不仅将会优越于政治制度，而且政治制度在其总和中将是一种宗教法典，因为对任何一种事实都不应该在上帝之外去作更多的思考或者在上帝的法规之外去发挥；总之，宗教将包容整个世界，因为宗教教义是全世界的。

诸位先生，圣西门学派从我们目前注意研究的重大问题中所

① 指宗教哲学，宗教哲学的原则是由 Б. 康斯坦在他的《论发展中的宗教》(*De la Religion considérée dans ses developpements*)一书中阐述的。这部著作的前三卷出版于 1824、1825 和 1827 年。——俄译者注

得出的结论，就是如此。我们完全可以相信它们的正确性，准确点说要深信它们，圣西门学派不认为有任何危险性，假如能够证明它们的虚伪性，那么就可以推翻这个学派所建造的整个体系。考虑到在成见占统治地位的时代，宗教问题被认为不可改变地解决了的时候，我们现在只能给自己提出一个任务：同这种令人厌恶的偏见作斗争，驳倒那些人们作为拒绝对这些重要问题进行研究的根据的理由。

人们常常从各个方面对我们说，宗教是社会童年时期的成果，是把想象作为其唯一明灯时代的产物；那么现在是否值得对它进行研究呢？科学成就及其惊人的发现使人的智慧在这方面得到了解放，并且必将永远防止它再重新陷入以往时代的错误。科学动摇了宗教的根基，它揭穿了神甫们所起的真正作用——愚弄人或愚弄他人的作用；它证明他们的学说——如果不是有系统的欺骗，那就只能是幻想。

诸位先生，科学这个有魔力的词对于以如此充满信心和高傲态度使用它的人来说是指的什么呢？是科学！然而是什么科学呢？是天文学、物理学、化学、地质学或生理学吗？先生们，为了了解它们讲些什么，我们也不妨翻寻一下这些科学。的确，我们并没有从它们的深奥中走出来，无论是多神教者还是天主教徒都是如此。但是这种缺乏联系、统一的不完整的知识的大杂烩并未给我们提供任何一个证明和任何一个比较有价值的论据，以便来推翻一切宗教建筑物的两块伟大的基石：上帝和天命观。

的确，欧洲的社会已成为不信教的了；这至少现在在他们的上层人物当中是如此。但这是一种暂时现象，不是科学引起的，确切点说不是科学(用当代无政府主义的术语说),而是近三个世纪以来哲学思想引起的,这种思想的产生的性质正是我们现在需要加以确定的。毫无疑问,科学家们从自己方面曾竭力促使宗教思想的瓦解,但不是作为科学家,不是用自己过去的著作,也不是以他们对这一目标所进行的考察,以及对于他们考察范围内的事实给以反宗教的解释;他们所做的这一切都是作为学者并且是作为批判哲学的勤奋好学的学生做出的。然而实际上只要稍微想一想就会清楚,例如为了从他们自然发生的理论中寻求反对上帝存在的不可辩驳的理由,他们至少需要振奋一下自己的哲学信念。科学家们为了证明在事实方面是杂乱无章的就特别需要这种信念,因为他们不能把这些事实加以分类,他们也无法说明这些事实的意义,其实一眼就可以看出,这只能证明他们自己的无知。所以,科学家们得到自己反宗教的信念——如果可以这样说的话——不是在他们的实证科学的著作中,如他们看上去自己认为的那样;他们是在假设中,是在以某种形式宣告的批判的假设中得到这种信念的。他们暗中或公开地承认,爱情、理性、暴力都不能支配世界,其中的一切都是偶然的;人(某种普遍激动的产物)在他所在的那种混乱中没有起任何作用;这种混乱无疑应该像它曾经自发地使它产生的那样,总有一天也会自发地将它消灭。

不,先生们,不是科学使我们把生活看作是非宗教的,如果好好想一想它们的性质,那么就不难发现,科学家们在这件事上所作出的贡献,是他们公开破坏自己使命的结果——这是他们自己曾正确地引以为自豪的使命。实际上,科学家们给自己提出了怎样的任务?他们想干什么?他们的目的是什么呢?按照支配宇宙的规律使各种现象协调起来，尽可能使所有这些个别的规律纳入统一的规律。

但是，先生们，请你们注意科学这个词的全部含义，想一想科学家们在一切现象之间建立联系的这种倾向——任何一门科学没有这种倾向都是不行的。怎么样？也许你们会说，为了能研究世界，科学家是否必须首先认为，在世界中存在着一定的秩序，他周围的一切不是杂乱无章的，在他们全部预见中不会因奥秘的、不可思议的命运而上当受骗呢？是的，先生们，要有这种信念，没有这种信念科学家是不行的；如果他要想从自己的观察中得出某种结论，他就必须把这点作为一个基本的假设，即在宇宙中一切都是互相有联系的。

但是，如果科学家们未发现这种具有必然性的假设，不能庄严地证明上帝的存在，那么他们在宗教问题上的权威就不会被承认，他们就不能把他们所依据的那种似乎有用的方法同自己著作的实证性质联系起来。事实上，科学家们做得如何呢？他们仅仅限于对现象进行观察，仅仅限于对他们所处的那种秩序中的现象进行不偏不倚的、消极的分类，而不关心它们在人和人的命运的关系中产生的原因和目的。所以，在科学家们目前所提出的这种企图的情况下，他们在宗教方面所从事的任何研究，实际上只能是妄想，是同他们给自己所指出的并引为自豪的那些原则水火不相容的。

请你们站在宗教的角度上，但要比至今人类所达到的任何程度都要更高更远，那时科学就不仅不能保持被认为是它所固有的那种无神论的性质，而且相反地在你们面前会表现出赐予人类逐渐地和越来越深入地认识上帝借以支配世界的规律的能力，简而言之,即认识天命的能力。不管是什么样的发现,都要遭到无神论的攻击,也许是根据自己的希望,他们将一切都概括为一个公式:上帝的表现就是这样的。

不,先生们,看来像有些人所认为的那样,科学并非天生就是宗教的永久敌人,要想使科学无论何时都不完全失掉它的全部权力,它就不会必然不断地缩小宗教的范围。相反地,它会要求不断地扩大和巩固宗教的统治,因为归根结底它的每一个成就都是给予人类关于上帝和关于人类的意图的更高的概念。最伟大的科学巨擘不就是这样理解的吗?甚至连我们现代的科学家们也都自豪地承认自己是他们的继承人。请看,例如登上了万有引力思想高峰的牛顿,在上帝面前是谦恭顺从的,他是揭示了上帝的意志;请听,刻卜勒曾因向他展示了奠定世界结构的简单而伟大的图景,满怀激情地向上帝唱赞歌;请再听一听,科学领域中最伟大的人物莱布尼茨的声明吧。用德·梅斯特尔[①]的话说,如果他赋予科学著作以价值,那就特别是因为科学著作给予他谈论上帝的权利。那时你们就会承认,科学发展得越高,它就越接近宗教,而且最后,科学的灵感在自己的最高程度上是同宗教的灵感会合在一起的。

我们说过,先生们,为了对科学的无神论妄想作出说明,需要从批判哲学着手,我们试想断定这种哲学和这种社会道德状况的起源,它绝不是世界上的一种新的现象。

在头几讲中,我们已经不止一次地向你们指出,人类社会连续

---

① 莱布尼茨在梅斯特尔 1815 年 1 月 16—18 日致德·布雷伯爵的信中,以及在他的著作《培根哲学的检验》(*Examen de la philosophie de Bacon*,第 2 卷,第八章)中得到这样高的评价。——俄译者注

不断地经过有机时代和批判时代，在一个时代人类是在普遍信仰的支配下有规律地发展着，走向一个热烈追求的目的；在另一个时代人类的全部力量则是使先前支配着社会的原则和设施遭到破坏。

我们当时曾宣布——这种思想未再得到进一步发展——批判时代总是非宗教的。它们的特点是很容易说明这种性质的。

破坏行为至今总是引起当时的社会弊病和从事无改造的计划，至少是无适合这种目的的计划的特殊行为。当进入批判时期或破坏时期的时候，就说明出现了新的事实；这就是说，社会感到新的需要，对这些需要不允许也不能了解得过于狭窄和失去建立宗教信仰和实现它的政治设施范围的灵活性。同时，这些新的事实和这些未来的需要都努力为自己寻找出路，占据一定的位置。开始它们破坏旧制度，并通过反复地冲击使它发生动摇，然后再将它推翻。社会那时将是一幅残酷战争、严重混乱的图景，在这种情景中看来能够发展的只是一些愤恨的感情。他们的惊恐混乱并不能分辨出应该建立的那种制度，只是对正在衰亡着的制度感到厌恶，在这种制度中他们看到的只是长久而令人难堪的欺骗，人们很快就得出这样的想法：世界将成为无秩序的牺牲品，它是一种没有想到的场所，受盲目命运的拨弄。也正是在这样的时刻，最初激励人们去进行斗争的一切希望都消失了，经过一系列不大的努力之后将看到新的协调，人将开始高兴地考察一切事实，似乎无秩序的思想都被证实了。如果他把自己的视线集中到过去的人类，如果他研究历史，那也只是为了让历史告诉人们有关凶杀和背叛的事情；把背信弃义的意图归咎于行动；用微不足道的原因解释发生的

事件;因此为了证明未来是完全没有希望的世界,就把自己的例证组合起来。如果他注意一下他周围的世界,那么他就会首先要求剥夺它的生命,他就会要求把它当作无联系的事实,当作缺乏道德内容即没有目的的存在来看待。但是,他们研究的对象对他来说甚至很快就不再是精巧的结构:他到处看见的是一幅混乱的、不顾将来的图景,而且他要在把他包围起来的环境中来监视使他憎恶和凌辱他的那个社会。人类历史只被他看作是一系列的流血的革命,正像自然界一样开始它似乎只是一个狂风、暴雨、火山、洪水的世界①:他到处看见的只是一片混乱,无论是米拉波还是拜伦在他看来都是具有天赋的口才。

但是,先生们,当人达到成为批判时代必然结果的那种道德状态时,上帝就要离开他的心,因为上帝和秩序对人来说是两个相同的概念。而上帝一旦从人的心中消失,任何道德也就从它那里消除了,因为对于人来说道德的存在只是由于他认识到自己的一定的使命,而且只有在上帝身上他才能认识到它。

我们目前所看到的这种令人悲伤的情景并非是第一次:在把多神教同基督教区分开来的时代我们就看到有某种类似的情况;这种情况难道不是已经提供了一个根据,希望新的信仰很快就会代替已经僵化的天主教的信仰吗?我们说过,衰老,确切点说——撕断一切道德联系是批判时期的必然结果。我们感到有必要说明自己在这方面的观点。

① 指地质学方面的最近著作,包括牛顿(Huton)的著作,主要有火成论学派、沃纳为首的水成论学派以及其他学派。——俄译者注

以前我们曾经指出，批判时代分为两个时期。在这个时代的初期，社会在热心于信仰的影响下追随进行破坏的学说，齐心协力地为推翻旧的宗教和社会制度而工作。在第二个时期即在破坏和创造时期的中间，对过去感到厌恶而对未来又没有信心的人们来说，任何的共同信仰和任何的共同目的都不能使他们联合起来。我们说过在批判的时代没有道德，应该理解为只是对两个时期的第二个时期，而不是对第一个时期而言！生活在第一个时期的人们直接宣传激于爱的仇恨，教唆破坏，认为建设或引起混乱是因为希望有秩序，以及正在为自由所建立的祭坛上建起奴隶制度。先生们，我们也是敬佩这些人的，我们只是觉得他们以如此的自我牺牲和对人类的爱所完成的可怕的使命落到他们的头上有些可怜；我们可怜他们，因为他们本来是为爱而生的，然而他们的全部生命却都献给了仇恨。但是，我们不会看不见他们暗示我们的那种怜悯，它应该成为我们的教训；它应该使我们增强愿望，巩固我们对美好未来的希望，在美好的未来学会爱的人们将不断地去寻求自己爱的运用。

不，先生们，使人类脱离宗教信仰和脱离从前有时促进人类的前进运动而后又开始阻碍人类前进运动的那种设施的人们——这些人是不能没有道德的。请你们从圣西门学说使我们所站的那种高度，去看最近所完成的这种可怕的任务的人们的生活道路，你们就会看到，归根结底他们只不过完成了基督教最初所提出的事业，并且用事实证明了一千八百年以前圣经上所说的使奴隶进入全人类兄弟合作的信仰。

我们曾经指出，科学没有任何理由同宗教思想对立起来；在科学中好像是得到的那些理由同它们的本性，同它们的使命以及建立在它们基础上的那些思想是明显矛盾的；现代科学家们的无神论只应当归咎于批判哲学的影响和这种哲学所激起的对天主教的反感，而不能归咎于他们的专门著作，就像现在所断言的那样。当然，拒绝以科学的名义反对宗教所提出的证明是不够的。实际上，无论无神论产生的根源如何，他们都可以把它直接作为事实与我们相对抗，并质问我们：它的产生是否不应该，它在人的数量尤其在权威方面的威力是否不足，我们考察它是否为了证明未来的新的宗教是不可能的。

我们知道，先生们，在我们的时代人们对最高秩序的真正信仰不再是盲目的宗教狂热，宗教信仰对于他们来说只不过是一种荒诞的迷信。但是我们也知道，与此同时，这种变化在现代社会发生了，其中利己主义占优势；高尚的感情在现代社会中每天都被打上偏见的烙印。我们还知道，尽管是一些慈善的有热情的经济学家[①]的著作，但人类绝大多数人都能看到剥削它的只是少数游手好闲者，而不是支持它和指导它的保护者和领导者。也正因为如此，对于所有这一切我们知道，我们不能失去对人类宗教未来的信心。因为，我们相信共同的感情，自我牺牲精神和联合的感情不仅会恢复，而且会得到发扬光大。

毫无疑问，基督教的思想已经丧失了自己的权威，但我们也

---

① 大概《释义》的作者这里是指经济学家德赖斯代尔，德赖斯代尔的著作是用纯粹马尔萨斯的精神写的，以《论慈善事业及其与社会下层阶级的福利和状况的关系》(*De la charité dans ses rapports avec l'état et le bienetre des classes inférieures de la société*)的书名于1829年发表的。——中译者注

不想掩盖这个事实，即教堂现在也还挤满着信仰者。但是，请你们回忆一下，先生们，当耶稣降临到大地的时候，多神教的信仰也就在世界上动摇了；罗马最初的家庭[①]已不让自己的女儿去履行贞洁的义务——很久以来这就是高等贵族的特权，在这个问题上贵族是死抱住不放的——为了保持这种祭司制度还在奥古斯都时期就颁发特殊命令准许在其被释放的奴隶的女儿中施行。

在我们这里，社会信仰也离开了僧侣们的行列（不久前人们还在他们中间见到过最有才能的人）。伏尔泰的弟子们讥笑教士，但是难道西塞罗就不讥笑占卜官吗？在我们这里有怀疑论者、伊壁鸠鲁主义者，但是罗马的这些哲学学派的继承者也不会对我们让步。我们绕过教堂是为了跑进剧院，在这方面很像冲向杂技场时的罗马人。

但是，你们也许会说，在我们这里至少既没有术士、巫师，也没有预言者，人民现在不会如此轻信的，他们会拒绝那种能被异乡人[②]采纳的宗教观念。

然而，当我们讲到未来的时候，首先要谈的不是十八世纪以前那种使人民入迷的宗教观念，尤其不是保留这些宗教观念当时所具有的那种形式。其次——我们注意到你们所注意的这样一点——不公正地把我们当作比我们实际上更缺乏信心的那些

① 这里指古代罗马包括奴隶在内的全家。——中译者注

② 在古代希腊罗马每个城邦都有一些从外地或外国来的异乡人，他们没有公民权，但也不是奴隶，多从事于工商业活动。他们的宗教信仰与本地人也是不同的。——中译者注

人:这些人在我们这里是十分富裕的。你们说,在我们这里既没有巫师,也没有术士,因而你们由此得出结论,我们是不轻信的。这是错误的结论;这个事实只证明,巫术和魔法只不过是我们时代一种骗人的拙劣工具,我们的招摇撞骗更高超,我们杂技演员的魔术更熟练,更精巧。所以在这里,先生们,我们有充分的例子;假若我们能够向你们指出有足够数量的观众围着的那些舞台、讲台和讲坛,就会不断地使你们感到惊讶,并常常使你们开心。我们假若能够任人支配地去热烈劝说,这种劝说就只能是常常做出为自我牺牲的公民而接受自私自利的资产者[①]的借口。在人类的信仰中任何时候也不是没有缺点的;任何时候也不会提到人类要不要信仰的问题——正像不会问人类能不能在某个时候停止恋爱一样。在这方面重要的只是要知道,它信任的那些人是谁,以及它相信的那些思想,在信任它之前所需要的保证是什么。

请相信,先生们,我们像罗马人一样轻信,我们将会为自己的轻信而脸红,如果它暴露出我们的利己主义,但我们也为这种宝贵的才能而感谢上帝,假如正是在它的影响下我们轻信地接受自我牺牲感情的劝诫。

所以,我们的不信神对于新的宗教观念的出现并非是障碍;但不久它们会在我们轻信中遇到障碍。

在首先反驳这种观点时,我们不应该隐瞒自己,当我们证明第一种观点站不住脚时,还存在着几乎与它对立的另一种观点,这种

① 在圣西门主义者的著作中第一次使用“资产者”这个词。——俄译者注

观点我们曾经忽视，但是却应该加以研究。我们可以说，我们没有必要把现在的时代涂上一层反宗教的色彩，在社会上还存在着许多真正高度笃信宗教的人。可是为了反驳我们，他们会利用我们刚刚自己举出的例子：我们指出，教会的大门被成群的信徒包围起来。

至于不同意见的第一部分，我们则首先作如下答复：我们赋予一切的重要意义，是宗教体系的名称，它不允许我们或多或少地以神秘主义的直观来描绘这种意义。醉心于损害取得对个人享受信仰的那些少数个人的人道主义，似乎由于抽象的力量就忘却了它们在世界上不是孤立的。如果谈到那些仍然献身于众所周知、家喻户晓的信仰，献身于天主教和新教不同教派的人们，那么教皇权力限制主义派[①]的天主教徒或冉森教徒[②]，教皇权力无限论者或耶稣会教徒，路德派新教教徒或加尔文教徒，社会派、主教派教会成员[③]或长老会教徒、独立派[④]、战栗派教徒[⑤]、美以美派教徒[⑥]等等，都是被教义结合起来的，这在他们个人看来是不大重要的，尽管他们赋予它们以价值，即在这些教义之间存在着差别，虽说在宗教形式方面把它们区分开，但在他们当中个人行为和政治行为是没有任何区别的。他们都同意不仅彼此

① 指十三—十八世纪法国宗教的一种政治派别。——中译者注

② 指十七—十八世纪天主教内部的改革派。——中译者注

③ 英国的一个教派。——中译者注

④ 英国资产阶级革命时期的一个政党。——中译者注

⑤ 教友会会员的绰号。教友会是英美等国基督教的一派。——中译者注

⑥ 美国基督教的一派。它是美国北方基督教新教卫斯理宗的教会。——中译者注

之间而且甚至同无神论者在事实方面都对人类最感兴趣。他们臆造的宗教具有把他们同社会分离比献身于社会更快的趋向。最后，如果只从实践的即道德和政治的观点来考察这些宗教，那么它们就会导致真正的无神论。实际上，因为他们的宗教观点只具有所谓纯粹思辨的意义，所以在这方面他们几乎是不同于社会的，而且——应该说——使它们与社会分离快于同社会联合。所以，它们包含的无神论的萌芽多于表达真正的宗教感情。

但是，我们赞同于引起你们注意的我们所提出的不同意见的第二部分。是的，先生们，教堂还是挤得满满的，而且我们还未开始谈到根据无所事事，还是按照好的风度来显示自己信仰上帝的人们是其中的哪一部分。但这个事实是否就不证明，当批判的要求认为能够根除人类自身不可克服的需要时，批判的要求就是极其软弱无力的呢？难道为了达到这个目的，它就不动用一切方法，而只是如何安排人力吗？难道它就不曾拒绝教会吗？难道它就不曾用十八世纪的全部书籍去代替圣经吗？噢，先生们，假如多神教的神殿在耶稣出世前的一世纪被关闭了，那么希腊人和罗马人宁愿再回到偶像崇拜去，也不愿过没有宗教信仰和没有宗教仪式的生活。这也和我们今天的人民一样，如果让他们停止宣传耶稣的话，他们就会宁愿回到多神教去。因此，我们可以大胆地和你们一起宣布：现在不是无神论，一切都是无知和迷信。但是，如果我们要使人类离开这种现实；如果我们要使人类抛开宗教和我们认为不适合于人类的那种仪式；最后，如果我们要使人类放弃中世纪的教会——我们就要给人类创立一种未来的宗教。我们准备像德·

梅斯特尔[①]所说的那样，我们要用必须使所有的观察者都感到吃惊的那种不断增加的速度向宗教领域中的重大事件行进。我们像他一样地说：在世界上不再有宗教，人类不能停留在这种状况。但是，我们比德·梅斯特尔要幸运，我们不需要等待他所预言的或用他的话说应该尽快向世界揭示宗教和科学之间具有天然共同性的那种天才人物了。因为圣西门出现了。

---

① 德·梅斯特尔在《圣彼得堡的晚宴》(*Soirees de Saint-Pétersbourg*，1821年，第二卷，第308、317、324页)中表述了这一思想。罗德里格在《关于宗教和政治的一封信》中曾写道："我再一次号召你们读一读和思考一下德·梅斯特尔的著作，特别是请你们注意一下《圣彼得堡的晚宴》一书及其附录《关于祭品的说明》。这是一部很有价值的著作。"——俄译者注

第十四讲[*] 由实证科学的非宗教化要求而产生的驳难

诸位先生，今天我们要向你们讲的问题，在当今的时代是那么非同寻常，以至于连研究这些问题的人都显得同我们这个文明时代格格不入。大家往往不大去想，这些人的格格不入，是不是因为他们走在前面了。应该说，大家初看起来以为这些人落后，是有其正当理由的。

使你们难以接受圣西门思想的大部分障碍，其原因是我们所深知的，因为我们自己就曾长期受到过它的影响。因此我们并不指望听众能够提出我们自己当初开始研究圣西门学说时未曾提过的任何稍有价值的驳难。我们愿意努力治愈你们的偏见，我们自己就曾经深深地染上过这种偏见，而且可能比别人更为严重。我们知道，这种治疗本来就是困难的，而当病人不信任大夫的医术时，就会成为不可能的了。因而，当你们还认定圣西门学说是站不住脚的时候，当你们还有可能指责我们，说我们错误地解释了被我们引为论据的事实时，我们只得千方百计地向你们证明：正是你们所持的观点，影响了你们看清这些事实；正是你们所信仰的学说，

* 1829 年 7 月 1 日讲。——原作者注

使人类发展的壮丽图景黯然失色，从而遭到了歪曲。

对于我们已经进行了六个月的讲座的成果，我们是可以满意的：我们几乎把所有这六个月都用来阐述我们的历史的方法，并且向你们说明，怎样能够从人类的过去来看它的未来，经过这一番努力，讨论达到了这样的阶段，即你们在同我们的争论中已经开始使用我们所使用的武器了。你们现在已经知道：人类命运的链条是连续不断的；未来无论是什么样子，都只能是过去的事实的发展；只有通过这个途径才能使上世纪末和本世纪初的某些优秀思想家所模糊地猜测到的社会进步的信条获得实证性质。最后，你们已经确信，凡不以某种经过严格证明的人类发展趋向为依据的任何预见，都应作为病态的、无力的和虚幻的想象的产物而被推翻。

诸位先生，我们重复一遍：我们的这个初步成果对我们说来是至关重要的。你们现在已经掌握了研究人类编年史的必要工具，而我们要同你们讨论的就只是这个方法应用的情况了。

但是，诸位先生，请你们注意：假如你们不能预先确信，正待开发的土地里蕴藏着金砂矿床，也就是说，人类的发展就是不断地进步，那么你们就会觉得这种工具是无用的，而且它对于你们也确实是无用的。假如你们不认为自己有权从迄今的财富的增长的事实得出结论：用你们的劳动将会开出新的更加丰富的金矿；假如你们并未深刻地感觉到，人类的进步尚未达到极限；最后，假如你们不是满怀着促使人类向幸福再进一步的意愿和希望；那么，你们甚至不肯花费什么力气用上述方法去研究过去，用上述方法去探讨历史。

然而还不止于此。假如你们不在自己的劳作中遵循一定的条理，假如你们听任自己在历史的迷宫中随意乱闯，那么指导你们行动的感觉就会是无力的，你们所掌握的工具就会是无用的。你们需要引路的线索，你们应该预先学会怎样把你们面前所有的材料进行分类，以便弄清其中哪些是业已枯竭的地段，哪些却是应能把你们引向蕴藏着新的更富饶的财源的地段。这样，也只有这样，你们在前进中才能够始终保持着热情和信心。

正是为了达到这一目的，我们在最初的几讲中就竭力向你们说明：如果你们要想理解人类，认识人，那你们就必须研究他的感情，他的论断和行为。把过去各种哲学体系通用的这三个术语翻译成圣西门的语言，我们向你们指出了应该经过考察的历史事实。我们说过，必须研究人类社会的艺术的或宗教的发展，理论的或科学的、实际的或实业的发展。

艺术、科学、实业——这就是圣西门的哲学三段式，我们把它同柏拉图的三段式相对照：在我们看来，这就是现代实证哲学同两千多年以前建立起来的所谓形而上学哲学的区别所在。这种区别初看起来可能并不显著，而实际上，诸位先生，区别是很大的，因为它向我们揭示了人类的奥秘，而柏拉图所预测的仅只是人的奥秘，而且还不完整，因为他全然忽略了关于人同整个人类的关系的一般观点。这个区别大就大在圣西门的哲学应当成为社会道德的基础，而在柏拉图所发展的苏格拉底哲学之上有可能建立的只是个人道德，这种道德在十八世纪中都未能完善起来，而且现在也不可能完善起来，除非用新的观点来看人类命运。

我们要求你们认真考虑一下这个思想，因为在上一次讲课时，向我们所提出的一个驳难就是从柏拉图学说的虚假的哲学高峰中汲取了全部力量的。——顺便说一句，人们公正地把柏拉图学说看作应能迅即使基督教获得新的活力的一种萌芽。我们比任何人都更景仰苏格拉底，景仰协力阐释他的学说的那两位人物。然而，圣西门除了把他们为人类的进步做了些什么告诉我们之外，还向我们说明，在他们身后还有哪些事情要做。在一个承认社会科学只有在今天才达到所谓实证状态的人看来，如若同时又肯定希腊哲学仍然是不可超越的，那就是一个明显的矛盾。实际上，如果人类关于最能触动人类的事实的看法的这一转变，柏拉图既未加确认，甚至也未曾作出预见，那么岂不是应当由此得出结论说，这种疏漏，或者更确切点说，这种无知，不可避免地会反映在这位哲学家对人的精神方式的分析中，也会反映在他的道德、政治和宗教观点中，而圣西门的道德、政治和宗教观点则应当能表明新观念的影响力。但愿人们不会因此而用柏拉图学说的高度完善来攻击我们，不要借口这种人类所能创造的最完善的哲学思想在其发展中仅仅产生了基督教，而一旦该教溃灭，就不必再期待或担心人间会出现新的宗教信仰了。不，诸位先生，圣西门的出世，就是为了在我们这片被近三百年来的变革所掘松的土地上播下新哲学的种子，使子孙后代能够收获它的果实。

当我们宣称应当研究人类的感情的、科学的和实业的发展时，你们可以看出，我们是竭尽全力要立足于那些从事认真劳动的人们现在所立足的基础上。我们不打算从把历史的方法应用于表现人类的感情发展的数列入手开始我们的阐释。我们向你们谈过的主要是，可以说几乎完全是社会在科学和实业方面的成就，而关于感情领域的进步，我们决定只用以下两项来表示：减少人剥削人的现象，增强协作精神。我们知道，假如我们一下子就举出我们的方法的最触犯当代批判教育的偏见的那些后果，那么你们中的许多人就会对方法本身也愤恨起来。所以我们觉得不必说出宗教这个词，以免造成那类情况。

然而，现在，这个词所引起的问题应该得到解决了：不论你们自己对宗教思想抱什么态度，你们在读历史时总不会看不到，它们在人类发展中占有多么重要的地位；你们不能故作不知，许多极其重要的事实都会同这些宗教思想产生联系，这些事实构成一个数列，其规律能够有效地表明人类的未来在这方面将是什么样子。你们既然能够发现实业阶级接踵而来的成就和作战精神，以及发现它的作战技能的减弱，那么你们也就能够用同样的方式证明宗教感情的消长。

但是，诸位先生，这里有一个驳难，假如它是有充分理由的，那我们就不必耗费时间去探讨悬而未决的问题了。他们会向我们说：只有对那些进入考察范围的东西才能进行考察，而宗教信仰，这只不过是一些多少有点发明力的，有时是肤浅的假想的观念，是几乎失去意义的想象的产物，是经不起严格的科学的分析的。因此，它什么时候也不能提供建立正确数列的可能。他们还会补充说：因为宗教感情是智力贫乏的人们命中注定的东西，所以当不断发展的教育和理性把这类人放在他们应有的位置上，即放在社会的末流之时，我们知道不知道他们起什么作用，也就无关紧要了。

请注意，这种断然拒绝分析问题的做法，会使我们的论敌获得一种独有的特权——虽然口头上声明不愿分析问题，实际上却在那里解答这个问题。例如，说在过去的时代智力贫乏的人正是受宗教思想的强大影响最深的那些人，事实证明是否如此呢？相反，正是那些最笃信宗教的人，才具有吸引人类走它现在正走着的进步道路的力量，这不是显而易见的吗？

然而，第一个驳难倒是貌似有理的：真的，如果宗教思想处于考察范围之外，何必还竭力要去考察它呢？他们想用这一点说明什么？什么是处于考察范围之外的思想？这是一种既看不见、摸不着，又嗅不到、听不到、尝不到的东西。按照这种观点我们倒可以不必劳神谈论过去的任何事情了。不！他们说：能受考察的事实，是那些可靠的、不容置辩的事实，因为它们是在我们眼前产生的，或者是证据确凿的。好！试问，还有什么比拜物教、多神教、基督教这几个词所提供的事实更为可靠的呢？我们还能研究什么思想，比荷马、摩西、圣保罗的思想更容易些呢？甚至对于一个完全没有宗教思想的人来说，还有什么能比存在着一些把全部幸福寄托于宗教思想的人这一事实更实在的呢？

请你暂时假设，对于在大多数人的生活中极为常见的眷念和爱恋之情，你并无感受。即使如此，你还是可以想象，你能够确认这些不同感情对于受其激励的人们的作用。譬如，音乐不能使你获得什么快感，无论如何不能因此就说：音乐使别人获得快感是你无法考察的事实。在这类情况下你所能做的一切，就是为你不健全、不正常的器官而伤心，它使你失掉许多享乐和强烈感受的机会。但是你并不因此而否定，音乐感是完全可能通过它所产生的作用而加以考察的，虽然它本身对你并不起作用。你更不肯声称音乐感并不存在。

诸位先生，我们现在并不要求你们对宇宙的伟大和谐富于敏感。对于核查工作，对于我们应对过去时代进行的理性活动，这并不是必需的。相反，我们建议你们对宗教思想抱冷静态度，预先克制对这类思想的任何好感以及任何恶感，因为我们一开始并不去探究，这些信仰是否真正给人类造成幸福。我们只问：它们有没有消亡的趋势，或者反之，在人类经历过的每一次大转折关头，它们都愈益扩展和巩固。自然，（我们将不厌其烦地向你们再三说明，）我们并不想向你们证明为这种或那种宗教信仰所认定的那些事实的物质实在性，我们不愿意强使你们触及那些激起未来时代的宗教信仰的题目。总而言之，我们不想证明上帝的存在；公理是无须证明的。我们越是远离偶像崇拜，宗教感情越是发展，上述奢望便越是缺乏理由。我们甚至不愿意在此刻[①]探讨未来的宗教教义采取怎么样的表现形式。我们只是确认与人类依次变换的信仰有关的历史事实，以便从中找出它们衰亡的规律，或者相反，它们兴旺发展的规律。

以后，当我们做完了这一项工作；当我们向你们表明，人类的任何发展，不论就其广度或是就其强度而言都是以宗教思想的发展为标志的；当我们遵照历史的方法在这方面表述出社会进步的规律；当我们终于能够肯定，宗教思想具有明显的更进一步扩展的趋势——那时候我们将向你们本人呼吁，吁请你们予以同情。假如你们依然固执地坚持认为宗教思想是趋于灭亡的，认为它们是孱弱和无知的表征，那么在这种情况下你们就只好硬着头皮宣布，

① 圣西门主义者将最后三个字加了着重点，以此表明他们研究的教义问题，将在《释义》第二部中详细加以阐述。——俄译者注

人类没有进步的能力，而且相反，日益堕落和蜕化。

我们可以预料，诸位先生，这个结论会使你们发火，因为你们正是出于对人类进步的信念才反对宗教信仰，认为它同这一信念是不相容的。你们拒绝给宗教信仰以前途，是由于你们认为它是人类的能力进一步发展的障碍——而并没有先弄明白，它是否总是这种发展的强大动力，而且越来越是如此。

可见，我们应该研究这个问题，看一看，在人类取得巨大进步并采取新的社会形式的一切时代，宗教感情是否真是采取这些革新所必需的行动的最强有力的动机。我们同时也要研究，这种感情是否与它所引起的行动按同样的比例增长；还有，比如基督教，是否比它之前的一切信仰都更有力量，更有效能，因而更能促进文明。

诸位先生，我们觉得解释这个问题实在并不需要过多的证明。我们认为，为了认定通过基督显现出来的神意比通过摩西显现出来的神意(后者仅只向一个民族显现，为的是使这个特别受宠的民族听命于它)所包括的现象领域要广泛得多，并不需要对基督教徒的感情同多神教徒的感情，甚至同犹太人或拜物教徒的感情进行详细的、全面的比较。我们尤其认为，教会所宣讲的宗教思想优于曾是特洛亚、雅典、斯巴达，甚至罗马的守护神的祭司们所教导的思想，对此不能有哪怕是一刹那的怀疑。最后，我们认为，当我们把儒略企图复活多神崇拜的徒劳努力同当前使天主教恢复其数百年前所享有的光荣和影响的尝试相比时，大家都很容易赞同我们的。然而批判的偏见是那么难于根除，以致我们将不时重提有助于证实我们方才所讲的道理的那些过去的事实。

不过，我们先要花一点时间来谈谈我们的学说的一个基本思想，这个思想我们已经同你们谈过多次，在这里必需使用它。这就是把过去分为有机时代和批判时代的思想。

这种初步的历史分段，你们大部分人已经承认它不仅是可能的，而且是十分有益的，甚至是解释人类社会的进步所必需的。这种进步是恒常不断的，通常是难以觉察的，但有时（诚然，是少见的）也表现为明显的形式，表现为进步的努力同反动的阻力之间的可怕的斗争。

既然大家接受这个道理，那就不应该只把它应用到人类发展史的几件孤立的事实。应该把它看作对未来的看法进行任何一种检验的出发点。例如，当我们努力解答人类有没有宗教的未来这个问题时，我们预先就确信，既然我们所说的是有机的未来，我们就应该在人类的有机状态的相互联系中去寻找自己的证据。的确，顾名思义，因为任何批判时代的目标都是摧毁在它之前的有机时代，所以所有这些时代均应贯穿着无神论，就像它们贯穿着利己主义以及对任何秩序思想的全盘否定那样，因为它们提出的任务就是反对笃信宗教、自我牺牲和履行义务（这三者都来自同一词源）[①]的原则，这些原则都是他们所要摧毁的社会里的结合剂。

诸位先生，从我们所做的对照中你们可以看出，谁要忽视了人类这两种大不相同的状态的区别，他就会犯多大的错误。就连完全不赞同我们的学说的人也实在不会有这种疏忽。请看，三百年间的欧洲社会怎样对希腊罗马投以喜爱的目光，而对中世纪则不

① 这三个词的法文是：dévotion，dévouement，devoir。——俄译者注

屑一顾。十八世纪向基督教开战，因此很自然，它所借用榜样和汲取力量的源泉就是多神教衰落的社会，对它说来，批判状态是人类正常的和健康的状态，而人类的有机状态则是它的病态。因而，十八世纪的哲学家们同我们之间的区别，并不在于是否把人类生活分为两种状态，而在于我们对这两种状态的看法。然而，诸位先生，正如圣西门的一位学生[①]所说，让我们先别管未来制度的短长，对我们说来此刻（对他说来一向如此）主要的、唯一的问题就是：如果以对过去的考察为依据，那么开化的进程所预定要在现在确立的社会制度究竟是什么样子？我们保留随即再作补充的权利，就像前述那一位圣西门的学生赶忙所做的那样，不过我们要改变他的表述中的一个术语——如果新制度应该由这种精神来检验（而不是像孔德所说的，由这种精神所决定），那么这并不意味着它要求社会一定用这种形式来最终接受它。因为这种形式无力反击因旧制度的解体而居于优势的利己主义；因为人类必须从它所处的麻木不仁中摆脱出来；总之，因为必须唤起群众的热情，以便组织他们。因而，我们再说一遍：此刻我们并不很关心，人类是即将痊瘉呢，或是相反，正要患病；我们只想表明，将来人类的器官将如何发挥功能，所以我们暂时并不以人类被注定的幸福的或不幸的命运为意。不论是健康的也好，或是患病的也好，这种动物总是要实现一定的功能的，对这种功能，则应该预见，以便于用药，以便于遵守卫生方面的规定。

你们看到，为了立足于对我们提出的驳难，我们尽可能暂时抛

① 指奥古斯特·孔德。——俄译者注

开对有机时代的种种好感和对批判时代的任何恶感。我们既不做宗教徒，也不做无神论者，既不做忘我的人，也不做利己主义者。但是，诸位先生，我们也要求你们同样抛开你们的感情，同样保持冷静淡漠。请你们尽力超脱一些，只保留人的一种能力，使自己暂时仅仅充当考察的消极工具。请你们忘掉，较之教会和封建主义的哲学和政治，你们更喜爱希腊人和罗马人的哲学和政治。请你们努力充当麦斯特和伏尔泰之间冷静的裁判者。只是要细看清楚，过去的历史进程是否预示着这些伟大天才之间不久即将和解，正像伽图和儒略的后继者们同伊壁鸠鲁和卢克莱修的后继者们因基督教而和解那样。换句话说，请看一看，我们是否(用巴朗士的话来说)处于一种轮回危机的末端，已经衰亡的批判时代正在转变为新的有机时代，就是说，转变为这样的时代:社会厌烦了缺乏道德联系的生活，正在开创比被它摧毁了的那种联系更为牢固的新的联系，就连批判本身，也只得逐渐地遵从于这种新的联系。[①]

然而，诸位先生，还有一个针对我们的驳难，我们必须赶快直接回答，因为这个驳难似乎是以严格应用圣西门研究人类发展的方法为基础的，它具有毁掉我们关于未来宗教的一切预见的危险性。

首先值得庆幸的是，我们的论敌引证的是我们的老师。圣

① 1829年4月，安凡丹写信给巴朗士说:“最近 *Le Producteur*(《生产者》)即将再度出版，我们最关心的一件事，就是应该表明圣西门的学生们对轮回的印象如何……我敢断言，在研究严肃的思想的人们中间，圣西门的学生们几乎是唯一会理解轮回思想的创造性作用，并对其抱同情态度的。”——俄译者注

人奥古斯丁也曾指出过，在基督旗帜下的多神教哲学，依然继续对教会进行最后的零星的袭击，它抓住基督教学说的一个孤立的，因而是被错误理解的部分，用以攻击整个基督教学说，破坏它的统一。当基督教徒还在向异教继续猛攻的时候，他们已经没有哲学对手了。如果我们斗争的对手只剩下我们老师的天才的崇拜者，他的学生们的追随者，那我们就可以认为我们的任务已经是大大向前推进了。

我们被告知说，社会科学因圣西门之力而达到实证阶段，从而迈出了其他科学在它之前已经迈出的一步。并且补充说，实际上一切科学都是首先经历神学阶段，然后是形而上学阶段，再逐步进入实证阶段。在第一种情况下，人用超自然的原因把现象联系起来；在第二种情况下，人用人格化的抽象的方法把现象联结起来，这已经不是完全超自然的，但也还不是自然的。最后到了实证阶段，事实按照由事实本身提示和肯定的思想和规律联系起来。由此得出结论说，将来，人们不再承认上帝，那时神学也就该消失了。

在分析这种驳难是否有历史根据（对此我们有一定保留）之前，我们要认真斟酌一下它所使用的词义。例如，什么是事实所提示并检验的思想？如果，像我们前面所说的那样，你见到一个信教的人或者信教的民族，那么难道这个事实不向你提示一个思想：这是一些信神的人吗？如果你想检验这一思想，那么，用向你提示这种思想的事实或人们来作证，岂不是现成的吗？

其次，什么是超自然的原因和自然的原因呢？如果对上帝的信仰使一个人、一个民族、整个人类有所行动，那么，尽管你自己并不赞同这种信仰，难道你不觉得它是许多行动的极其自然的原因吗？难道它比最粗野的情欲、比电、比引力显得更超自然一些吗？

现在再看看过去，难道人不是过去的历史上最高级的宗教动物吗？还能有比这更实证的事实吗？难道这不是能够最好地解释、协调一切行为，使它们能够最好地彼此联系起来的，普通的、极其自然的事实吗？

然而，诸位先生，科学发展过程的三分法，当把它放在一定的界限（我们马上就要确定这种界限）之内的时候，它是完全正确的，当为了借它来驳倒我们而应用它的时候，它就是不真实的和不充分的了。我们同样肯定，科学（我们用这个词表示人类知识的总和）经历过三个大的阶段。在其中的第一阶段，科学是分散的现象的无秩序的聚合，每一件事实都从它自身中寻求解释、依据和原因。在第二阶段，科学由数量不等的许多组事实构成，它们服从于不同的规律，这些规律彼此独立，而且几乎总是在互相斗争。最后，第三阶段就是一切可以考察的事实的完全的联合，它服从于统一的规律。换句话说，我们认为，科学和人类同时经历了拜物教、多神教和一神教的阶段。这种科学进步观适用于从最远古直到今天的人类发展。

相反，用来驳斥我们的那种划分方法，仅仅适用于文明的一个阶段，它所解释的只是从有机时代向随之而来的批判时代过渡时的人类理性运动，而且还需要变换成它现在的语言形式。科学抛弃了不能把它包容在内的教条，即它不能由之产生的教条，逐渐摆脱落后的神学，并为新的教条准备材料。那种划分方法所指出的，就是科学经过的这些步骤。所以可以说，在每一个有机时代，科学都带有神学性质，因为它是由教士们在神殿里研究的。每当人们在神殿之外，甚至往往在神殿之内开始反抗旧的信仰的时候，科学就变成部分是神学的、部分是无神论的，它就被分为敬神的科学和世俗的科学。最后，当使教会趋于瓦解的那种混乱状态也出现在研究院里的时候，也就是说，当统一的科学消失，只剩下各种单个的科学的时候，科学就成了完全无神论的，“否定的”这个名称比“实证的”名称对它还更加适合一些。

人类知识现在就处于这种阶段。卢克莱修提出了机械的世界观，亚里士多德在多神教之外写出了他的百科全书式的著作，其中所有的科学可以说是物质地结合起来，但却未成为一体，人类知识好像是在他们两人的时代那样达到这种阶段的。

你们可以看到，这两种科学发展观也适用于人类向我们呈现出来的二重方面。我们能够看到，人类经过许多世纪从多种原因的思想转变到统一而无限的原因的思想，但是，另一方面，我们也看到，为了实现这一漫长的发展，它先是接受一定的信仰，然后又逐渐抛弃掉，以便随即再接受新的信仰。在宗教时代和非宗教时代的交替中，仅是人类的存在形式之一的科学，也随之而运动，它从神学转向无神论，从纯粹的综合转向单一的分析，从不充分的和暂时的秩序转向更不稳定的混乱。如果不考虑这个二重的方面，那就很容易把互相交替的事实同不断发展的事实混淆起来，把不同类别的事实纳入同一个数列，把批判所引起的暂时性进步看作具有不断增长的倾向的事实，而实际上它在下一个时代便会完全消失的。

我们刚才用了两个词——综合和分析，这两个词使人想到对我们的另一个驳难，批判这个驳难将有助于发展上述思想。他们又是打着圣西门的旗号，向我们引证了《新基督教》中如下一段话："从基督教建立直到十五世纪，人类主要（诸位先生，请注意这个词）是在协调自己的共同感情，确立普遍的和统一的原则，建立共同的体制，其目的在于把才能的高低置于门第的高低之上，并且使一切个人的利益服从公共的利益。在此期间，人们忽视了对于个人利益、对于个别事实和次要原理的直接考察。这些东西在思想界中名声很坏，在这个问题上形成了一种通行的看法，以为次要的原理应该从一般的事实和普遍的原理中引出。这种看法只有在纯粹思辨的意义上才是正确的，因为人的智力还没有办法确立那么准确的普遍原理，可以从中直接引出所有个别原理。"

让我们在这里暂停一下，因为"在纯粹思辨的"这个说法可能给严重错误提供口实。是的，诸位先生，断定一切个别的事实都应该合乎逻辑地从普遍原理中引出来，这就是一种纯粹思辨的观点，因为按照这种方法，人类过去永世也完不成的事情，现在一天内就能做完。这种观点只有和另一个思想并提时才会不是思辨的，因此圣西门连忙阐发这第二项基本思想的意义，以便嗣后弄清将来同样应用这二者的必要性。他接着说：

"自从欧洲精神权力开始解体以来（这是路德反叛的结果，也就是说，从十五世纪开始），人的精神就放弃了最一般的观点，它专注于细节，专注于分析个别的事实、次要的原理，不同社会阶级各自的利益……在这个时期里形成了一种意见，认为关于一般的事实，普遍的原理，人类共同的利益的想法，都只是含混的和形而上学的想法，这些想法不能有效地促使认识得到成果，文明得到进步。"

可见，人类理智从十五世纪开始走向了与前一时期它所走的道路截然相反的方向。不容争辩的是：我们的一切知识领域中所取得的重要的和积极的成果，都颠扑不破地证明了，当我们中世纪的祖先看不到研究个别事实和次要原理或者分析个人利益大有好处的时候，他们是犯了多大的错误。

“但是（诸位先生，请注意这个但是）同样确实的是，十五世纪以来忽视对一般事实、普遍原理和共同利益的研究，使社会遭到很大的祸害。忽视这些问题，就产生了利己主义感情，它开始在一切阶级和一切个人中居于优势。这种感情在一切阶级和一切个人中居于优势，它就使恺撒比较容易恢复他在十五世纪以前丧失的部分政治影响。我们时代的政治弊端也应归咎于这种利己主义——一切有益于社会的工作者都因这种弊端而受苦，君王们因这种弊端侵吞穷人们的很大一部分收入，用于他们的个人挥霍，以及他们的内侍、他们的兵丁的开销；君主政权和世袭贵族因这种弊端，从本应属于学者、艺术家和领导工业劳动的人们的荣誉中捞取巨大的利益，那些人由于他们对社会做出直接的积极而有益的贡献理应受到这种荣誉的奖励。”

圣西门对于中世纪和最近三个世纪的批判时代的广泛观察中得出了什么结论呢？结论是这样的：

“因此，最好尽快恢复发展我们关于一般事实、普遍原理、共同利益的认识的工作，并且使它从今以后同那些以研究个别事实、次要原理、个人利益为目标的工作受到社会同等的保护。”

你们可以看到，圣西门的思想，正是刚才我们谈到科学过去的有机阶段或宗教阶段，以及它的批判时代或非宗教时代时向你们阐述的思想。圣西门在这里讲到的关于中世纪及其批判，也同样适用于罗马共和国和帝国，适用于古希腊的信仰，以及伯里克理斯时期发展起来的对它们的批判。他的思想同样也适用于摩西律法的鼎盛时期以及犹太人分裂为法利赛人、萨都凯人和叶色依人的时代。在整个过去时期，这种从一般事实到个别事实，从普遍原理到次要原理，从共同利益到个人利益的转变，是同从宗教到无神论的转变完全相吻合的。而科学，因为它不是别的，而是人类能力之一的产物，对这种转变也绝不会无动于衷，它总是以自己的语言，用综合和分析两个词来表述它。

由于圣西门的教导，我们现在明白了这种交替运动的益处所在。我们知道，如果对于一般事实的观察和对概括的爱好仅仅是含混的、纯粹思辨的形而上学，那么这只是在忽视个别事实的情况下发生的，因此，未来应该避免中世纪在这方面的错误。然而我们同样也明白，如果分析对于一般事实，对于概括的本领采取轻视态度，那么它就会造成杂乱，因为没有概括的本领这一切劳动都只是一场大乱。因此，未来也应该避免批判的危险和利己主义统治的危险。由于圣西门的教导，我们清楚地了解到人类进步的原因，因此，在保证这种进步能够有条不紊地和持续不断地实现的基础上建设未来，责任就落在我们身上。

我们希望，你们已经明白了把神学的、形而上学的、实证的这三个术语用于科学的三个阶段所造成的错误，不论所指的是科学的全部发展，即从社会产生直到当今，或者所研究的只是每当整个人类发生变化和复原时科学经历的形式变化，情况也都是如此。用最普通的术语来说，科学正像人类一样，曾经是拜物教的、多神教的和一神教的；然后，相应于一般思想的每一次进步，科学曾经是宗教的、半宗教、半无神论的，最后还有完全无神论的。你们应该很容易看到，这两种公式中的不论哪一种，都不能导出人类没有宗教前途的结论。恰恰相反，它们最肯定地证实了我们的预见：以第一个公式来说，因为从拜物教到一神教的发展表明宗教感情在强度和广度方面的增长；以第二个公式来说，因为如果科学现在具有无神论性质，那么我们应当把这一事实仅仅归于我们正生活于其中的批判时代。如果相信过去的经验，那么这个时代向我们预示着这样一种社会阶段不久即将到来：那时科学将重新获得它在有机时代一贯具有的那种宗教性质。

如果我们对这些思想所做的那些必要的解释，因其过于详细而妨碍你们立即掌握它们的实质的话，那么我们提请你们注意，我们现在就要给它们一个比较精确的形式，把它们归纳起来。

在一切有机时代科学都具有神学性质，因为所有的科学发现都来自神殿。

当俗人（我们用这个词来称呼所有不属于古代祭司阶级的人，以及中世纪不属于宗教界的人）推动科学前进，而教会却不理解他们的发现时，就是说，当僧侣集团未能把人类智慧的一切明灯都集中在自己的圈子里的时候，科学就获得无神论和宗教的混合性质。这样的时代可以公正地称为迷信时代，因为在这个时代里，教士们自己就陷于愚昧无知，还要把群众也引入无知，而学者们羁于某些旧的信仰，还不能把无神论带进科学领域。

这样的日子终于来到了：最初在圣坛的庇护之下建立起来的哲学的科学的讲坛，现在已经敢于公开反抗圣坛了。于是圣坛就无声无息了，除了陈旧的教条，从圣殿里再也不能发出别的什么东西，这些教条只要敢于穿着它们过时的服装露面，就会遭到嘲笑。

再说一遍，科学和宗教的这三种如此不同的方面，不仅可以在近几个世纪内看到，在基督教产生之前就已经有过同样的现象了。多神教的上层祭司和女巫，犹太教的拉比，以及德落伊教士和行吟诗人，当基督教会把他们丢下的使命接受过来的时候，他们早已不能教给人民任何东西了。他们的科学影响早已丧尽，多神教的僧侣们，正像我们的僧侣们一样，早已被科学家、哲学家和无神论者推下宝座，在这时候，新的僧侣用无神论本身的武器打倒了无神论，把科学和哲学掌握在自己强有力的手中，把它们引入新的殿堂。科学和哲学从这里迅速地向全世界，主要是向奴隶们，发出它们的光辉，而过去，亚历山大里亚博物馆只是把这种光辉的惨淡的光线照射在罗马和希腊无所事事的少年们的身上。

第十五讲[*] 关于圣西门的学生奥古斯特·孔德的题为《实业家问答第三册》[①]的著作的插话

诸位先生，在我们最近的讲座上，有一次有些人援引圣西门的一位学生的权威来反驳我们，这位学生在由他的老师发表的著作中科学地阐述了圣西门学说的若干部分。他们引证了一些无疑是极为精彩的段落，并且以孔德，以及圣西门本人的名义，反对我们向你们宣讲的未来的宗教——其实我们也是同一位老师的学生，并且亲耳聆听过他在弥留之际宣讲过他的最丰富的思想——新基督教的思想。

孔德的这部著作，我们还没有机会同你们谈过，我们中的一些人曾把它作为自己学习圣西门学说的入门书，那么，还有谁比我们更能高度评价它的意义呢？如果从作者撰写这部著作时所持的观点出发，也就是说，如果从努力在与现在的观测科学同样的基础上建立政治科学这一点出发，那么既没有任何一次同类的尝试，也没有任何一部真正学者的著作可以与之相比。

---

* 1829 年 7 月 15 日讲。——原作者注

① 《实业家问答》的前两册出自圣西门的手笔，第三册(《实证政治制度》)为孔德所写。——俄译者注

然而，如果我们的任务是从圣西门所教导的观点出发，借助于新的普遍概念把所有的科学都合成一体，使它们，以及研究它们的人们摆脱它们已经陷入的孤立状态和利己主义；如果我们同时从美术、科学和工业这三个方面来看人类的进步，热诚希望认识并实现全世界的秩序——那么，在我们看来，全神贯注地热爱科学，而在叙述人类历史时却忘了提及人类感情发展的人，就是轻重倒置。如果这个人更加沉醉于他对理性工作的偏好，企图使未来的时代失去幸福和荣耀的源泉；如果他力图证明，自我牺牲精神将服从于冷酷的盘算，想象的驰骋必须听命于迟缓而呆滞的理智，诗句须先由科学的米尺、天平、解剖刀予以衡量、评定、切割，然后才能出于诗人之口——那么，我们就要宣布：这个人是一个异端分子，他已经背弃了他的老师，并通过背弃老师也背弃了人类。

诸位先生，我们再说一遍：令人欣慰的是，对我们的学说的驳难毕竟是发自这样的基点，这种基点是我们中的一些人在皈依我们的老师之前也曾亲身经历过的。这使我们欣慰，因为经过这一步之后，你们将会比较容易判断，哪一方讲的是学说的整体，哪一方讲的是异端邪说。

我们先看看这条驳难。它是这样表述的：

人类没有宗教前途，因为圣西门本人通过他的学生孔德之口说：既然一切科学都依次经历过神学的、形而上学的和实证的这三个阶段，实证阶段是科学的终结阶段，那么关于社会现象的科学也应经历同样的过程。可见，未来的社会将完全摆脱任何神学。

他们接着说：如果持相反的见解，那就意味着不自觉地趋向倒退。那就意味着经过宗教思想的中介重返起点，并使批判时代（我们现在正因批判时代而吃苦，并且极想摆脱它）不可避免地再现，因为历史告诉我们，一切神学时代都注定要遭到随后而来的时代的批判。

在这个问题上，孔德是这么说的：

“按照人的智慧的本性，我们的每一门知识都必然要在其运动中依次经过三个不同的理论阶段：神学的，或虚构的阶段；形而上学的，或抽象的阶段；最后，科学的，或实证的阶段。

在第一阶段，科学是由为数不多的孤立的考察构成的，把这些考察联系起来的是超自然的思想。换句话说，对被考察的事实的解释，即研究，是 a priori[①] 在臆造的[②]事实的基础上进行的。处于幼年时期的任何科学，都必然是这种状况。不论这种状况是多么不理想，它却是当时唯一可能的联系手段。这种手段提供了唯一的工具，借助这种工具才能研究事实，支持越来越需要某种联系点的理性活动。总而言之，为了能够继续前进，这种状况是必需的。

第二阶段只有一个使命——它是从第一阶段向第三阶段过渡的阶梯。它带有混合的性质，它据以联系事实的思想已经不完全是超自然的，但也还不完全是自然的。总之，这些思想是抽象概念的化身，理智可以依其愿望把这些抽象概念或者看作对照自然原因的神秘的称谓，或者看作对普遍数列的现象的抽象的表达——

① 先验地（拉丁文）。——中译者注

② 假如孔德注意到，他所指的这种现象，甚至在最实证的科学中，每当一种新的理论起初以假设的形式被引进这门科学时都会碰到，那么他用以攻击他称之为神学的或虚构的阶段的一切结论就都破产了，因为假设永远是为了实现对事实的任何新协调而必须迈出的第一步。——俄译者注

视这些概念比较接近于神学阶段或是比较接近于科学阶段而定。这个形而上学阶段认为，事实已经较多，而且已经开始按照更广泛的类推法进行对比了。

第三阶段是一切科学的终结阶段，因为前两阶段的任务都只是逐步为它做好准备。在这一阶段，事实是按照具有完全实证性的一般思想和规律联系起来的，这些思想和规律则是由事实本身提示和证实的，即使那往往不过是普通的事实，一般得足以成为原则的事实。人们总是努力把这些思想和规律归结成尽可能少的数量，任何时候也不凭想象掺进任何无法通过考察进行检验的假设，而且在任何情况下都把这些思想和规律仅仅看作一般地表达现象的手段。

如果我们把政治也看作科学，并且把上述看法也应用于它，那我们就会发现，它已经经历了前两个阶段，正准备进入第三阶段。”

孔德还用另外的形式表述过同一思想：

“在任何科学的前两个阶段中，都是想象压倒考察。实证阶段是前两个阶段的最终目的，它的特点是：想象与考察相比只起着从属的作用。”

把这一思想同前面引述过的作者关于规律在每门科学中都是为了协调被考察的事实的看法对照一下，就会得出结论：在人类知识领域中，最终可以接受的只有经过考察研究的（更确切点说，是由实验而确定的）事实；想象在这里所起的作用，只限于编出提供一定方便的名称汇录，或者发现那些可以暂时充当原则，但在某个时候仍须受到考察检验的事实。

孔德思想的上述这种表现，很好地说明了学者们在哲学观点方面现在处于什么阶段。只要浏览一下最近出版的各种物理学理论方面的主要著作的前言，就不难确信这一点。

然而，在某个时候检验暂定的原则或假设，这是什么意思呢？假如这只是肯定说，假设和由之产生的理论一旦同经受过考察的新的事实相矛盾就会发生动摇，肯定说，在用尽了这种理论在各方面的运用时所容许的一切论证手段之后，就必须着手发现更普遍的理论，建立更广泛的假设——那么，就没有比这更正确、更符合个人智力过程的本性的了。但是，如果想以此说明，经受过考察的事实还必须借助原则联系起来，而这个原则也将像遵循于它的那些事实一样在某个时候接受检验（孔德认为自然的原则同超自然的原则之间的区别正在于此），那么，这就是不由自主地混淆了经验领域和考察领域，把可靠性最终归结于直接的和外部的感觉，认为只有那些能够经受考验的事实才能被（哪怕是暂时地）联系在一起。

例如，我们同所有的学者都认为，潮汐现象是太阳和地球的组合运动引起的，确实，人们借助这一论点得出天体力学中的公式。但是，任何时候也不可能像检验，譬如说，布勒斯特港某一天涨潮的高度那样地检验上述假说，这不是很明显的吗？

关于地球的运动也同样是如此。地动的发现曾经在僧侣界引起了极大的恐慌，那时他们正处于衰落时期，他们的威信在一百多年以前就已经动摇了。经验证明，这个假说符合我们眼见的事实，但是这个假说本身能够成为实验的对象吗？

特别是，对过去时代的人类社会的不同状态的考察，不也同样是如此吗？如果我们在地球上某几个地方发现与那些已经消失，现在已无法检验的状态相类似的情况，我们本来可以利用这种情况来帮助我们改善人们的关系，那么难道仅仅因为这种情况不能以考察来检验就予以否定吗？

任何科学，随着它的范围的扩大和越出直接经验的界限，在其中起着联系作用的理论观点越来越难以受到实证意义上的检验。至于说到这种观点的暂时性质，那么这种暂时性在假设所包含的事实的广泛性和共同性面前就会溜之大吉了。当对任何一门科学都不能孤立地研究，当所有科学都同时符合于一种信条，听从这种信条指示它们各自的位置，当无生命的和有生命的世界的一切现象都由共同的使命联系起来的时候，这种广泛性和共同性就成为无限的了。那时，最高的假说就成了最基本的公理，于是人们就说：上帝是存在的。

在接着讲下去之前，必须特别强调指出，在对经过考察的事实进行论断中不可或缺的假设，不论它在其他方面的性质如何，永远是一种先于论断[①]，而不是后于论断的见解。

要对经过考察的事实作出判断，必须借助于预先设定的思想，因为人们要把事实同这种思想或利用这种思想进行比较；人们努力要证明的只是摆在他们面前的定理。

可见，科学的不同阶段的特点，不在于当时假设对考察居于什么样的地位，而在于假设本身的性质。每门科学都有这样一种倾向：把它的专门领域所包含的一切事实都归于一个原则，即

① 我们说“先于论断，而不是先于考察”，因为在一切时代，对事实的知觉，或者说我们生活于其中的环境，当然都是出现假设、论断以及行动的必要条件；然而困难并不在这一方面。（参看第三讲）——俄译者注

归于一种假设，靠这种假设能使这些事实协调起来。因而，或者是，所有这些专门的假设都同一个总假设联系着，它们同这个总假设相比只居于从属地位；它们是总假设的不同表现，而总假设是总科学即人类知识的信条，即基础；它们通过不同的途径反映总假设，人类智慧应该经过这些途径，使一切个别性工作都服务于社会性目的。在人类一切有机时期或宗教时期都是这种情况。或者，正相反，存在于社会中的混乱状态也在科学领域中表现出来；科学之树正在枯死，它的枝条都从给予它们生命的树干上掉落下去；孤立的专门学科失去了把它们结合起来的连线。学者们也同样彼此隔绝起来了；他们不再从事需要许多人协力进行的共同工作；最后，利己主义控制了他们，因为他们不再意识到他们都负有共同的使命；每一种专科也都越分越细碎；有多少人就有多少种体系，因而也就没有任何科学了。在另一个方面也完全是同样的情形，有多少人就有多少种宗教信仰，因而也就没有任何宗教了。

我们认为，在有机时代，一切科学都同总科学，同信条联系着，至少，人类的科学发展的倾向是这样的。然而，迄今互相更替着的信条，都是发展的阶梯，因为人类只是经过圣西门才意识到自己的命运。结果，在所有那些依次更替的信条中，没有一个能像今天的信条具有这样普遍的、无所不包的性质。虽然每一种信条都曾经在相当长的时间里主宰过人们的理智，使社会在它的庇荫下能够迈出前进的新步伐，但是却没有一种信条能够包罗和控制它的规律不曾预见到的事实，以及在它的圣殿之外发展起来的完整的科学。于是我们看到，在普遍的信仰的领域里很快就发生了骚动，已经陈旧了的信条没有能力使它恢复平静，因为在信条未曾研究过的领域中，信仰已经超越到它前面去了。继骚动之后而来的，是对抗、仇恨、斗争。在这场斗争中，进攻的一方起初又联合在新假说的旗帜下，不过这是无政府状态的假说。向旧信条的卫道者的进攻是在独立感的影响下进行的。这时，在信奉被攻击的信条的学者们和联合于独立旗帜下的学者们之间产生了分裂。狂暴的路德就这样举起了反叛的旗帜，后来的伽利略就这样用科学语言发表了激烈的辩驳，而使基督教的僧侣们感到实在无法拒绝它，除非同时抛弃对于基督的信仰。

专门科学那时显露出单独建立的倾向；科学院也同教会一样，为异教和抗议宗教而苦恼；就像教徒们失掉了教皇那样，学者们也失去了导师。以最伟大的发明丰富了现代科学的那些科学界泰斗们徒劳地寻求着同他们父辈的信仰的妥协；某一位莱布尼茨徒劳地耗费自己的部分生命去同博絮埃通信：旧的信条已经完结了，它需要新的变化，它应该直接经受新的总观点的考验，这种总观点把一切被割裂的科学、一切被隔绝的工作系统化，这些工作越来越失去任何社会作用，而且不可避免地把参与其中的学者们引入利己主义的深渊。的确，这就是批判总会碰到的最后界线。一旦人们达到了这条线，那么，在所谓实证的[①]科学中，在十分强烈地使它们分离的方法中，根本找不到复兴的概念，以促使科学恢复完整和生命，促使学者们获得他们应有的关于崇高服务的新意识。但是

① 这样的名称是针对旧的信条而说的，人们现在已经不认为旧的信条是实证的了。——俄译者注

在我们所描述的混乱时期之末，某些有识之士被混乱局面弄得疲苦不堪，而对于人类暂时还未要求的世界新秩序又一无所知，于是他们试图使脑力劳动恢复统一。他们的努力没有多大作用，因为他们没有为人类开创出它正在寻求的东西，他们只会向它重提它过去已经知道的东西。经过革新的伊壁鸠鲁和卢克莱修、柏拉图和普罗克洛的唯物论的或唯灵论的理论，就是这种徒劳的尝试的产物。这不过是一些翻版，只是增补了某些由于对细节的知识的增进而显得必要的注释而已。然而，这些理论至少却预示着，开创的天才即将出现了。这位天才将在哪里诞生呢？就诞生在他被社会命运所鼓舞的地方。他独自完成光荣的天职——为人们开创大家所希望的东西，开创大家所要求的东西，开创他们中只有一个人能够最先表达的东西。他为人类的病症深感不安，强烈希望消除这些病症，于是他把人类领出这个世界——这个世界人类再也不能接受，不能理解，这个世界使人类备受凌辱，在这个世界上人们互相痛骂。按照他的指令，这个已经化为灰烬的世界消失了；一个新的世界建立起来，因为在这些新领域里处处都是秩序与和谐；所有那些一天比一天更孤立、更个体化的现象现在都走向一个目标，由共同的链条连在一起；所有的人都互相依傍，而就在不久前，大家都被曾使学者们激动的情感所激动，也都像他们那样越来越孤立。

诸位先生，让我们的理性主义欣喜而热情地倾服于人的这种神妙的本领吧，这种本领能把割裂的东西联系起来，把爱和秩序带进充满着争吵和仇恨的地方。让理想主义赞颂这种本领吧，这种本领能在人们从前只见过冲突和对抗的地方建立起互相吸引和认

同的新关系，这种真正创造性的与生俱来的本领，它在我们眼前一步一步都在演示着人类进步的历史。

比如，人们曾经互相为敌，但在未来他们都将成为兄弟；每一种现象都有它的原因，或者不如说，包含着它自身存在的原因，但在某一时刻它们将只有一个共同的原因，一个共同的目的；家庭、城市、国家曾经是互相隔绝的，但在某一时刻将只有统一的人类家庭、统一的城市、统一的祖国；同样，每一种现象都有过自己的科学，每一组现象都有过自己的专科，但未来将只有一门包罗万象的科学，它把一切专门科学、一切现象都联系起来，向它们指出一个共同的原因和目的。

人们将把政治领域中以及科学领域中的这种进步归功于同一种本领——天才、灵感、对秩序和统一的爱好，即好感，因为正是这种本领使我们对周围的世界产生依恋之情，使我们发现我们生活于其中的世界的各部分之间存在着联系，还向我们展示，在这个世界上存在着同我们相似的生活。

我们出于对当代的偏见的宽容而称之为艺术家[①]的那些人们的天职就是如此。对我们说来，艺术家是曾经不断推动人类进步的人，由于这种进步，人类才从最粗野的状态达到今天的文明阶段。而现在，配得上这一称号的，是那些洞悉社会命运的奥秘的人

---

① 凡是认真读过本书已经阐述过的各部分学说的人都会明白，过去有两种称号特别适用于我们在这里说到的职能，那就是：诗人和教士。一种用于批判时代，另一种用于有机时代。实际上，诗人的天职，像教士的天职一样，永远都是引导群众去实现他们所讴歌或宣讲的未来世界。这两种人是未来世界最有力的解释者，因为他们比别人更强烈地受到未来世界的激励。将来这两种职能将融合为一，因为最崇高的诗篇同时也就是最有力的宣讲。——俄译者注

们，而他们之所以洞悉这种奥秘，只是因为他们对人类的热爱使他们感到绝对需要发现它。只有当艺术家们说出自己的话，当他们撕破把我们同未来世界隔开的帷幕的时候，科学才能从这一启示出发，就像从重大的假说出发那样，用它依据这一假设为过去的事实所确定的联系，用它依据这种新的世界观所做出的关于未来的预见，来证实艺术家的见解。

孔德对艺术家的作用持另一种看法。按照他的意见，学者把冷静地制订出来的未来社会的计划交给美术家，以谋求群众的承认。他说，这时候美术家就可以施用由想象提示给他的一切手段，从这时起，他们的行动可以而且应该不受任何约束。他甚至还补充说，美术家的帮助是必不可少的，因为学者应该在历史事实的基础上寻找并找到人类发展的规律，他们的不动感情的工作只能在他们的理智中唤起执拗的信念，却没有能力反击利己主义，这种利己主义在学者中盛行的程度不亚于社会的其他成员。

在这种体制下很难理解，艺术家们怎样能够使自己首先对冰冷的科学证明满怀热烈的兴趣，然而这却是他们必须履行的首要条件，只有这样才能把自己胸中的火交给群众。另一方面也看不出来，既然实业家们应该把学者们的劳动成果应用于实践，那么为什么他们不能至少像美术家一样迅速地掌握这些成果。然而在这种情况下，艺术的必要干预又能导致什么结果呢？

现在可以把我们对孔德的著作的意见小结一下了。这位学者把从每一个有机时代向紧接在后面的批判时代的过渡时期的科学的发展作了很出色的描绘。他可以说，当科学由关于人的使命的一般观点联系在一起时(在有机时代的鼎盛时期通常是如此[1])是带有宗教性质的,而当批判达到极点时,这些科学便逐渐变成非宗教的了。然而这种意见都不适用于有机学说自身的变化,也就是说,不适用于感情和人的交际能力的进步。从这个观点来看,科学像整个人类一样,依次经过了拜物教和多神教的阶段,然后走向一神教,而在一神教的发展中,又可以分为三个大的有机时代:犹太教,主要是唯物论的;基督教,主要是唯灵论的;最后,就是我们预言的时代,在那时物质和精神,实业和科学,世俗成分和宗教成分,都将服从爱的规律的权力。最后,这个时代应当借助同一个观点把它自己的各部分联结起来,也把过去的一切成分同未来联结起来,这是真正的最终时代,因而它不会受到未来的任何批判——这种设想就是对我们的驳难的最后部分的回答。

至于说到假设的从属性质,我们好像已经讲得够清楚的了:在这方面那些最实证地支持论断的人们的要求是十分无理的。现在对这一点的最好证明,就是孔德本人的著作。他提出了(确切点说,是接受了,因为他是从他的老师那里得到这一启示的)关于人类社会的新观点,对于历史事实,即人类和社会的各种活动的新分类法。圣西门告诉他,文明的一切因素可以分为艺术、科学和工业,于是孔德就随着他说,人类在其发展中服从不变的规律。他甚至补充说,如果不接受这个思想,那就只好打消把社会的发展认识

---

① 以后我们将会看到,为什么天主教把某些科学看作非宗教的。不应由此得出结论,说对这些科学的这种看法不是出自教条,相反,如果考虑到,在肉体每天都被革出教门的圣殿里,物理科学自然也应该被驱除,那么这一逻辑就很容易被肯定下来了。——俄译者注

清楚的念头。但是这并不能算完：他努力去证明这个规律了吗？没有，他只满足于用下面的话表述它："如果我们对某种社会制度和思想，或者是制度体系和完整的学说，从其产生之日直到现在进行考察，发现它们的力量从某一时刻开始越来越减弱的话，那么我们可以得出结论：这个制度、这种思想必然要灭亡，反之亦然。"

可以得出结论？但是这一结论从何而来呢？为什么不能设想我们前面有一个静止时刻，这种减弱将会停止呢？最后，关于人类的力量的永恒性的信念，又是以什么为根据的呢？啊，不要害怕承认这种信念吧，请你大声宣布，你相信你对人的爱，以及人们对你的爱，宣布你相信人类的日益增进的意志；宣布你相信，人类意志在其中实现的那个世界，本身就是有利于这种意志的表现的；请你承认，你也相信，人同他身外的万物是被爱的锁链密不可分地联系在一起的，这是一个整体的两部分，它们一起走向共同的使命，用它们的爱、它们的智、它们的力互相帮助。这样，就请你大胆地说出你刚才提及的那个规律的名称吧，这个规律不是学者创造的，学者只有用对它的信念才能论证它；请你说出它的名称吧，这个关于秩序的假说，它是由天才提出的，是科学的基础；这个无所不包的规律，它统治着人和世界；这个强大的意志，它不断把人和世界引向美好的未来——说出它的名称吧：这就是——神的意志。

第十六讲* 关于目前妨碍人们接受新宗教的困难的一封信

我的朋友，我同你一起为你的困难而苦恼。批判的偏见束缚着你的兄弟[①]的巨大才能。你竭尽全力要使他摆脱这种偏见，却遇到了这些困难。他的转变完全值得你那么热心去促成，它无疑会使我们的学说，也使亲爱的兄弟，获益匪浅：他将会像我们一样，从圣西门在我们身上唤起的希望中，从圣西门给予我们的幸福中得到享受。请把你为达此目的将做的一切都告诉我，而我，则尽力给你一些指点，告诉你怎样组织进攻，因为我也像你的兄弟一样，经历过那一条狭路，为了离开这条路他必须走过的每一步，我也都亲身走过。

当我讲自己的事的时候，也就是在讲你的兄弟。

你知道，我很快就看到了综合技术科学的弱点；我很快就感到它缺乏广度。政治经济学、哲学、卡巴尼斯、加尔、德斯蒂德特拉西、边沁的著作使我确信，数学以及整个所谓实证科学，都不过是更高级的科学研究的准备阶段，我对那些现在多半被称为学者，那

* 1829年7月29日讲。——原作者注

① 这里说的不是血统上的兄弟，而是思想上的同道者，指普留奈尔医生，他与里昂的圣西门主义者过从甚密。——俄译者注

些研究物质和运动的人的几乎是无限的崇拜，开始动摇了。至少，我抛开那些无生命的物体，开始用心研究关于有组织的动物的一般思想了。

然而，这时我仍然置身于野人[①]中间；我像他们一样，拿起手术刀，从事解剖工作，把社会的躯体劈开。我特别羡慕的是经济学家，他们研究物质，而摆在我眼前的却总是某种实证的东西。尽管如此，我仍然感觉到某种空白，很大的间隙，必须把它填补起来。萨伊关于非物质成果的想象，施托尔希分析这些成果以及建立物质及精神财富理论的失败尝试把我搞糊涂了。不过，我对这些偏离科学的做法抱着不大信任的态度，迄今为止，科学只要求掌握那些促使创造物质产品的事实。我千方百计把精神的经济学的这种模棱两可的观点和同样是精神的生理学的观点，以及永远是精神的哲学的观点——我刚才向你提到的那些人所鼓吹的观点联系起来。但是我很快就发现，我用这种方法得出的原则和信条，并不能使我产生高尚的信任，而且我已经不知不觉地几乎对一切基本问题都怀疑起来。

怀疑或冷漠是一种折磨人的疾病，是不可能长期忍受的，因为人是极富感情的动物，只要他想生活下去，就不能对他周围的一切无动于衷。假如他陷入这种状态，他就会失去任何交往的动机，除了维持体力所必需的活动外，也失去任何活动的动机。他就会降低到野兽的水平，或者，最好是说，他已经解体了，同矿物完全一

① 圣西门主义者常常使用“brutiers”一词，在圣西门的著作中也可以看到这个词，如 1813 年出版的《人类科学概论》中就有。——俄译者注

样;他的生活成了类似结晶的现象。

就这样,怀疑使我苦恼,于是我摆脱了它,办法是抛掉(自己也没有察觉这一点)把我引向怀疑的那些科学习惯。我们的野人们教给我对寻求原因完全无动于衷,我更否定了这些原因的存在。我的老师们对我说,我自己也不断地重复说,在对现象无法进行考察的地方,科学就应该止步了。然而我还是时常忘掉这个重大原则,努力去证明,凡是我不能加以实验的东西都是不存在的。

我还记得,我是多么得意地大胆断定,我已经证明了一切在人的有限存在和宇宙的无限存在之间建立起联系的宗教的荒谬性,我认为能够以数学式的精确性否定,比如说,永生不死之说,似乎我的几何圆规或者我的解剖刀就能够控制永恒,还有,似乎某一具尸体就能告诉我:一切都完结了。幸而,我止步了。我真幸运,圣西门在我就要堕入的深渊边缘上把我挡住了,他把我从我所面临的彻底精神解体的状况中拉了出来。

我的朋友,你可能不会马上理解,为什么我说,当我抛掉冷漠的怀疑,在解决这个问题的两种假设中否定了一个而接受了另一个的时候,我已经面临着深渊,我已走向了彻底的精神解体。然而这一切都是极其真实的。而且,我的天赋才能越大,我的精神堕落也就会越严重。只有那些平庸的人才会听从被他们的理智所否定的善良感情。他们的心灵,如果可以这么说的话,是有机的,而他们的头脑是批判的。他们体验着把他们和周围的一切结合起来、联系起来的感情,同时他们又听信使他们脱离周围的一切,使他们孤立,使他们倒退到自己的个性中去的理想。他们都是一些热心的父母,十分可靠的朋友,近乎竭诚的公民和温文尔雅的爱国者。

这是一些为了行善而需要舞会和演剧的慈善家。

是的，我的朋友，无神论导致不道德，因为高尚的合题——上帝是存在的——与作为一切道德思想的基础的那些合题是属于同一性质的。由此得出结论：如果否定了这个合题，人就会由于逻辑的一定的严格性和顽强性而在利己主义的道路上走得很远。

如果你一下子看不出关于宇宙的科学的公理与关于人的科学的公理之间的密切联系，如果你认为道德比宗教感情更具有可靠的物质性的基础，那么请你研究一下那些对道德进行分析，找到了忠诚的限度的人们的著作，并且告诉我，这些严格的逻辑学家，这些冷酷的唯物主义者[①]，他们讥笑感情的虚幻，但自己不也是满足于纯粹的假设吗？你要问他们，为什么需要道德？他们会说，为了更紧密地巩固社会联系。但是为什么需要把社会联合在一起呢？为什么甚至需要卢梭所赞扬的自然状态呢？最后，人类的存在又是为了什么呢？把人们联合起来的纽带牢固与否，与我何干？人们的存在，我自己的存在，又与我何干？我有什么必要生孩子呢？他们无疑会用我看待生命的结束的那种冷漠心情来看待生命的开始。

假如一个人硬是把假设的广阔天地置之不顾，就会说出这样的话。然而，真有像大理石那样冷酷无情的人吗？他没有想象，没有感情，他对什么也不激动，对什么也不爱恋，对什么也不怜惜，对什么也不抱希望。可这难道还是个人吗？

现在听一听假设的编造者们的话吧。一方面，这就是拜伦、歌

---

① 指十八世纪法国哲学家爱尔维修和霍尔巴赫。——俄译者注

德，或任何一位别的批判的恶魔。

他不是陷入混沌，而是陷入了地狱。他不为人间事务的单调而惊奇，他的心灵未因冷淡而麻木，因严重的怀疑而僵化；在两种假设中他选择了一种，他讴歌混乱，他的想象力认为只有罪孽和恶行才值得描写。

另一个人正相反，他相信幸福的未来，他满怀期望，并且极想用自己内心的期待去感染别人；秩序与和谐使他的心脏跳动；他渴望秩序与和谐，这种渴望完全控制了他的期待，以致一旦他所思慕的和谐需要，他就准备献出自己的生命。

是的，我的朋友，秩序、宗教、协作、舍己精神，这些词是一个连贯的假设数列，同它对应的是另一个数列：混乱、无神论、个人主义、利己主义。也许你会认为，我没有把有机数列描述好，把它的基础说成同批判数列一样的，把这个和那个数列同两个猜测联系起来。请放心。如果我说有两种假设，那么我马上就会断定，人类惊惧地拒绝其中的一种，喜爱地接受另一种；我会断定，人类以不可遏止的力量追求其中将会带来幸福未来的那一种；最后，我还敢于断言，如果圣西门的学生们使人类重新获得希望，重新获得美丽的桂冠（比人类给最早的基督教徒戴上的桂冠更加美丽），那么人类一定是欢迎他们的。

但是，我说了些什么？桂冠、荣耀、不朽，这就是我们的宗教——你的兄弟和所有现代无神论者们一起高叫起来。他们热心地急忙去证明自己的信仰：一切宽宏大量的感情，用夏多勃里昂的话来说，都被掩盖在战旗之下了；共和派战士也会为自己的信仰而死，他们也将体会到，什么是殉难者的痛苦。

我刚才向你指出的幸福的矛盾，就是如此：否定上帝，伟大的统一的上帝，永生于万物之中的上帝，同时却又崇拜次要的神祇；自称无神论者，而实际上是拜物教徒；自由、理性、祖国都被供奉，至少主宰着人们的心灵，而伟大的唯一的祖国，在那里充满着真正的自由，因为在那里理性和力量都服从于爱，这样的祖国却受不到任何崇敬。

但是，我的朋友，还是回到我身上来吧；也可以说，回到你身上，你的兄弟身上，所有我们这些十八世纪的孩子身上，因为我们面临着同样的考验。

就这样，为了建立假设，我抛弃了冷漠的怀疑主义。原因问题引起了我的情不自禁的注意。我看到，那些同维吉尔一样认为 Felix qui putuit rerum cognoscere causas[①] 的人，对原因总是那么感兴趣，还有，上帝存在和灵魂不死这些不断被人们肯定或否定的问题，并不是与人类幸福无关的空泛之论。无疑，智力贫乏的人，庸庸碌碌之辈，特别是那些囿于狭隘的专业的人，可能对这些问题置之不理。然而反过来，那些伟大的人，在哲学上叫做唯灵论者和唯物论者，在宗教上称为信教者和无神论者，难道他们不正是把这些问题作为他们全部生活的内容和目标吗？他们能够避而不就这些问题发表肯定或否定的意见吗？

于是我就作出了选择。莱布尼茨、巴斯噶、牛顿没有使我止步，我不满足于蒙太涅的 que saisje（我知道什么）。我重复着 post

① 能够认识事物原因的人是幸福的。——俄译者注

mortem nihil[①] 这句名言，而竭尽全力去证明这条道理。

请你重读一下我那时给你的信，我的朋友，你能不能理解，我这个自认为一贯心口如一的人，怎么能够说出那么缺乏信念和信仰的辩护词呢？这很好解释：我曾到科学中去寻找自己的证明，但正如我已告诉过你的那样，所谓的科学现在对这些问题已无能为力，它只能把这些问题的答案看作公理，因为这些问题的高度超过了它。

不过，无神论的这种徒劳努力倒是帮了我的忙，因为我很快就确信，科学的检验是无法证实或推翻关于上帝存在和灵魂不死的思想的。圣西门彻底说服了我。当我深信他的学说时，我就感到自己有足够的力量向全世界的学者证明，他们说不出任何像样的东西来反对宗教信仰，而且，当他们胆敢向上帝挑战的时候，他们正是在反对他们自己为之大肆鼓吹的方法。——在迈出这一大步之后，我重新获得了人的尊严，我给了科学以应有的地位，我能够信任自己的感情的提示了。

你的兄弟会说：真是惊人的进步。你进入了想象领域，你相信那些无法从物质上验证的东西，你沉醉于幻想，置身于迷雾，你为这高兴去吧！原来，科学家也有他的浪漫精神！

嘿，那么什么是古典科学呢？尽管它取得了值得夸耀的成就，它能够在十八个世纪的时间里写出哪怕是稍稍接近于福音书的道德论文吗？倘要指责我们沉溺于由我们的感情所引起的幻想，那么这些学者必须先向我们证明，人如果是善于盘算、富于理想的动

① 死后全无。——俄译者注

物，就不能同时又是富于感情、会作最狂热，甚至最无理性的自我牺牲的家伙。相反，我们认为，人能热情洋溢，也能深入思考，人预见着、发明着、发现着、想象着、检验着；他怀有愿望，也思量着满足这些愿望的方法。

然而，我们还是往下看吧，为什么那么藐视和鄙视这些幻想呢？批判者们说："因为它们给世界造成了不幸，因为它们把荒唐、可怕的信仰强加于人，因为它们使少数享有特权的骗子们获得实力，而且用这种实力去剥削群众，因为它们引起了各民族之间的残酷战争。"好，就算是这样。既如此我们应该否定过去的一切信仰。你们说，它们造成对抗，容忍人对人的剥削，使奴役和战争神圣化。这已经足够使我们感到可怕的了，因为我们相信人类最终的协作制，我们寄希望于这个幸福的未来，我们感到这是我们的使命，我们将尽一切努力来实现它。既如此你们就去批判制造斗争和混乱的利己主义感情吧，在这方面我们会支持你们的；但是请你们尊重和崇敬另外一些感情，这些感情使人们相信，他们只有在充满和平和令人神往的和谐的地方才能得到幸福。

你看，我对过去的信仰是宽容的，这是有利于我们的对手的。但是，那些反对幻想的人，难道他们自己可能那么盲目吗？是谁经常同对抗作斗争呢？谁消灭了人类童年时期所特有的残忍风习呢？是谁支持了弱者？谁帮助爱好和平的人打碎了压在他身上的铁轭呢？怎么？我们颂扬亚里士多德和三段论法的威力、阿基米得的著作、伽利略和刻卜勒的发现、牛顿和拉普拉斯的计算，我们心中别无他物，唯有为那些高尚的幻想家、那些虔诚的人们感到屈辱和憎恨，他们只要宣布自己相信更美好的未来，相信人们更纯洁的使命，就可以使整个人类热烈响应，使人类摆脱野蛮状态，不断接近这个未来。

对宗教幻想的傲慢的恶意诽谤者们，你们自己来试试看，如果你们有能力，制订你们自己的信仰（或者毋宁说是无信仰），你们自己的道德理论，你们的利己主义者指南，试看能不能找到一百个人愿意熟记它们，每天高兴地朗读和评注它们。你们再努一把力，唱起 Te libertatem laudamus[①]——然后你们就忐忑不安地等着看，有没有人响应你们的赞美歌吧。

我的朋友，这些东西我只能对你一个人说，连想也没想过现在要向你的兄弟谈起 Credo，Pater，Te Deum，[②]因为你的兄弟通晓荷马而不读圣经，他能背诵维吉尔的著作和西塞罗的片段，却从来不曾掀开过使徒保罗和圣人奥古斯丁的著作，最后，他读过爱尔维修、迪皮伊、沃尔尼，甚至迪洛尔[③]的著作，但对福音书和教义问答的了解只是从伏尔泰笔下得来的，他不久前还在你面前自夸他对这类书籍甚至不屑一顾。

而我们，则将以同情，更确切点说，以悲痛的心情，观察我们的古典教育的可怜成果，观察那些人的高傲的自负，他们对人类过去的历史颇为内行，对希腊罗马的一两个世纪，对他们所珍视的十八世纪更是熟知，然而在他们的书架上（就像麦斯特谈到伏尔泰的藏

① “自由，我们赞颂你。”与“Te Deum laudamus（上帝，我们赞颂你）”相对应。——俄译者注

② 信条、神父、上帝。——中译者注

③ 迪洛尔（J.-A. Dulaure，1755—1835），工程师，国民议会和五百人会议成员，迪皮伊的朋友，著有《宗教仪式起源》，安凡丹此处指的就是这部著作。1825 年迪洛尔发表了《宗教仪式简史》。——俄译者注

书时所说的那样)却没有关于人类的前途的重大著作。当狄俄斯考利得斯请圣人奥古斯丁解释西塞罗著作中几个不明白的地方时,圣人奥古斯丁回答他说:“忒密斯托克利不怕被人看作无能之辈,拒绝在庆祝会上演奏一种乐器,说他不会。当人家问他会什么的时候,他说:‘我会把一个小共和国变成一个大共和国。’”我们在这里借用圣人奥古斯丁的这段话,岂不是很合适吗?是啊,你能找到哪个共和国能比摩西的共和国组织得更牢固,比基督所设想、由他的教会的活动所实现的共和国更辽阔吗?让他们给我们指出来,在亚里士多德所搜集的无数宪章中,在柏拉图的政治理想国和西塞罗的理想国中,有哪些信条能够唤起热情和奋不顾身的忠诚,不只是几天,也不只是几年,不只是对那些少数钻研书本的人,不只是对与世隔绝的隐士,而是长达许多世纪,处处皆然。而教会的祈祷却可以很容易地做到这一点。

人类的可怜的医生们,你们从未见过它健康时的样子,却想把它的病治好!当你们为它检查时,它已经变冷了,不时发出垂死的天才的绝望呻吟和最后叹息,然而当它充满活力和希望,亲自向你们指出生命、希望、爱情的源泉时,你们却又聋又瞎。

你说,你的兄弟不久前作了很大的自我克制:他同意看看麦斯特的书,他答应你读完拉梅耐,并且在他全神贯注地研究省治法和预算公文之余,花几分钟时间翻一翻巴朗士的著作。祝你成功。这当然是一个很大的成绩。然而,要么就是我大错特错了,要么就是,如果你不用一些注释来帮助他,这种初步的阅读只能在他的脑海中留下极浅的痕迹,他的偏见几乎原封不动。他是抱着厌恶的情绪来做这一步工作的,而且,你知道,这只是一种准备工作,因为

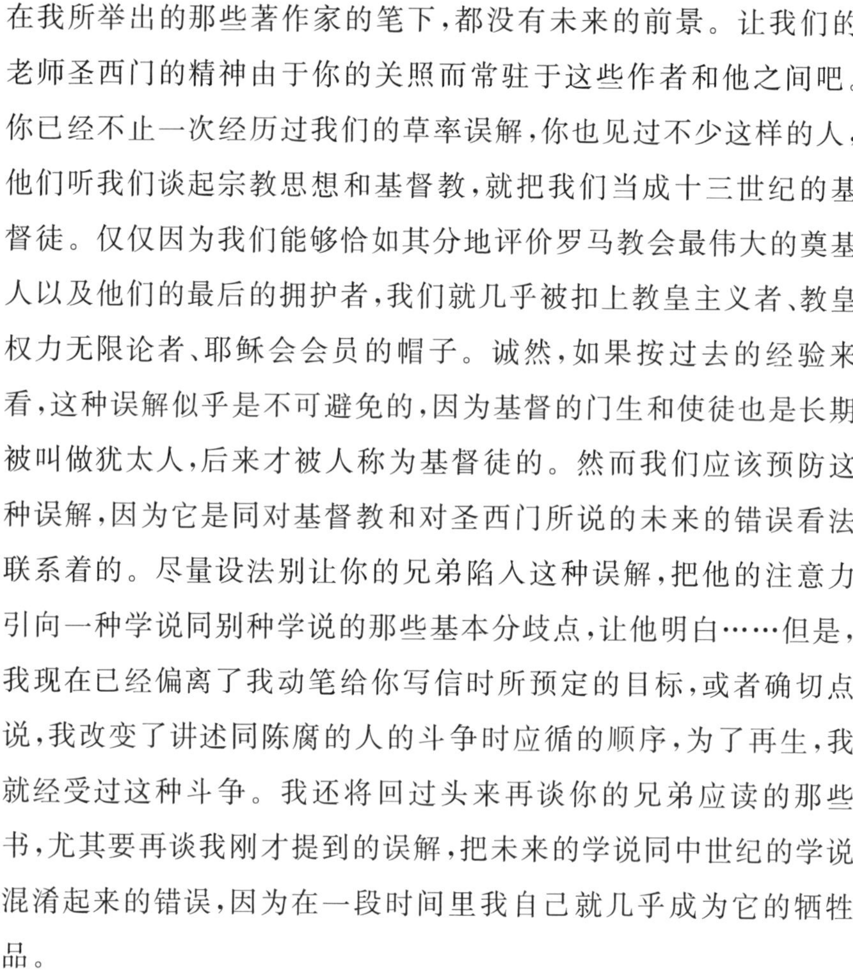

在我所举出的那些著作家的笔下，都没有未来的前景。让我们的老师圣西门的精神由于你的关照而常驻于这些作者和他之间吧。你已经不止一次经历过我们的草率误解，你也见过不少这样的人，他们听我们谈起宗教思想和基督教，就把我们当成十三世纪的基督徒。仅仅因为我们能够恰如其分地评价罗马教会最伟大的奠基人以及他们的最后的拥护者，我们就几乎被扣上教皇主义者、教皇权力无限论者、耶稣会会员的帽子。诚然，如果按过去的经验来看，这种误解似乎是不可避免的，因为基督的门生和使徒也是长期被叫做犹太人，后来才被人称为基督徒的。然而我们应该预防这种误解，因为它是同对基督教和对圣西门所说的未来的错误看法联系着的。尽量设法别让你的兄弟陷入这种误解，把他的注意力引向一种学说同别种学说的那些基本分歧点，让他明白……但是，我现在已经偏离了我动笔给你写信时所预定的目标，或者确切点说，我改变了讲述同陈腐的人的斗争时应循的顺序，为了再生，我就经受过这种斗争。我还将回过头来再谈你的兄弟应读的那些书，尤其要再谈我刚才提到的误解，把未来的学说同中世纪的学说混淆起来的错误，因为在一段时间里我自己就几乎成为它的牺牲品。

让我们回到那个地方：我认为对赞成或反对上帝思想的论据进行科学验证是行不通的。

那时，我开始沉思关于我自己的问题，我问自己，我是获得了新的能力呢，或是这种能力本来就在我身上假寐，不过是圣西门把它从昏睡中唤醒了。我想知道，当我激烈反对宗教思想之时，是否我就已经是一个不自觉的信教者，当我认为那些天真地相信灵魂不死，相信秩序、生命、爱的不朽的永恒原则的人们是荒唐的时候，我是否也同样荒唐。很快，那些经常使我们内心激动的伟大字眼，都涌现在我的脑中：自由、义务、祖国、良心、荣誉、人类。

人类！每当我说到这个伟大的集体动物的名字，想到它幸福的未来，看到它过去的苦难和到今天还戴着的锁链，我的手总要颤抖，我的心总是渴望着行动，这究竟是为什么呢？难道是我对那样一个人感到极大的兴趣了吗？那个人的生命是暂时的又是永久的，他的始和终都是我不知道的，他到处都在又到处都不在，那个人拥有取之不尽的宝库来奖赏善良的人们，即爱他的人们，他用永世的诅咒来惩罚恶人和利己分子。一个相信（上帝）不存在的人，相信永远返回泥土，相信与世长辞的人，还怎么能够在想到子孙后代将来怎样说起他的名字时感到心悸呢？荣誉对他有什么意义？为什么他想像苏格拉底那样死去呢？为什么基督为拯救野蛮人，为解放奴隶而被钉死在十字架上的遭遇使他落泪呢？他应该为自己的软弱而脸红并且遮住自己的泪水吗？他应该害怕怀疑论者和无神论者的讪笑吗？不，我的朋友，看到这种热心，这种对我所崇敬的神的爱，无神论者是不会讪笑的，而真正信教的人倒会讪笑，他几乎是怜悯地看着我们的感情的渺小，看着博爱主义的简陋的供台。

他对我们说：“睁开眼睛看看拘禁你们的上帝的狭小天地吧！怎么？你们的面前就是无限辽阔的世界，而你们的目光却依然局限于地上！我说的正是地上。局限于生活在地上的一种有组织的动物。自然，你们所崇拜的那个高尚的创造物，实在值得你们去爱；你们爱它，无疑是因为你们从它身上可以得到爱、科学和力量。

然而，请看看它是怎样实现它的实力的这种三位一体的属性的。它利用科学，来不断发现一些世界规律，而且，在这无穷无尽的道路上每前进一步，都使它更深地感到它的面前仍有无限辽阔的天地。它使用力量，来使物质变形、组合、转移，而且在这方面同样也是，它越是前进，就是说，它越是好像接近无法洞察的创造的秘密，它就越是感到自己无力去揭开这一秘密。至于它的爱，科学和实业已经向你们指明了这种爱必然要施与的对象。是的，这个对象就是永恒的智慧，它掌握着世界的秘密，并且不倦地召唤我们去认识这个秘密；这个对象就是十足的美，它展现在我们面前，给人以美化世界的力量，给世界以使人美化的性能；这个对象就是人，他的无限的善良每天都使我们向他靠近，使我们对万物越来越热爱；最后，这个对象就是有主权的科学，有主权的创造力，有主权的爱，你们的神灵——人类在它们面前也要躬身为礼。因此，你们同人类一起向人类的上帝跪拜吧，他也就是你们的上帝。同人类一起赞颂圣主吧，人类深情地服从他的法律。”

我的朋友，当我想让信教的人说话的时候，我的语言是多么贫乏！我知道，我的话语里没有恶毒的批判咒骂，但它不断地冷却下来了，怕的是伤害了那些已经习惯于冰冷的三段论法的声音的人们的听觉。也许，在很长的时间里我们还得把我刚才说的话翻译成更粗俗的语言，翻译成科学语言，在很长时间里，当我们要想说出那个几千年来使全人类因快乐、恐惧和期望而颤抖的名字，那个使牛顿肃然起敬的名字时，为了避免我们这个喜欢嘲笑人的时代的嘲笑，我们还必须以所谓数学的方式，根据冷静的概率论来表明，我们的信仰正是未来的人们所宣传的信仰。

因此，不要把我现在向你说的关于博爱主义的话照搬给你的兄弟，或者至少要采用一种比较适合于他的理性习惯的形式，当然，这只是同一思想的另一种说法而已。让他在拜物教、多神教、犹太教和基督教之间比较一番；最后，让他知道，博爱主义者的神灵——人类，对于越来越比人类本身更完善的上帝总是承认和崇拜的。

让他有一瞬间的工夫真诚地凭良心想一想使他对人类衷心热爱的那类感情吧。请你相信，他不能不承认，同所谓宗教感情相比，这类感情同样是假设的，不过远没有那么宽广。这样他就会看清博爱主义者的本相：博爱主义者是二流的虔信者，天性使他与诗歌无缘，他对美好的，特别是善意的、使人类激动的话语无动于衷。

不，我的朋友，你的兄弟不会坚持反对这一点的。向他抛出大量例证，这些例证是他自己也不能不承认的，因为他热爱诗歌、音乐、绘画、建筑；戏剧使他激动，因狄摩西尼、西塞罗、福克斯、米拉波和富瓦而生气勃勃的人民论坛使他叹为观止。我说，要给他举出大量例证，这种例证在你那里是不胜枚举的：你问他，维吉尔、奥维德、卢克莱修为世界的幸福做了什么？当韩德尔、莫扎特、海顿、克鲁比尼，甚至罗西尼创作他们最优秀的作品时，是什么样的题材给他们灵感呢？拉斐尔、米开朗琪罗为着什么样的题材而寻觅他们最美妙的色彩呢？让他给你指出哪怕是一座世俗的著名建筑，是没有被我们的大礼拜堂大大胜过的。如果他把剧院作为盾牌，如果他以西塞罗对罗斯齐的那种欣喜向你举出塔尔马的名字，你也要原谅他，不要用列举使野蛮民族获得基督教的寄托的那些优秀的演员、伟大的语言艺术家、绝妙的演说家的名字把他彻底打垮,不要亵渎使徒保罗、圣人奥古斯丁和金口约翰的名字,只须举出最不知名的乡村教士就够了,这位教士恪遵福音所教诲的道德,向同他一样的信教者布道。然后你俩,你和你的兄弟,计算一下由教会圣坛的影响所引起的和由盛装的舞台的影响所引起的道德行动吧。

啊,我的朋友,最后这个思想多么使我难过,或者更确切地说,它在我心中唤起了多少惋惜和希望！我和你的兄弟一样,当我深受感动、浑身颤抖、十分激动地倾听苔丝德蒙娜、丹克蕾德或者阿尔萨斯的时刻,我也会哭起来,不过我的眼泪还在涌流,他的泪却已干了。所有这些围着我的女人,都在这里干什么呢?她们像过节一样穿着盛装,来到这辉煌的大厅,祝贺她们中的某一位凯旋吗?她们是不是想在这里给她们中爱得最深的人戴上花冠呢?是啊,这是一切女人中爱得最深的人,最富热情的人,她具有最大的打动心灵的力量。……这就是她,当代的女预言家,这就是她,掌握高尚灵感的秘密的创造物。基督教徒会向我们说:莫非你们这是在崇拜圣母吗?伟大的上帝啊,你把她放到什么圣殿里!!!

让我们放下这个题目吧,它太令人难过了。

不过,你要进行的最艰苦的斗争还不是在这个令人伤心的方面。我同你谈过贫民论坛和那些演说家,他们响亮的声音,伴随着忠实的回声,鼓舞着许许多多的听众,或者广为传播,使人民激奋。你的兄弟恰恰要在这一方面最激烈地为自己辩护,相信自己必胜。他认为只要把我们推到博絮埃、布尔达卢和马西荣面前,推到被击败的天主教的那位高尚而无力的后卫、十八世纪的巨人米拉波面前,他就会在这里打得我们全军覆没。你不必跟他纠缠,让他为自己使用这种被毒化的武器来反对我们而脸红：不，先别搞个人攻击。过后你的兄弟自己会感觉到行动的道德性同学说的道德性之间存在着联系。所以你就大胆地接过对方的论题，直接谈那些人好了。

好吧，米拉波的成果是什么呢？他在各方面都有资格代表的那个时代的成果是什么呢？它们打碎了旧时代的桎梏，摧毁了基督教神学和封建主义的统治。它们在人们心中激起哪些热情来完成这一任务的呢？猜忌、仇恨、报复，我怎么说呢？甚至是嗜血。对这位演说家的大喊大叫的不变的回音很快会响起：要么是自由、平等、博爱，要么是灭亡。

现在让我们看看基督徒们吧。他们同样必须摧毁旧时代；他们同样辛辣地批判过古典希腊罗马神学和世俗政权。难道他们应当完成的事业所需要的力气和才能较少一些吗？难道奥古斯特时代的继承人在拆除旧建筑时比路易十四时代的继承人更轻松一些吗？

啊，使徒们还不得不同许多别的敌人作斗争。那无数的哲学派别互相争夺过对世界的统治权，其中只有一种有希望流传后世，它们一听到使徒们的声音就应该立即消失。为了归附于基督的名字，它们统统注定要失去自己的名称，但在异端邪说中却会留下它们的起源的印记，直到在吕克昂、画廊、学园①的废墟上矗立起圣彼得的独家讲坛。

① 吕克昂，是亚里士多德创办的哲学学校；画廊，是斯多葛派哲学家集会的地方；学园，是柏拉图创建的哲学学校。——中译者注

让我们听听这些反叛的公民、这些激烈的革命者们的主张吧。他们也要给茅屋以和平[1]，但是为达到这一目的，他们却为天主筑起宫殿；他们也宣传斗争和战争，但是他们教给人们痛恨并与之斗争的那个敌人是谁呢？就是人本身，就是利己主义。他们交给我们的克敌制胜的武器，不是猜忌，不是仇恨；他们不唆使我们去报复；他们教给我们从信任、希望和爱中汲取力量。

我的朋友，我们在这里多讲几句吧。我们现在已经揭示了基督教之强大有力的奥秘，以及批判的成功之昙花一现的原因。我们现在知道，为什么无神论的雄辩家的命运只能是从卡皮托利丘走向塔尔培悬岩[2]，从山岳走向断头台，从被奉若神明变得被历史遗忘；我们知道了各个共和国之成效甚少（这一点得到普遍的公认，却很少被人理解）的真正原因；我们知道，为什么有这么多牺牲者倒在这些共和国的屠刀下，而人民为他们鼓掌的响声犹在空中回荡。但是我们也懂得，为什么对一个基督徒来说，他的光荣的日子，他使自己的名字永垂青史并赢得子孙后代的敬爱的日子，正是他殉教的日子。

有人会说：怎么？你们要我们用宣传信仰和盲目服从去推翻可憎的政权、专制的政府！你们宣传的是那么有利于强者的学说，还想解放弱者！难道能靠奴役取得自由吗？

---

① “给茅屋以和平，给宫殿以战争”——这是里昂临时委员会提出的口号，得到国民议会的赞同。——俄译者注

② 卡皮托利丘(Capitolinus mons)位于罗马台伯河畔，丘上筑有神殿和堡垒，古代是举行宗教仪式的地方，并设有收容外国逃亡奴隶的庇护所。塔尔培悬岩(SaxumTarpeium)，在卡皮托利丘西部，古罗马时把被判死刑的政治犯从这一块岩石上抛下。——中译者注

在我们的哲学家们看来，这是无法理解的秘密！他们在自己的意识中那么详尽地研究人，却不肯谛听全人类意识的声音。在我们的政论家、独立的提倡者们看来，这是惊人的自相矛盾！他们忘记了，人，作为社会动物，就其需要来说，他依赖于他属于其中的一部分的社会。在所有的人看来，这是奇迹！因为大家都毫无争议地知道，基督的温顺的、谦逊的、爱好和平的话语，确实打碎了奴隶身上的锁链。

相反，在我们看来，在神的仁慈的高度表现中再没有任何奇迹，没有任何神秘的东西。我们来自洁净的渊源，基督教哲学和基督教政治从这里获得它们对希腊罗马的哲学和政治的优势，圣西门从这里寻得了连基督教徒们自己都不知道的秘诀，这一秘诀使我们得到力量和权利否定现代的以及过去时代的各种学说。

是的，我的朋友，正是靠宣讲服从，然而是靠宣讲对爱的神意的服从，能够同时消灭混乱和专制，即无知的利己主义，以及科学的利己主义，无力的同时又是破坏性的对所嗜好的东西的贪欲，以及对力量的傲慢要求。任何哲学学说，如果它提出的任务只是达到这两个目标中的一个，那么这种学说就是虚假的，不完整的，不适用于人类的有机时期的。它要么是伊壁鸠鲁主义，要么是斯多葛主义，唯物论的利己主义或者是唯灵论的利己主义，但正如我向你说过的，它总是利己主义。唯灵论的利己主义任何时候也得不到群众的响应，它只为少数专心注意自己的人所用，使他们离群索居的消极心情为之神往。然而，唯物论的利己主义却像洪流一般涌向危机时期的被疾病损害的人类，在这一时期，人类厌倦了卑贱的生存，对美好的生活又毫无信心，它已经准备以一死来摆脱自己的痼疾了。

你记得，当发现这两种哲学的空虚和无力控制世界的那一天，我们是何等高兴。那时圣西门还未开导我们，而我们盲目地模仿那些希腊人和罗马人，他们在厌倦了伊壁鸠鲁和芝诺之后，就涌向亚历山大里亚去和柏拉图主义者一起研究折中主义，我们也为了斯图亚特、里德和拉罗米吉埃尔而抛弃了爱尔维修和卢梭。

显然，我们这是前进了一大步，因为我们在努力摆脱利己主义，然而我们所走的仍然是利己主义的路子。我们两人用顽强的劳动东张西望地摭拾各种学说的片断，没有任何选择的原则，没有把这些片断组合起来的联系，实际上我们搞成的是乱糟糟的大杂烩，还把它称为学说。这不是笛卡儿或者马勒伯朗士、洛克、孔狄亚克或者康德的学蜕，这些大哲学家已经不是我们的导师了。你是你的意识的学生，我是我的意识的学生，我们能说出对利己主义说来是十分甜蜜动听的话——我的学说。

于是我们又仿照亚历山大里亚学派的榜样行动。我们曾经长时间地同当代的伊壁鸠鲁主义者和斯多葛主义者斗争，借用一派的力量去打击另一派，然后，我们怀着爱慕之情转到神意藉以向我们宣示的那个人的旗帜下，就像柏拉图主义者那样蔑视——用圣人奥古斯丁的话来说——伪哲学家们为此向我们频频发出的叫骂。我们的哲学个性在天才面前黯然失色了。我们不再害怕承认领袖、首脑、导师——什么样的导师啊！这是一个被同时代人否认、抛弃、蔑视的人，对于利己主义来说，他的充满自我牺牲精神的一生简直是一个谜。

当弥留之际，临终之时，在一切命运的宠儿完全绝望并祈求安慰，而被虚度的一生弄得疲惫不堪的人们至多也只能表现出斯多葛式的冷漠的那种时刻——圣西门却激励我们勤勉努力，向我们展示了人类的期望，并且以自己的榜样教我们承担起牺牲一切来实现这些期望的义务。他会同西麦昂一起高呼："现在宽恕你的奴隶吧，因为我的眼睛已经看到你决定用以拯救世界的工具。"

我的朋友，基督钟爱的门徒说过：当一个人满心都是爱的时候，他就无所畏惧了。当导师在临终嘱咐中要求我们相信人类的崇高使命的时候，当他让我们全心全力去实现那个十分强烈地吸引着我们的心的目标的时候，服从是愉快的，信任是自然的。

自由的鼓吹者们，你们还要向我们反复说多少遍反叛是一种最神圣的职责呢？难道你们不怕，你们因为只想摧毁而盲目使用的那种可怕的武器，有一天会被用来反对你们自己吗？被你们教会了的人类，可能很快就将起来反抗两百年来你们的学说加在它身上的重荷，你们想到这一点时，难道不会浑身战栗吗？你们向我们大讲早年的基督徒们怎样残忍地对付教会的敌人，你们向我们诉说他们的无情的报复行动，却忘记了，他们正是在宣传你们的原则的学校里学会复仇的；还有，你们知道，他们的行动不像基督徒，而像野蛮人，因为基督要人们原谅欺侮，那么难道你们认为，人类社会将永远不会有这样的领导人——社会爱戴他们的政权，愿意维护他们的威信——吗？怎么？永远是可恨的长官，永远是那些想把我们置于死地、靠我们的劳动和我们的血汗游手好闲而脑满肠肥的老爷，永远是靠我们的痛苦和我们的眼泪为生的恶棍！就是说，你们的未来就是地狱？而你们还想让人们跟着你们走！！！不，不，该是让警钟不再敲响的时候了，该是制止"拿起武器！"的不

祥的尖叫的时候了。再也不应该用鲜血来浇灌我们的田野了，战火毁坏世界的日子已经够长的了，不要再让猜忌和仇恨来迷惑我们了。现在已经到了这样的时刻，人类应该像所罗门那样高呼："狂暴的北风啊，停息吧；和煦的南风啊，向我们吹来吧！"

第十七讲[*] 人类的宗教发展：拜物教、多神教、犹太教的和基督教的一神教

我们提请你们注意的宗教问题，对你们说来既显得十分突然，也显得过于广泛了。我们对这个问题的教条式的解答所引起的恶感和驳难，超过了我们关于人类未来的任何其他的预见。在这之前我们看到，我们提出的观点，不论它们同公认的思想是多么尖锐地对立的，起初都往往得到明显的赞赏。我们的宗教预见却是另一种遭遇。我们刚刚开口，就看到，我们虽然已经使十八世纪的意义在许多重要方面可能发生了动摇，它却很快恢复了自己的统治地位，大模大样地出现在我们的面前，显示出它的全部憎恶、惊恐，它的整个起着瓦解作用的辩证法。

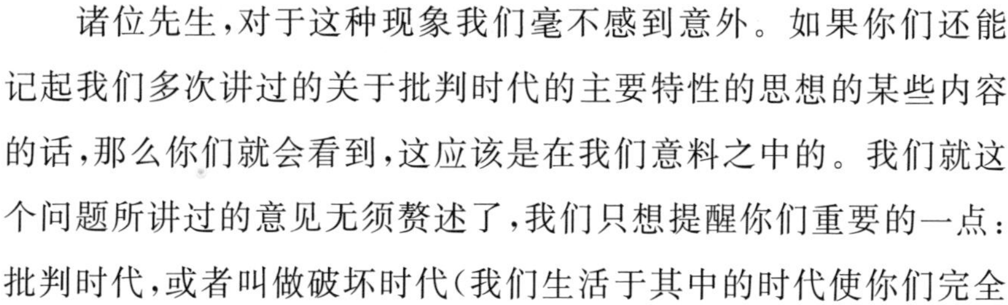

诸位先生，对于这种现象我们毫不感到意外。如果你们还能记起我们多次讲过的关于批判时代的主要特性的思想的某些内容的话，那么你们就会看到，这应该是在我们意料之中的。我们就这个问题所讲过的意见无须赘述了，我们只想提醒你们重要的一点：批判时代，或者叫做破坏时代（我们生活于其中的时代使你们完全

---

* 1829 年 8 月 12 日讲。——原作者注

可能验证这一考察)的主要目标，就在于破除宗教思想，任其千变万化，用尽种种方法，一切努力都是为了这一最终目标。实际地看一看这个时期的最深刻的科学辩论，最重大的文学争论的实质；详细研究一下政治领域中试行改造的性质，所提出的社会理论的性质——你们就会看到，主要目的无不是把上帝排除于对世界的控制之外，排除于人们的思想之外。可以理解，不这样也是不可能的，因为关于上帝的思想只是人们谋求统一、秩序、和谐，意识到自己的某种使命并向自己解释这一使命的手段，而在批判时代，人们再也没有什么统一、和谐、秩序和使命了。可见，宗教思想本身就是造成批判时代的那几代人的精神特征，同时也是在批判时代中出生和成长的几代人的教养的总结。

自然，现在，当我们已经达到了批判的极限的时候，当那么多盘算无法实现，那么多希望都落了空的时候，批判的信念，在被它尊崇的某些信条方面大概也动摇起来了。因此不难想象，人心既已失掉了往昔的狂热，在某些局部问题上可能受到有机时代关于未来的某些思想的诱惑，而忽略了这些思想的性质和意义。然而在宗教问题上却不可能出现这种奇迹。由于在批判思想发展过程中，引起争论的实质上总是这个问题，由于对这个问题的否定性结论成为其他一切否定的依据和基础，因此只要这个结论一受到攻击，人们立即就本能地感觉到，这是涉及整个批判思想体系，涉及它的整个倾向的问题。所以，正如我们所说，批判的英雄必然要全力以赴，因为在这种条件下，这个问题对它说来是生死攸关的问题。不过历代的经验表明，人类是不肯那么轻易地放弃自己的财富的，只有经过长期而艰苦的斗争才能得到彻底的改造。

我们不怕发动这场斗争。我们知道,这样一来我们原先提出的思想有可能失掉它们已夺得的阵地。但是这种考虑不应使我们却步。只要我们对宗教问题的观点不被接受,我们所阐述的思想就一点也不能最终确定下来,因为这些思想只有同上述那个把它们联系起来并加以认可的结论并列起来,才能得到充分的理解。

可见,这场讨论既然已经开场,就应该继续下去。

现在,这场讨论必定会引起的最初的惊讶之感想必已经消失,我们的解释大约足以使我们摆脱令人不解的地位,于是我们可以希望大家以比起初较多的注意力和较少的偏见来听取我们的阐述。

我们说宗教的使命是恢复它原先对社会的统治,这当然远不是肯定恢复过去的任何宗教机构的必要性。我们也并不想使社会退回到过去的战争或奴役状态。我们宣告的是新的道德状态,新的政治状态,因而也就是全新的宗教状态,因为在我们看来,宗教、政治和道德不过是同一现象的不同说法而已。尽管这个问题比任何其他问题都更加广泛,因为它把所有这些问题都包括在内;尽管它更能激起人们的热情,因为人类的占统治地位的思想、感情及共同利益的整个体系的命运都要取决于这一问题的解决——尽管如此,这个问题还是可以用简单而明白的方式提出并解决的。对这个问题的研究途径和证明方法,还是我们原先用过的那一些。在这方面,我们没有违反在本释义开始时拟订的规则。我们前进了,但是没有偏转。

在进一步阐述之前,我们认为有必要提醒一下,我们已经在那些公共预备项中提供了这个问题的答案,并且扼要地回顾一下我们为使思想界乐于同意这一答案所提出的理由。

我们曾经说过，人类具有宗教的未来。不应把未来的宗教仅仅想象为每一个单个的人的内心和纯粹个人的冥想的结果，想象为在思想和感情的总和中单独孤立的感情与思想。未来的宗教应该是人类集体思想的表现，人类一切观点的综合，人类一切行动的指导性准则。它不仅要在政治制度中占据地位，而且，老实说，整个未来的政治制度从总的方面看来应当就是宗教制度。这就是我们应当论证的重要原理。然而在这之前，我们必须驳斥那些论据和某种批判的公理，有些人引用这些论据和公理根本拒绝探讨我们所提出的问题。

这些论据主要来自科学的进步，以及认为科学已经澄清了许多神秘现象，已经使思想界养成了实证主义的习惯和对假设的憎恶。我们应当估量一下这些论据的价值。遍观各门科学，我们首先就发现，其中的任何一门，不论就其对象来说，还是就其必要的研究方法来说，都未能提供任何令人信服的东西来反对任何一种宗教的两个基本思想：天命和注定。我们已经说明：如果学者们力促宗教信仰的消灭，那么他主要是作为批判哲学及其信仰的热诚信徒而这样做的；这种哲学，即关于人、关于世界、关于这二者之间的关系的假说，使学者们产生了一种活生生的信仰，仅仅由于这种信仰，学者们才能认为他们借以否定上帝存在的那些事实是能够证明他们的观点的。

接着，在从其对象和方法两方面对科学进行仔细考察的时候，我们断定，科学不仅不能作出否定宗教的任何证明，而且它本身就是以实质上是宗教的思想为基础，从中取得力量的——这种思想就是，在各种现象的相互联系中存在着永恒、秩序和规律。基于这一看法，我们指出，也许在不远的将来，科学会摆脱批判的教条的影响，人们就将以比现在更广泛、更概括的观点来看科学，不仅不把它看作反对宗教的斗争工具，而且恰恰相反，将会认为它只是使人的理智认识上帝借以支配世界的规律（换句话说，也就是认识天意的安排）的手段。这种观点向未来的科学提出了直接的任务——传播、维护和巩固宗教感情，因为每一次科学发现都在更广泛的范围内揭示了天意的安排，应该同时也扩大、肯定、巩固了人对于那个不断引导他走向最好的命运的最高理性的热爱。

另一方面，我们曾经指出，研究工作的科学方法或方式，总是要求在其应用之前就存在公理和信仰，它的唯一目标就是按照关于存在于事实之间的关系或联系的假定概念，对事实进行分类和协调，并且以此来证实这一概念。换句话说，我们说的是：实在并没有这样一种方法，靠它就可以发现、想象、思考、创造；感情永远是科学的依据；感情为它限定范围，对它的探索进行指导，为它确定分类规则，为它提供确定现象之间的异同的标准。

接着，我们对现在称为实证科学的那些科学的总和进行了考察，现在在思想界中唯有它们受到垂青，讲到以科学为依据时，所指的也只是它们。我们在考察后指出，这些科学所研究的，只是宇宙现象中极其有限的一部分，人类道德生活和社会生活的现象就不在它们的研究范围之内；通常甚至认为不可能把这类现象总结成简单的、系统的、实证的规律。由于上述情况，这些科学不可能对宇宙作出任何总体的解释。即令那些由它们专门研究的事实，也由于那些学者们对于另外一个极其重要的科学领域，即关于人们道德方面的相互关系，人类和世界之间的感情联系的领域毫无所知，而必定得不到完整的解释。实际上，人是感受到宇宙的无限的统一的，为了解释宇宙，为了给宇宙下定义，他应当通过抽象化的途径，轮流地站在这个单一又复杂的现象的中心和周遭，他应当时而把一切都归结为他自己的存在，时而把自己看作某种实质上依附于一切这类的事物的东西，同这类事物相比，他仅仅是一个点而已。换句话说，为了给宇宙下定义，人应当像圣西门所说的那样，轮流地对人本身和不是人的东西，小宇宙和大宇宙进行实验性研究，不断地把这两种观点用关于它们之间的好感的概念联系起来，这种概念对人来说就是上帝亲自做出的启示。可见，只有在所谓实证科学包括了我们所触及的现象的所有范畴的情况下，它们才能认为自己有权就上帝存在的问题发表意见，因为按其定义来说，上帝是无限的，无所不包的。

我们在分析当代对假设的厌恶有多少根据这个问题时指出：人类理智的一切发现、一切成就，迄今都是以假设为唯一来源的，而且也永远应该如此；任何一门科学，即便是最实证的科学，都以某种假设的概念为基础，这种概念为它划出一定的范围，对它的探索进行指导，为它规定分类方法；人的最崇高的灵感则没有那种基础；批判的信念一度是那么生机勃勃，即使在它受到攻击的今天也仍然显示相当的力量，然而它却完全是建立在像下面那样一些假说之上的——世界秩序不受任何最高的理性指导，人的行动取决于变幻无常的偶然性，人不存在于我们称之为生活的那个有限的表现之外，人生来就是自由的等等。结果我们看到，我们这个时代，不论它怎样自负，它之所以抛弃一般的假说——天意、秩序、善行、灵魂不死——只不过是为了完全接受另外一些假说，如劫运或者偶然性、混乱、恶行和虚空。

我们刚才综述的这些论据，在以前各讲的插话中已经作过相当详尽的解释，因此我们认为完全可以不再多费口舌了。我们希望，我们已经充分证明了针对我们而发的拒绝研究已经提出的问题的态度之不合道理。现在言归正传，我们就来论证我们用以表述对宗教问题的解答的那些原理的正确性，为此我们将运用历史的方法，这种方法的要义在本释义的开头已经详细解释过了。

为了这个目的，我们来很快地追溯一下人类的宗教发展，并且说明，宗教感情不仅不像看来是公认的那样不断减弱，而且恰恰相反，它不断增强，而且获得越来越大的意义。

人类的宗教发展迄今包含着三个互相连续的阶段。

拜物教——人们在自然的每一种创造物中，每一种形式中，每一种场合中崇拜自然，而不能确立自己和周围环境之间，或者他在这个环境中能看得到的芸芸众生之间有什么总的联系。

多神教——人提高了一步，达到对于周围世界和自己的存在的比较概括的抽象，崇拜这些抽象，并且由此把其中过去被孤立的现象联结起来。在这一时期人还看不到芸芸众生之间的总联系，但认为可能存在这种联系。在人所尊为神祇的各种化身之间排列出某种等级，就说明人在努力把握这种联系。

一神教——人虽然还没有自觉意识到存在的活生生的和绝对的统一，却已经在它的各种表现之间确立了总的联系，把这些表现归诸同一个原因。诚然，这个原因是在宇宙之外，但在人的想象中，它却能证实和概括人所触及的一切事实。

当一个阶段转变为后一阶段的时候，宗教感情的进步也是显而易见的。* 这种进步可以从几个方面加以研究：假如这种进步是公认的，而我们只需要指出进步的方向的话，那么我们无疑就应该从直接关系到道德、脑力和体力这三个方面的事实中来分析它，因为我们总是从这三个方面来研究人的活动的。然而现在我们却还必须证实这种进步的存在，因此我们应该使用适应于否定这种进步的意见的术语来谈论它。

现在人们常说，宗教在个人生活中以及社会生活中都在不断地失掉自己的意义。

这一观点的前一部分，是这样表述的：自从人有了神的概念以后，他对神的爱越来越淡薄，对神的虔敬越来越淡薄，逐渐摆脱宗教法规的控制，越来越不相信冥世的生活。

很容易证明，实际情况恰恰相反。

在拜物教阶段，即最不开化的阶段，恐惧几乎是把人同他想象中的神联系起来的唯一感情。当时一切敬神仪式的目的，看来只是防止敌对力量发怒，如果有时也表现出爱的话，那么宗教感情的这种表现总是十分微弱，十分特殊的，不能算作它的特征。

如果注意到在这个时代关于神的概念和对神的描绘的范围之狭窄，那么就很容易理解，这种神也不可能引起人们很深的崇敬。我们看到，拜物教的教徒对待他们的偶像真的几乎是平起平坐的，如果他不能从偶像那里得到他所要求的东西，他就认为自己有权

* 这些宗教阶段中的每一阶段又可以分为几个重要的小阶段，不过我们在这里所谈的只是最后的小阶段的情景。——原作者注

惩罚它。

因为在那个阶段人只是一天一天地过日子,无所谓传统,也无所谓未来,全部身心都为眼前的需要操劳,还难得使之完全满足,所以他就很少有暇顾及冥世的生活。当然,灵魂不死感对他说来并不完全是格格不入的,因为它符合人的天性。然而这取决于他的已经发展起来的需要的性质,取决于他的狭隘的世界观和关于他自己的存在的概念。冥世的生活,在它占据他的头脑的短暂瞬间,在他看来也只是他现在所处的状态的继续。由此我们可以看到,这种信仰对于他的实际行动几乎是毫无影响的。

多神教在所有这些方面都有明显的进步。爱,在人类宗教的这一阶段已经不是陌生的感情了。多神教徒们是知道 pietas[①] 这个词的。然而这个时代占统治地位的感情仍然是恐惧。当人们想描述一位 par excellence[②] 宗教徒,一位恪守教规的人的时候,还是把他称为畏神者。

多神教徒比拜物教徒对自己的神祇要虔敬得多。诚然,他认为只要许愿报答,就会得到神祇的恩典,但他认为自己既没有权利也没有力量去惩罚神祇。

相信冥世生活在这一阶段获得较大的意义。但这主要是作为一种惩戒的制裁,用以威吓罪人的痛苦景象。恪守教规的人们可以指望的,能够唤起人们对另一种生活的强烈向往的唯一奖赏,只有在极少数情况下才能得到,而且仅限于把少数以英雄或半神的

① 拉丁语,原意是对父母、子女、亲人、祖国等的爱。——俄译者注

② 卓越的。——中译者注

名字在奥林普山上占有位置的著名人物尊奉为神。至于为报答普通的德行的灵魂不死，显然只有同地狱的恐怖相比才有其价值。在诗歌中保留下来的古代传说就足以证明这一点，这些传说描绘了乐土的居民（在这一阶段不过是一些幽灵而已）的情景，他们注定要永远为他们的人间生活，哪怕是最简朴的生活而懊悔。

一神教包括两个小阶段：犹太教和基督教。

犹太教同多神教相比是一大进步。恐惧之情无疑还在摩西的人民心中占有重要的位置。他们不断赠送给他们所侍奉的上帝的那些可怕的修饰语，以及他们为上帝而实行的灭绝的法律，都足以说明这种恐惧感情的强烈程度。但是流传下来的诗歌中的对上述情况的生动描写向我们表明，恐惧已经不再占据统治地位，爱的感情开始至少与之平分秋色了。

对神的虔敬这时也有了显著的发展。犹太人有时还敢于对神的裁判表示埋怨，但他十分清楚地意识到上帝凌驾于他之上，这使他不仅不能设想惩罚上帝，而且也不敢尝试以报答来诱惑它。

诚然，灵魂不死的教条从表面上看还没有出现于犹太传说的最早的典籍中——这一情况是怀有批判情绪的哲学家们所乐道的——但它却以暗示的形式明显地存在于这些典籍的许多地方。[①] 例如，在对上帝的选民的约言中，就不能不承认它的存在，这种约言成为把这个民族全部历史贯穿起来的原则，它既是这个民族发源的最深刻的动机，同时又是为该民族制定的法律的最普遍的有

① 特别是描写族长逝世时所用的重复几次的叠句："恭敬地亲吻自己的人民"。——俄译者注

力赞许。此外，我们还看到，在犹太人的学说和犹太人的社会的发展过程中，灵魂不死的教条越来越脱出它湮没于其中的整个教条体系，其意义不断增长，直至基督教的产生。作为摩西启示的直接继承者，基督教立即赋予灵魂不死的教条以重要地位，从而证实了这一教条在那个到现在才结束其统治地位的学说中的重要作用。

最后，基督教为一切被我们确认的成就开辟了新的无限广阔的天地。如果在这个时代上帝显现于人时还会在人们心中引起恐惧——这是关于陷于罪恶、永世的诅咒和永世的苦难等的可怕教条的不可避免的遗迹——那么现在这种感情只占据十分次要的地位，而爱在新的宗教社会的怀抱中则得到十分有力的占优势地位的表现，以至如果不承认基督教就是完全由爱构成的法律的话，那么至少可以理解过去那种使爱成为最普通的感情的想象。

基督教徒对他所崇拜的上帝的虔敬，超过他对上帝的爱。不论他觉得他所触及的事实同他所想象的关于神的公正和天意的概念是多么无法相容，他总是不假思索地使自己的理智服从于深邃的神意。不论他遭到什么样的命运，他都不认为自己有对自己的创造主埋怨和责备的权利。不论处于什么形势下，他都俯首听命于上帝的旨意，而且毕恭毕敬，只能责备自己。不过他还是不自觉地怀疑上帝的仁慈和睿智，因为他向它祈求这些东西。[①]

---

① 在后来出版的圣西门与安凡丹文集中，也收进了《圣西门学说释义》。安凡丹在其中的一处注释中说："如果把实际上是对祈祷及其在基督教仪式，特别是在天主教仪式中的优势地位的相对评价看作是一种绝对谴责，那是不对的。我们的学说的进一步发展将揭示人类生活的这种最高表现的理论意义、实践价值和宗教使命，从而表明，祈祷不仅不是注定要消灭的，而且相反，将要越来越发展，虽然将仅限于新的教条所指定的范围之内。"（《圣西门与安凡丹文集》，第 42 卷，第 141 页）——俄译者注

对于基督教徒来说，人世的生活仅仅是未来生活的某种准备。关于灵魂不死的思想，不论它表现为对惩罚的恐惧还是同样强烈的靠拢上帝的愿望，是他所熟悉的，而且往往是他的主导思想。不过，再要坚持起到冥世生活在基督教中的那种重要作用，就不必要了。如果说现在这种学说已经失掉人心，那么至少它的创造还使我们感到相当亲近，不能忘怀。

可见，要说宗教感情在个人生活中的地位，那么它在我们指出的三个主要阶段以及最后一个阶段中的两个小阶段的交替中的发展是十分明显的。我们在这种循序交替中看到，由于人对上帝的爱、对上帝的虔敬的增长，由于灵魂不死的教条的重要性的逐渐增强，宗教联系是越来越巩固了。

现在我们来说明宗教在其社会意义方面、在其凝聚力方面的同样显著的发展。

拜物教徒在周围的世界中看到的只是互不来往的生物，同样，他在全人类的大家庭中看到的也只是一些互不来往的人。他从不把联合原则扩展到直系亲属关系之外——这是个人的最后范围，因为绝对孤立的个人是不可想象的。如果有时在更多的人之间形成协议，那仅仅是在特殊的场合，例如会猎、进攻性或防卫性战争。但是在这种暂时的、偶然的联合之后，各人又都匆匆返回，独自过他的家庭生活去了。当时的宗教仪式实际上也带有个人性质，它就像神祇本身那样，局限在家庭的范围之内。一家之长也就是这一家的最高司祭。

多神教徒的智力能够达到多少种抽象，他就给控制宇宙找出多少种原因，同样，地球上存在多少不同的联合，他就把对人的统治分给多少不同的神祇。宗教学说只是在这里才开始获得社会的性质。家庭的宗教仪式仍然具有重要的意义，但是城市的宗教仪式已经后来居上。不过在那种形势下宗教教条的社会价值还是很有限的。首先，这个教条只在本城邦居民中起到联系作用；其次，即使在这个城邦里它也不能直接联系其全部成员，因为贵族和平民的宗教是不同的，至于奴隶，他们被排除于任何宗教之外，从而也就被排除于任何社会生活之外。

犹太人的一神教教条潜在地号召人类建立一个全世界的协作体。既然认为上帝是统一的，这个民族就宣告人类是统一的。诚然，当涉及这个总主张的社会意义，它就回避相应的结论，理由就是上帝只选中了一个民族，并且不让任何别的民族同它联合的思想。但是在以色列民族范围之内，与多神教的城邦内部的情况不同，各个阶级的宗教信仰都是共同的，它把这些阶级联结为一个社会。当然，我们看到犹太人也有奴隶。但是，如果可以这样说的话，这只是一种不一贯的情况，由于允许奴隶接受和信奉他们的主人的宗教。其次，对待奴隶不很残暴，对奴役的期限也有所限制，这都使上述情况得到一定程度的缓和。

最后，基督教出现了。它像犹太教的一神教一样，承认上帝是统一的，人类大家庭也是统一的，但与犹太教不同的是，它的出发点不是上帝选中的一个民族的独优地位。它不容许剥夺人类的某一部分承认上帝、期望得到上帝的恩赐的权利。相反，它呼吁所有的人都信仰同一种宗教，团结在统一的协作体中，建立统一的教会。的确，我们看到，在基督教建立之后，奴隶制还保留了相当一段时间，但是从那时起，基督教徒们就采取一切可能的形式向奴隶制发动直接进攻，最后使奴隶制在它的攻势之下全面撤退了。基督教的一神教同犹太教的一神教相比，起初有一个不利的方面，就是它未像后者那样变为囊括和调节人类全部活动——个人的和社会的活动，或者从另一个方面来说，精神的和物质的活动——的政治法律。造成这种现象的原因我们以后再谈，不过我们现在已经可以指出，即使在基督教仅仅提出对个人生活的全部要求的时候，它就已经造成了天主教政权之下规模最大的政治协作制，由于在表述基督教的道德教条时就已包含着的那种潜在的联合的力量，这种协作制在某个时候就存在过。

综上所述可以得出结论：宗教，正如我们在开头时所说，在其经历的拜物教、多神教、一神教（后者又包括两个小阶段）的依次发展过程中，获得越来越重要的意义，而且，它是从双重的观点获得这种意义的：一是它在社会价值方面，一是它在人的个人生活中所占的越来越重要的地位。现在，正如我们说过的，它应该再前进一大步。今后再阐释我们导师的学说的时候，我们将说明这种进步的内容，以及它将给世界带来什么样的变化。[①]

我们不能指望通过我们粗略描绘的图景使我们的听众笃信宗教，或者向他们证明无法证明的东西——上帝的存在。我们只想借助于大体得到他们赞许的历史的方法肯定这样一个事实：宗教信仰不仅不像人们一般认为的那样减弱了，而且正相反，它明显地增强了。

我们直到现在所用的科学语言，如我们所知，对于使人笃信宗

① 圣西门主义的宗教学说详见《释义》第二部。——俄译者注

教没有多大效用。这类工作只有靠被感召的人，先知者的话才能完成，上帝现在不允许任何人说这样的话，这无疑是因为还没有任何人能够明白，此刻我们能够指望达到的唯一结果，就是驳斥批判哲学在思想界中散布的诡辩，排除无神论的偏见，打破利己主义的可悲的假设，为那些令人高兴的话语做好准备。

附　　录

巴札尔简历

圣阿芒·巴札尔(Bazard,Saint-Amand),1791 年 9 月 19 日生于巴黎。1814 年,他还是一个 22 岁的青年,就在巴黎圣安图安国民警卫军中同侵入法国的反法联军作战,表现英勇,被擢升为国民警卫军连长,授予一枚荣誉团勋章。在复辟时期,巴札尔在巴黎做小官吏,全力投入反对波旁王朝的政治斗争。他在这一时期结交了一些青年共和主义者,1820 年同他们一起组织了法国烧炭党人协会。巴札尔为协会起草了章程和一些纲领性文件。这个协会不仅在巴黎,而且在外省都得到广泛的发展。1821 年,巴札尔参与组织贝尔福起义。起义失败后他被缺席判处死刑,仍继续领导烧炭党运动。但这一运动已近衰落,这时在波尔多召开的两次法国烧炭党人大会的情况也说明这一点。巴札尔出席了这两次大会。他本人对政治斗争也开始逐渐消极起来,愈来愈专心于理论探讨。他化名回到巴黎之后,1825 年经奥·罗德里格介绍与圣西门的学生们结识,并且很快就成为圣西门主义者的领导人之一。从 1825 年 10 月开始,他积极为《生产者》杂志撰稿。这家杂志是在圣西门去世后由他的学生们创办的。1827 年,这家杂志因经费不足而停刊。此时圣西门学派陷入严重危机，然而它却坚持下来，这在很大程度上是由于巴札尔的努力。这一情况从巴札尔1832年5月20日给列塞居叶(Rességuier)的信中可以看出："我深感，没有我，圣西门学说也就不能存在，这不仅因为不能忽略我的工作，在圣西门学说的各个组成部分中，以及从这一学说所取得的声望，都可以看到我的工作的作用；还因为有一段时间，即《生产者》停刊之后——这一点现在大多数圣西门主义者还不知道——安凡丹和罗德里格都不从事圣西门主义的工作，而去忙他们自己的事情。只有我独自顽强地把未竟之业继续下去，而且通过专设的讲座达到了我的目的。几乎整整一年(1827年)的时间我没有得到他们的任何帮助，我讲课时他们甚至不肯到场。只是当讲座已经颇具名声的时候，当我用这种方法团结起来的多数人已被训练成圣西门主义团体的基本核心时，他们才同我的讲座接近起来。"①

1828年12月，圣西门主义者在巴黎开设了公开讲座。巴札尔受学派委托，承担起把圣西门极其零乱的思想遗产系统化并以完整的体系加以阐释的艰巨工作。

讲座从1828年12月17日开始，在塔兰街的一所房子里每隔一周的星期三进行。这一讲座为圣西门学派吸引了很多群众。巴札尔并不长于辞令。G.韦耳写道："他给我们的印象是，讲话平淡，慢吞吞的，寻找着合适的字眼儿，经常把鼻烟壶放在手指间旋

① 巴札尔1832年5月20日致列塞居叶的信。引自H.R.阿列马聂：《圣西门主义者》，巴黎1930年版，第60页。——俄译者注

转着。但是他的教导中的一切都是清晰明白，前后连贯，言之有据。他不善于感动人，却善于说服人。”①

当塔兰街的第一期讲座接近尾声时，圣西门主义者已经有能力出版一份新的刊物了——1829 年 8 月 15 日他们创办了《组织者》(*L'Organisateur*)。此后不久，即同年 12 月 31 日，学派改为宗教团体，巴札尔和安凡丹一起被宣布为“最高教父”。

圣西门主义者没有积极参加 1830 年的革命，但这场革命却大大推动了他们的宣传。7 月 30 日，巴黎街头出现了巴札尔和安凡丹署名的告法国同胞书。其中写道：“光荣属于你们！你们最先向基督教僧侣和封建上层宣布，他们并不是为统治你们而被创造出来的。你们比你们的贵族老爷，以及整个那一帮靠你们为生的懒汉都更有力量，因为你们在浑身大汗地劳动……当一切世袭特权毫无例外地被消灭的时候，当每个人按自己的才能获得地位，按自己的工作获得报酬的时候，封建制度就将永远灭亡了。”②

在这一时期巴札尔起草的其他圣西门主义文献中，我们还要指出 1830 年 10 月 10 日致下议院主席的信。巴札尔在这封信里驳斥了对圣西门主义者宣传共产共妻的指责，阐述了他对圣西门主义的两性道德原则的理解。信中说：“基督教把妇女从奴隶制下解救出来，但却把她们置于从属的地位，在整个基督教的欧洲，我们到处都还可以看到她们被剥夺了宗教的、政治的和公民的权利。圣西门主义者宣布妇女完全彻底地解放，但并不要求因此而废除

① G. 韦耳：《圣西门学派》，巴黎 1896 年版，第 20 页。——俄译者注

② 引自 H. R. 阿列马聂：《圣西门主义者》，第 111 页。——俄译者注

基督教所宣布的关于婚姻的神圣法规。相反，他们为了履行这一法规而对它表示新的肯定。……他们像基督徒一样主张每一个男子同一个女子结合，但他们同时教导说，妻子应当享有和丈夫同等的权利。……”

1830—1831 年间，圣西门学派经历了它的鼎盛时期。1831 年 1 月 18 日创办了新的机关刊物《地球》(*Le Globe*)。圣西门主义者的讲课和传道分别在巴黎的五个地方进行：泰布大厅、阿特内大厅、塔兰街、索尔蓬纳广场、蒙西尼街。此时改为每天进行。然而在 1831 年 10 月，圣西门主义者的队伍开始分裂，这是巴札尔和安凡丹之间早就酝酿着的冲突造成的。巴札尔不同意安凡丹对婚姻和家庭的看法，他像我们看到的那样，维护婚姻关系的神圣性。安凡丹把大多数圣西门主义者吸引到自己一边。巴札尔只有少数拥护者，在决裂后，就举家迁往塞纳-马恩省农村。他在这里着手写一本小册子《道德和政治论争》(*Discussious morales et politiques*)来阐述自己的观点，但没有写完。1832 年 7 月 19 日逝世。

巴特勒米·普罗斯佩·安凡丹(Enfantin，Barthelemy-Prosper)和巴札尔同是圣西门去世后圣西门学派的领导人。

安凡丹于 1796 年 2 月 8 日生于巴黎一个破产银行家的家庭。1814 年，当他还是综合技术学校的一个领奖学金的学生时，就参加了巴黎保卫战。在复辟时期，他和许多同志一起被学校开除。

他到罗曼市一个大酒商处任职，被主人派往一些国家做推销员，其中包括俄国。1821 年他在彼得堡一家银行任职，1823 年返回法国，在一个不动产借贷银行任职，在这时加入了一个秘密团体，当时这类团体在巴黎是极多的。

1825 年，经该银行经理奥·罗德里格介绍，安凡丹结识了圣西门，并且很快成了他最亲近的学生之一。圣西门去世后，为了传播圣西门的思想，安凡丹同巴札尔、罗德里格一起创办了《生产者》杂志(1825—1826)。从 1828 年起他参与组织巴黎塔兰街的公开讲座。由于安凡丹的组织才能，能说善辩和平易近人，他把当时许多杰出人物团结在圣西门学派的周围。安凡丹不满足于在巴黎宣传圣西门学说，他做了不少工作把这一学说传播到外省，主要是法国南部，里昂、图卢兹、蒙彼利埃、第戎、梅次等城市都成了圣西门主义的宣传中心。

1831 年，学派决定创办新的机关刊物《地球》，安凡丹是它的积极撰稿人。这一时期的圣西门主义者的蒙西尼街集会，在 1830—1831 年冬季特别活跃，吸引了巴黎的许多学者、演员、诗人，音乐家。1830 年末，圣西门主义者在蒙西尼街组织了一个不大的公社，社员 42 人，其中有安凡丹、巴札尔一家、勒舍瓦利埃、杜维里埃、米歇·舍瓦利埃等人。学派改为宗教团体后，安凡丹身为"最高教父"，越来越强烈地要求成为学派的首脑，他的不少作为都促使圣西门主义蜕变为一种教派。在学派的宗教色彩问题上，以及关于婚姻和家庭问题上，安凡丹和巴札尔之间都存在着深刻的分歧，终于在 1831 年 11 月酿成分裂和随之而来的圣西门主义团体的瓦解。从 1831 年 8 月起政府就特别加紧的迫害，更加速了这一过程。在这以后值得注意的事件是，1832 年安凡丹企图在巴黎附近的麦尼里蒙坦领地组织起一个劳动公社，加入者有 40 人左右。然而这一尝试却招致对圣西门主义者的诉讼。他们被指控败坏道德和宣传危险思想。1832 年 8 月 28 日，安凡丹被判处一年监禁。出狱后他同他的几个拥护者一起到埃及参加尼罗河坝的修建工程。这一事业的失败使安凡丹客居开罗两年后于 1837 年 1 月回国。此后几年安凡丹在里昂附近任邮政局长。1839 年 12 月他得到几位旧日的拥护者的财力支援，参加了赴阿尔及利亚的科学考察。1845 年在里昂铁路管理局担任行政职务，后又到里昂—地中海铁路管理局任职。1864 年 5 月 31 日安凡丹在巴黎逝世。

安凡丹的已发表著作有：《政治经济学》(1831)、《道德》(1832)、《开拓阿尔及利亚》(1848)、《哲学和宗教通信》(1847)、《政治通信》(1849)。

罗德里格简历

邦雅门·奥连德·罗德里格(Rodrigues，Benjamin-Olinde)是圣西门最亲近的学生，圣西门学派的创始人之一。1794 年 10 月 16 日生于波尔多一个金融家的家庭。罗德里格有卓越的数学天才，曾在巴黎综合技工学校教过几年数学。后来他担任巴黎一家信贷机构——不动产借贷银行(Caisse Hypothécaire)的经理。与圣西门结识后，罗德里格成为这位伟大的空想社会主义者最忠诚的学生。圣西门嘱咐他最亲近的拥护者，包括罗德里格在内，继承他未竟的事业。罗德里格在导师去世之后仍然保持对他的忠诚，在1825年，即圣西门逝世的当年，就出版了圣西门的最后一部著作《新基督教》，并且写了前言。抱着共同的传播圣西门学说的目的，罗德里格和安凡丹、巴札尔一起于1825年创办了《生产者》周刊，他担任经理和积极的撰稿人。在这家杂志上的许多文章中，他阐述了圣西门的经济学观点，为圣西门学派吸引了不少优秀人物。他积极参加公开讲座的组织工作和编订工作，这些讲稿后来收入《释义》一书。1831年学派分裂时，罗德里格站在安凡丹一边，安凡丹授予他“圣西门教仪长、工业教父”的头衔，罗德里格承担起圣西门主义事业的经费方面的主要责任。但不久他也离开了安凡丹，因为安凡丹关于婚姻和家庭的古怪观点使他反感。罗德里格公开宣布自己是圣西门的唯一继承人。[①] 他在与安凡丹决裂后不久就着手出版导师的全集的工作。但是，出版圣西门著作的任务他只完成了两卷。

此后许多年，直到1848年革命，罗德里格和几位法国金融家一起积极参加法国铁路建设。与此同时，罗德里格还从事组织储蓄银行、互助储金会，拟订建立国家退休金银行的方案等工作。

1848年革命后不久，罗德里格又恢复政治活动。他以 *Paroles d'un mort* 的名称发表圣西门的言论摘录。1848年3月9日，他在巴黎街头张贴关于劳动与银行组织、劳动与资本协作社的招贴，罗德里格在这些招贴中提出通过分享利润制度来解决劳资冲突。他是法国和欧洲最早提出这类主张的人物之一。他向路易·勃朗陈述自己的观点，申请3亿法郎的国家贷款。他千方百

---

① 参看罗德里格在他1839年出版的圣西门文集中的宣言。——俄译者注

计地恢复圣西门学派,多次在巴黎的一些俱乐部发表演说,然而他的一切努力都落空了。1851年他在默默无闻的情况下逝世,身后留下几本小册子:《不动产借贷银行理论》(1820)、《奥连德·罗德里格致圣西门主义者》(1832)、《奥·罗德里格致米歇·舍瓦利埃》(1832)、《人民与外交》(1840),以及一些刊登在杂志上的文章。

《圣西门学说释义》的版本及俄译本

《释义》最早是1830年在巴黎出版的。第一年(从1828年12月17日至1829年8月12日)的讲义在一年内出版了两次:

1. Doctrine de Saint-Simon. Exposition. Première année. 1829. Paris. Au bureau de *l'Organisateur* et chez A. Mesnier. 1830.

2. Doctrine de Saint-Simon. Exposition. Première année. 1829. 2-me éd. Paris. Au bureau de *l'Organisateur* et chez A. Mesnier. 1830.

第二年的讲义在1830年出过一版:

3. Doctrine de Saint-Simon. Exposition. 2-me année. 1829—1830. Paris. Au bureau de *l'Organisateur* et du *Globe*. 1830.

1831年,《释义》第一部的巴黎第二版在布鲁塞尔再版:

4. Doctrine de Saint-Simon. Exposition. Première année. 1829. 2-me éd. Bruxelles. 1831.

同年在巴黎出版了《释义》第一部的增订第三版:

5. Doctrine de Saint-Simon. Exposition. Première année. 1828—1829. 3-me ed., revue et augmentée. Paris. Au bureau de *l'Organisateur*. 1831.

1831年以后的一段时期没有再版,直到1854年,出版了把第一年和第二年的讲义收在一起的新版本:

6. Doctrine saint-simonienne. Exposition. Paris. Librairie Nouvelle. 1854.

此后,1877年《释义》(第一、二部)再次出版,作为圣西门和安凡丹文集的第41—42卷:

7. Doctrine saint-simonienne(Nouveau Christianisme). Exposition par Bazard au nom du Collège en 1829 et 1830. In: Oeuvres de Saint-Simon et

d'Enfantin. Vol. 41—42. Paris. 1877(I et Ⅱ parties).

1924 年 C. Bouglé 教授和 E. Halévy 教授重新出版了《释义》的 1831 年第 2 版。

8. Doctrine de Saint-Simon. Exposition. Première année. 1829. Nouv. éd., publ. par C. Bouglé et E. Halévy. Rivière. 1924.

《释义》的上述各种版本,苏联马列主义学院图书馆均有收藏。

俄 译 本

1923 年《释史》(第一部)由 M. E. 兰道译成俄文。B. П. 沃尔金为译文写了前言和注释。1923 年的俄译本是根据 1854 年的法文版译出的。

1947 年《释义》再次出版,兰道的译文经过重新校订,由 Э. A. 热卢鲍夫斯卡娅加了注释,并根据 1924 年法文版进行校阅。

本版是圣西门诞生二百周年纪念版。《释义》的译文由热卢鲍夫斯卡娅审阅并修改。沃尔金院士的序文由作者作了修改和补充。

圣西门主义研究书目

1. 马克思恩格斯合著:《德意志意识形态》,《马克思恩格斯全集》,第 3 卷,人民出版社 1960 年版。

2. 恩格斯:《反杜林论》,人民出版社 1970 年版。

3. 恩格斯:《社会主义从空想到科学的发展》,《马克思恩格斯选集》,第 3 卷,人民出版社 1972 年版。

4. A. 安涅克斯坦因:《昂利·圣西门的生平和学说》,莫斯科—列宁格勒 1926 年版。

Аннскштейн А.(Арк. А-н). Анри де Сен-Симон, его жизнь и учение. М.-Л., 1926.

5. P. 威倍尔:《圣西门主义的社会哲学》,载《神学界》,1901 年第 12 期。

Виппер Р. Социалъная философия сен-симонизма《Мир божий》, 1901, №12.

6. В. П. 沃尔金:《圣西门和圣西门主义》,莫斯科 1925 年版。

Волгин В. П. Сен-Симон и сен-симонизм. М. 1925.

7. И. 伊万诺夫:《圣西门和圣西门主义》,莫斯科 1901 年版。(莫斯科大学丛刊,历史语文学系,第 30 辑)

Иванов И. Сен-Симон и сен-симонизма. М., 1901.(Уч. зап. Моск. ун-та. отд. Ист.-филол. фак-та, вып. 30)

8. Г. В. 普列汉诺夫:《圣西门和圣西门主义》,《十九世纪法国的空想社会主义》,《普列汉诺夫哲学著作选集》,三联书店 1962 年版。

Плеханов Г. В. Сен-Симон и сен-симонизм.《Французский утопический социализм》. Соч., т. XVIII. М.-Л., 1925.

9. Б. Н. 齐切林:《圣西门及其学派》,载《哲学和心理学问题》,1901 年第

11—12 期。

Чичерин Б. Н. Сен-Симон и его школа.《Вопросы филосфии и психологии》, 1901, XI—XI.

10. H. R. 阿列马聂:《圣西门主义者,1827—1837 年》,巴黎 1930 年版。

Allemagne H.-R. d'. Les saint-simoniens. 1827—1837. Préf. de S,Charléty. Paris. 1930.

11. H. R. 阿列马聂:《普罗斯佩尔·安凡丹和十九世纪的伟大事业》,马拉佩特作序,巴黎 1935 年版。

Allemagne H.-R. d'. Prosper Enfantin et les grandes entreprises du XIX siècle. Préf. de Malapert. Paris. 1935.

12. A. J. 波司:《圣西门和圣西门主义。法国社会主义史中的重要篇章》,伦敦 1871 年版。

Booth A. J. Saint-Simon and saint-simonism; a chapter in the history of socialism in France. London. 1871. IX.

13. C. 布格雷:《社会主义预言家的言论》,巴黎 1918 年版。

Bouglé C. Chez les prophètes socialists. Paris. 1918(6).

14. P. 布罗埃:《政治领域中的一位圣西门主义者劳兰·达德舍》,载 1957 年里昂出版的《历史札记》第 2 卷,第 1 期。

Broué P. Un saint-simonien dans la règne politique. Laurent de l'Ardèche. Lyon.《Cahiers d'histoire》, 1957, t. II,№1.

15. H. 卡斯蒂尔:《安凡丹教父》,巴黎 1859 年版。(历史人物丛书)

Castille H. Le père Enfantin. Paris. 1859.(Portraits historiques)

16. H. 卡诺特:《圣西门学说。1829 年与 1830 年所作的阐释的总提要》,第 3 版,巴黎 1831 年版。(百科杂志摘录)

Carnot H. Doctrine saint-simonienne. Resumé général de l'exposition faite en 1829 et 1830. 3-me éd. (Paris), 1831 [2] (Exirait de la Revue Encyclopédique).

17. S. 沙累蒂:《安凡丹传》,巴黎 1930 年版。(社会改革家。文集)

Charléty S. Enfantin. Paris. 1930. (Réformateurs sociaux. Collection de textes)

18. S. 沙累蒂:《圣西门主义史(1825—1864 年)》,巴黎 1931 年版。
Charléty S. Histoire du saint-simonisme(1825—1864). Paris. 1931.
19. A. 居维叶:《1840 年的人物和思想》,巴黎 1956 年版。
Cuvillier A. Hommes et idéologies de 1840. Paris. 1956.
20. E. 杜尔克海姆:《社会主义及其定义和起源。圣西门学说》,M. 莫斯发行,巴黎 1928 年版。(社会学年鉴)
Durkheim E. Le socialisme. Sa définition, ses débuts. La doctrine saint-simonienne, Ed. par M. Mauss. Paris. 1928. XI(Travaux de l'Année sociologique).
21. H. 福尔涅尔:《圣西门主义参考书目。1802 年至 1832 年 12 月 31 日》,巴黎 1833 年版。
Fournel H. Bibliographie saint-simonienne. De 1802 au 31 décembre 1832. Paris. 1833.

22. J. E. 格拉鲍夫斯基:《圣西门。空想哲学工业主义》,华沙 1936 年版。
Grabowcki J. E. Saint-Simon. utopia filosofia industrijalism. Warszawa. 1936.
23. P. 雅内:《圣西门和圣西门主义》,政治科学学校教材,巴黎 1878 年版。
Janet P. Saint-Simon et le saint-simonisme. Cours professé à l'Ecole des sciences politiques. Paris. 1878. VI.
24. F. E. 玛努尔:《圣西门的新世界》,美国马萨诸塞州剑桥 1956 年版。
Manuel F. E. The new world of Saint-Simon. Cambridge, Mass., 1956.
25. F. 慕克勒:《昂利・圣西门的生平及其著作》,耶拿 1908 年版。
Muckle F. Henri de Saint-Simon. Die Persönlichkeit und ihr Werk. Jena. 1908, VI.
26.《经济与社会史评述》,1925 年第 2 期;《圣西门专刊》。
《Revue d'histoire économique et sociale》, 1925, №2, Numéro spécial consacré à Saint-Simon.
27. L. 雷博:《现代革新者或现代社会主义者研究》,巴黎 1840 年版。
Reybaud L. Etudes sur les reformateurs contemporains ou socialistes modernes. Paris. 1840, XI.

28. J.鲁佩特:《巴札尔的社会制度。有关社会主义的当代史》,维尔茨堡1890年版。

Ruppert J. Das sociale System Bazard's, Ein Beitrag zur Zeitgesichichte des Socialismus Würzburg. 1890.

29. G.扎洛蒙:《圣西门和社会主义》,柏林1919年版。

Salomon G. Saint-Simon und der Socialismus. Berlin. 1919.

30. 希尔·沙因:《卡莱尔和圣西门主义》,伦敦1941年版。

Shine, Hill. Carlyle and the saint-simonismus. London. 1941.

31. W.M.西蒙:《空想学说史:圣西门和进步思想》,载《思想史杂志》,兰开斯特1956年版,第17卷,第3期。

Simon W. M. History for utopia: Saint-Simon and the idea of progress. *Journal of the history of ideas*, Lancaster, 1956, vol. 17, №3.

32. W.施皮勒:《圣西门主义。圣阿曼·巴札尔的学说和生平》,苏黎世1926年版。(苏黎世国民经济研究丛书第7册)

Spühler W. Der Saint-Simonismus. Lehre und Leben von Saint-Amand Bazard. Zürich. 1926, XII. (Züricher Volkswirtschaftliche Forschungen, Hft. 7)

33. L.施泰因:《论法国1789年至今的社会运动史》,第2卷,慕尼黑1921年版。

Stein L. von Geschichte der socialen Bewegung in Frankreich von 1789 bis auf unsere Tage. 2-er Bd. München. 1921.

34. O.瓦肖尔:《社会主义发展史》,柏林1909年版。

Warschauer O. Zur Entwicklungsgeschichte des Socialismus. Berlin. 1909, XVI.

35. G.韦耳:《圣西门学派及其历史,以及迄今对我们的影响》,巴黎1896年版。(现代史丛书)

Weill G. L'école saint-simonienne, son histoire, son influence jusqu'à nos jours. Paris. 1896. (Bibliothèque d'histoire contemporaine)

图书在版编目(CIP)数据

圣西门学说释义/(法)巴札尔,(法)安凡丹,(法)罗德里格著;王永江,黄鸿森,李昭时译.—北京:商务印书馆,2017
(汉译世界学术名著丛书:120年纪念版:珍藏本)
ISBN 978-7-100-14447-6

Ⅰ.①圣… Ⅱ.①巴… ②安… ③罗… ④王… ⑤黄… ⑥李… Ⅲ.①空想社会主义—法国—文集 Ⅳ.①D091.6-53

中国版本图书馆CIP数据核字(2017)第154799号

汉译世界学术名著丛书
(120年纪念版·珍藏本)
圣西门学说释义
〔法〕巴札尔 安凡丹 罗德里格 著
王永江 黄鸿森 李昭时 译

商 务 印 书 馆 出 版
(北京王府井大街36号 邮政编码100710)
商 务 印 书 馆 发 行
北京市十月印刷有限公司印刷
ISBN 978-7-100-14447-6

2017年12月第1版 开本 710×1000 1/16
2017年12月北京第1次印刷 印张 23
定价:115.00元